中等职业教育国家规划教材
全国中等职业教育教材审定委员会审定

Qiche Diankong Fadongji Gouzao yu Weixiu
汽车电控发动机构造与维修

第4版

王 囤 主 编
阮少宁 主 审

人民交通出版社股份有限公司
北京

内 容 提 要

本书是中等职业教育国家规划教材之一,其结合全国职业院校技能大赛的要求,介绍了汽车发动机电控系统的基本结构与原理,并依据维修手册,突出介绍了实际操作的基本流程及要求。

本书适于中等职业学校汽车运用与维修专业的师生使用,汽车维修企业的技术人员也可参考学习。

图书在版编目(CIP)数据

汽车电控发动机构造与维修/王囤主编.—4 版.—北京:人民交通出版社股份有限公司,2021.8
ISBN 978-7-114-17264-9

Ⅰ.①汽… Ⅱ.①王… Ⅲ.①汽车—电子控制—发动机—构造—中等专业学校—教材②汽车—电子控制—发动机—车辆修理—中等专业学校—教材 Ⅳ.①U472.43

中国版本图书馆 CIP 数据核字(2021)第 077852 号

书　　名:	汽车电控发动机构造与维修(第4版)
著 作 者:	王　囤
责任编辑:	时　旭
责任校对:	孙国靖　扈　婕
责任印制:	刘高彤
出版发行:	人民交通出版社股份有限公司
地　　址:	(100011)北京市朝阳区安定门外外馆斜街 3 号
网　　址:	http://www.ccpcl.com.cn
销售电话:	(010)59757973
总 经 销:	人民交通出版社股份有限公司发行部
经　　销:	各地新华书店
印　　刷:	北京市密东印刷有限公司
开　　本:	787×1092　1/16
印　　张:	18.25
字　　数:	308 千
版　　次:	2002 年 7 月　第 1 版 2011 年 1 月　第 2 版 2016 年 5 月　第 3 版 2021 年 8 月　第 4 版
印　　次:	2024 年 8 月　第 4 版　第 5 次印刷　总第 35 次印刷
书　　号:	ISBN 978-7-114-17264-9
定　　价:	45.00 元

(有印刷、装订质量问题的图书由本公司负责调换)

第4版前言

本套中等职业教育国家规划教材,自2002年首次出版以来,获得师生的一致好评,被国内多所中等职业院校选为教学用书;人民交通出版社股份有限公司分别于2011年和2016年对教材进行了修订,使之在结构和内容上与教学内容更加吻合,更注重对学生实践能力的培养。

为了更好地体现"以行业需求为导向、以能力为本位"的职业教育理念,促进"教、学、做"更好结合,突出对学生技能的培养,使之成为技能型人才,故人民交通出版社股份有限公司组织相关老师再次对本套教材进行了修订。

本次教材的修订,吸收了教材使用院校教师的意见和建议,经过与编者的认真研究和讨论,确定了修订方案。

《汽车电控发动机构造与维修》的修订工作,是以本书第3版为基础,在修订方案的指导下完成的。修订内容主要体现在以下几个方面:

(1) 用混动版丰田卡罗拉(或雷凌)作为主体案例车型,同时兼顾欧美车系相关技术,不仅实现了技术更新,而且利于实训设备的"一物多用"。

(2) 增加了全电子节气门、空燃比(A/F)传感器、电动水泵、系统注册等多方面内容,并增加了利用氧传感器和A/F传感器数据进行故障诊断的比重。

(3) 充分尊重原厂推荐的诊断方法与流程,即充分利用诊断仪的故障再现与确认、读取定格数据与数据表、主动测试等功能,从而减少了拆卸工作,大大提高了故障诊断的准确度和速度。

(4) 删除了有分电器ECU控制点火系统等过时内容。

(5) 更换、调整了部分图片,纠正了原版教材中存在的错误。

本书由广州市交通技师学院王囤主编;参与本书编写的还有广州科技贸易职业学院高宏超,广州市公用事业技师学院刘宣传,广州市梅花园汽车修理厂董耕野,广州市交通技师学院王尚军、王静,辽宁省交通高等专科学校康宏卓、辽宁省瓦房店运管所赵德旭。广州丰田汽车特约维修有限公司教授级高工阮少宁担任本书主审。

限于编者水平,书中难免有疏漏和错误之处,恳请广大读者提出宝贵建议,以便进一步修订完善。

编 者
2021 年 2 月

目 录

学习任务一 总体认识 1
　小结 7
　复习思考题 7

学习任务二 燃油供给系统的测试、诊断与维修 9
　子任务一 燃油供给系统性能测试、诊断与维修 9
　子任务二 燃油泵控制电路测试、诊断与维修 21
　小结 29
　复习思考题 30

学习任务三 空气供给系统维护与故障诊断 32
　小结 43
　复习思考题 43

学习任务四 传感器检查 45
　子任务一 曲轴位置与转速传感器的检查 45
　子任务二 空气流量传感器的检查 65
　子任务三 节气门位置传感器的检查 79
　子任务四 冷却液温度与进气温度传感器的检查 92
　子任务五 爆震传感器的检查 102
　子任务六 氧传感器的检查 110
　小结 126
　复习思考题 128

学习任务五 喷油器及其控制电路的检测与维修 131
　小结 151
　复习思考题 151

学习任务六　点火系统故障诊断 ……………………………………………… 153
小结 …………………………………………………………………………… 183
复习思考题 …………………………………………………………………… 184

学习任务七　怠速控制系统的测试、诊断与维修 ……………………………… 185
小结 …………………………………………………………………………… 208
复习思考题 …………………………………………………………………… 209

学习任务八　电控系统电源电路的测试、诊断与维修 ………………………… 210
小结 …………………………………………………………………………… 219
复习思考题 …………………………………………………………………… 219

学习任务九　发动机冷却系统的检查、诊断与维修 …………………………… 220
小结 …………………………………………………………………………… 238
复习思考题 …………………………………………………………………… 239

学习任务十　发动机电控系统故障诊断 ………………………………………… 240
小结 …………………………………………………………………………… 273
复习思考题 …………………………………………………………………… 274

学习任务十一　电控发动机综合故障诊断 ……………………………………… 276
小结 …………………………………………………………………………… 284
复习思考题 …………………………………………………………………… 284

参考文献 …………………………………………………………………………… 286

学习任务一 总体认识

> **学习目标**
> 1. 了解发动机电控系统的组成、工作原理及主要传感器和执行器；
> 2. 能够找出、识别发动机电控系统的主要传感器、执行器、电子控制单元（ECU）及燃油泵、燃油滤清器等部件。

一、任务引入

现代汽车发动机广泛采用了电子控制系统（以下简称电控系统），系统功能包括燃油喷射控制、点火控制、怠速控制、废气再循环控制（EGR）、配气正时控制、可变进气控制等。电控系统工作是否正常，直接关系到发动机的运转是否正常，因此，发动机电控系统的故障诊断与维修是发动机维修作业的一项重要工作。

二、任务分析

根据所用燃料不同，发动机有汽油机、柴油机、气体燃料发动机等多种形式，由于目前小型客车仍广泛采用汽油机，所以本书主要集中讲解汽油机电控系统（以下仍然称发动机电控系统），大家可以举一反三，学习其他形式的发动机电控系统。

三、相关知识

1 发动机电控系统的组成与工作原理

发动机电控系统一般由空气供给系统、燃油供给系统和电子控制系统组成，如图1-1所示。其中，空气供给系统由空气滤清器、进气管道、节气门等组成，用于向发动机提供新鲜、清洁的空气，节气门可以调节进气量，从而控制发动机的功率；燃油供给系统由电动燃油泵、燃油滤清器、燃油压力调节器、燃油管道及喷油器等组成，用于向发动机提供与工况相适应的燃料。

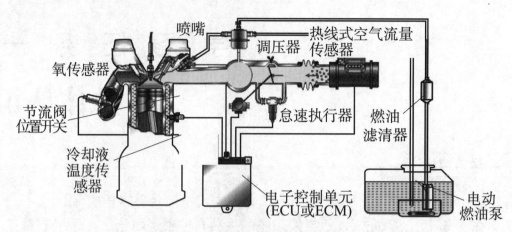

图 1-1　发动机电控系统组成

电子控制系统则由传感器、电子控制单元（ECU 或 ECM）、执行器等组成，如图 1-2 所示。其中，传感器是"情报员"，用于收集发动机的各种运转信息；ECU 是"司令部"，用于接收、处理传感器送来的各种信息，并做出决定，向执行器发出工作指令，控制执行器的工作；执行器是"工作机构"，用于执行"司令部"的决策，在"司令部"的指挥之下工作。

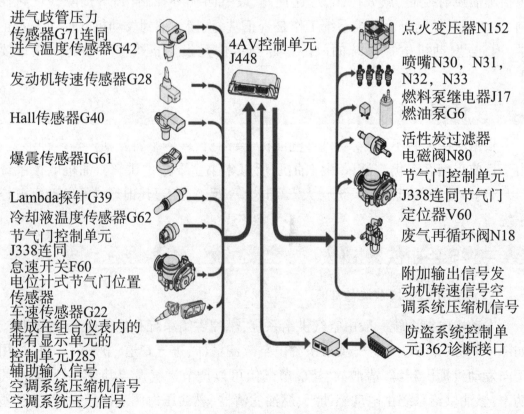

图 1-2　电子控制系统组成（某奥迪汽车）

2 发动机电控系统的布置

发动机正常运转需要采集多方面的信息,因此,也需要多个传感器,一般包括:曲轴位置与转速传感器(由曲轴位置传感器与凸轮轴位置传感器组合而成)、空气流量传感器、节气门位置传感器、冷却液温度传感器、爆震传感器、氧传感器等,它们在发动机上的位置如图1-3所示。根据功能的不同,也需要多个执行器,一般包括:喷油器、点火模块(或称点火器)、怠速阀、EGR阀、各种继电器等。各传感器和执行器的作用、结构及工作原理后文会陆续介绍,这里只需要了解它们在发动机上的具体位置。混动版丰田卡罗拉(COROLLA)、雷凌(LEVIN)所用的8ZR-FXE发动机电控系统传感器及部分执行器位置如图1-4至图1-8所示。

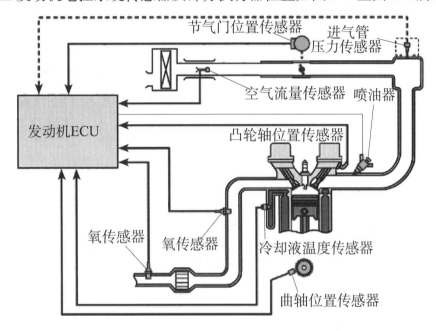

图1-3 发动机电子控制系统传感器的位置

各传感器的具体位置如下所述:

曲轴位置传感器——曲轴前端、传动带轮后,或曲轴后端、飞轮前;凸轮轴位置传感器——凸轮轴前端或后端;空气流量传感器——空气滤清器后、节气门前的进气管中;进气压力传感器——节气门后的进气管上;节气门位置传感器——节气门轴的一端;冷却液温度传感器——缸体或缸盖水套上;爆震传感器——缸体一侧或缸盖表面;氧传感器——排气管上。

需要说明的是,空气流量传感器和进气压力传感器可以二者用其一,采用空气流量传感器的电控发动机称为L型(流量型)电控发动机;采用进气压力传感器的电控发动机称为D型(压力型)电控发动机。

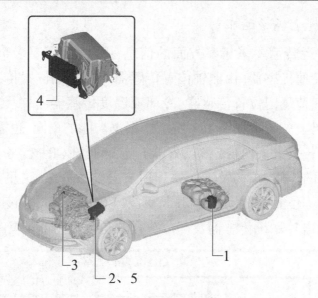

图1-4　丰田卡罗拉8ZR-FXE发动机控制系统零件位置(一)

1-燃油泵；2-集成继电器(EFI-MAIN继电器、IG2继电器)；3-空气流量传感器总成；4-ECM(ECU)；5-发动机舱内1号继电器盒和1号接线盒总成(C/OPN继电器、ENG W/PMP继电器)

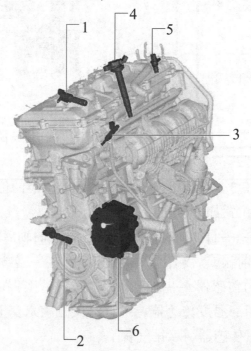

图1-5　丰田卡罗拉8ZR-FXE发动机控制系统零件位置(二)

1-凸轮轴正时机油控制阀总成；2-曲轴位置传感器；3-喷油器总成；4-点火线圈总成；5-凸轮轴位置传感器；6-发动机水泵总成

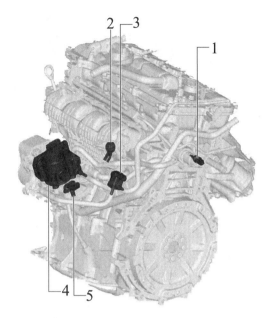

图1-6 丰田卡罗拉8ZR-FXE发动机控制系统零件位置(三)
1-冷却液温度传感器;2-爆震传感器;3-清污电磁阀(VSV);4-节气门体总成;5-歧管绝对压力传感器

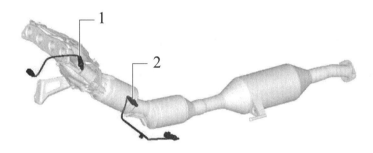

图1-7 丰田卡罗拉8ZR-FXE发动机控制系统零件位置(四)
1-空燃比(A/F)传感器;2-加热型氧传感器

各执行器的具体位置如下所述:

  喷油器——各缸进气门前的进气道上,喷嘴正对进气门;点火模块(或称点火器)——位置灵活,可在发动机舱内某位置独立安装,也可在发动机体上安装,甚至与点火线圈制成一体;怠速阀(又称怠速控制阀)——一般在节气门体的旁通气道上;EGR阀——发动机排气管与进气管之间专设的通道上;电动燃油泵——一般在燃油箱内部;各种继电器——包括油泵继电器、电源继电器等,一般位于发动机舱内或驾驶室仪表板下方的配电盒(或继电器盒)内;ECU——一般位于发动机舱内或驾驶室仪表板下方。

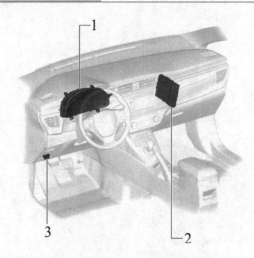

图1-8　丰田卡罗拉8ZR-FXE发动机控制系统零件位置(五)
1-组合仪表总成;2-混合动力车辆控制ECU;3-故障诊断仪接口(DLC3)

四、任务实施

1　实训目的

认识发动机电控系统各传感器、执行器、ECU的位置。

2　设备准备

混动版丰田卡罗拉或雷凌(或其他车型)一辆,或电控发动机维修台架一台;举升机一台;通用工具一套;发动机舱防护罩一套;驾驶室卫生防护"三件套"(座椅防护套、转向盘防护套、脚垫)一套。

3　实训步骤

①打开车门,铺好卫生防护驾驶室卫生防护"三件套",拉动发动机舱盖开启手柄;

②打开发动机舱盖,铺好发动机舱防护罩,拆下发动机护板;

③找出空气滤清器、进气管道,并观察其结构及布置;

④找出空气流量传感器(或进气压力传感器)、节气门及节气门位置传感器、凸轮轴位置传感器、冷却液温度传感器、爆震传感器,并观察其各自的位置;

⑤找出各喷油器、怠速阀、点火模块(或点火线圈与点火模块的合成体),并观察其各自的位置;

⑥找出发动机舱内(或驾驶室仪表板下方)的配电盒(或称继电器盒),打开盖板,观察各继电器、熔断丝(俗称保险丝)的位置;

⑦找出发动机舱内(或驾驶室仪表板下方)的ECU,观察其安装位置;

⑧打开汽车行李舱,拆下行李舱底部的燃油箱盖板,观察燃油箱及电动燃油泵;
⑨按照举升机的操作要求采取相应的安全防护措施,用举升机举起汽车;
⑩从汽车底部找出曲轴位置传感器、氧传感器,并观察其各自的位置;
⑪按照相反的顺序将汽车及举升机复位,并检查复位状况是否良好。

4 实训要求

①能够熟练找出各传感器、执行器、ECU、电动燃油泵、继电器盒;
②习惯使用驾驶室卫生防护"三件套"、发动机舱防护罩等汽车防护物品,养成良好职业习惯;
③养成"采取安全防护措施"的习惯;
④养成工具、零件、油液"三不落地"的汽车维修操作习惯,工具及拆下的零部件等都应整齐地放置在工具车及零件盘中。

小结

电控发动机由空气供给系统、燃油供给系统和电子控制系统三个部分组成,其中,电子控制系统则由传感器、ECU、执行器等组成。传感器是"情报员",ECU是"司令部",执行器是"工作机构",3个方面相互协作,才能确保发动机正常工作。

ECU控制发动机的工作状态,需要的"情报"有曲轴位置与转速、空气流量、节气门位置、冷却液温度等多个方面,因而发动机会装设多个方面的传感器;另外,维持发动机正常工作所需要的"工作机构"有喷油、点火、燃油供给、怠速控制等,因而发动机还会装设多个方面的执行器。

在了解发动机电控系统组成与工作原理的基础上,通过实训,找出各传感器、执行器及ECU,即可为以后的学习打下基础。

复习思考题

一、判断题

1. 传感器相当于人的眼睛、耳朵、鼻子,用于收集发动机的运转信息。
( )
2. 执行器相当于人的手臂与腿脚,用于执行ECU发来的指令。 ( )
3. ECU相当于人的大脑,用于接收、处理传感器送来的各种信息,并做出决定,向执行器发出工作指令,控制执行器的工作。 ( )

4. 采用空气流量传感器的电控发动机称为 D 型(压力型)电控发动机。
(　　)
5. 采用进气压力传感器的电控发动机称为 L 型(流量型)电控发动机。
(　　)
6. 曲轴位置传感器一般安装在曲轴前端、传动带轮后,或曲轴后端、飞轮前。
(　　)
7. 凸轮轴位置传感器一般安装在凸轮轴前端或后端。(　　)
8. 空气流量传感器一般安装在空气滤清器前或节气门后的进气管中。
(　　)
9. 冷却液温度传感器一般安装在缸体或缸盖水套上。(　　)
10. 爆震传感器一般安装在缸体一侧或缸盖表面。(　　)
11. 喷油器一般安装在各缸进气门前的进气道上,喷嘴正对进气门。(　　)
12. 点火模块(或称点火器)的安装位置比较灵活,可在发动机舱内某位置独立安装,也可在发动机体上安装,甚至与点火线圈制成一体。(　　)

二、选择题

1. 在发动机电控系统中,(　　)相当于"情报员"。
   A. ECU　　　　B. 传感器　　　　C. 执行器　　　　D. 空气滤清器
2. 在发动机电控系统中,(　　)相当于"司令部"。
   A. ECU　　　　B. 传感器　　　　C. 执行器　　　　D. 空气滤清器
3. 电动燃油泵的位置一般在(　　)。
   A. 发动机舱内　　　　　　　　　B. 驾驶室仪表板下方
   C. 燃油箱内部　　　　　　　　　D. 行李舱内
4. 怠速阀(又称怠速控制阀)的位置一般在(　　)。
   A. 节气门体的旁通气道上　　　　B. 驾驶室仪表板下方
   C. 燃油箱内部　　　　　　　　　D. 行李舱内

三、简答题

1. 为什么说传感器相当于人的眼睛、耳朵、鼻子?
2. 为什么说ECU是"司令部"?

学习任务二

燃油供给系统的测试、诊断与维修

子任务一 燃油供给系统性能测试、诊断与维修

学习目标

1. 掌握燃油供给系统组成、结构、工作原理；
2. 掌握燃油供给系统压力及其变化规律；
3. 能够进行燃油压力测试，并根据测试结果进行故障诊断与排除。

一、任务引入

燃油供给系统的作用是将燃油从燃油箱中泵出，经过滤清、调压后提供给喷油器，然后再由喷油器喷入发动机参加燃烧。如果该系统发生阻塞、泄漏、供油中断、供油压力失常（压力过高或过低）等故障，将会引起发动机燃料供给的失常，从而造成发动机动力不足、车辆加速不良、排气冒黑烟、燃油消耗过大、不能起动等故障现象，这时需要对燃油供给系统进行测试、诊断和维修。

二、任务分析

燃油供给系统一般由燃油箱、电动燃油泵、燃油滤清器、燃油压力缓冲器、油压调节器、喷油器等零部件组成，燃油滤清器及压力调节器的布置有两种形式，如图2-1所示。燃油泵磨损或卡滞、燃油滤清器阻塞等会引起供油压力下降或中断；燃油压力缓冲器和油压调节器失常，会引起供油压力过高、过低或不稳。因此，通过测试供油系统的压力可以诊断供油系统的故障。

三、相关知识

1 燃油供给系统的结构与工作原理

燃油箱中的燃油经电动燃油泵加压后被泵出，经燃油滤清器过滤后再提供

给各缸的喷油器,如图2-2所示。为了消除管路中燃油压力的波动,有些系统中装有燃油压力缓冲器(单独安装在管路上或与电动燃油泵一体设置于燃油出口处);为了确保喷油器喷嘴内外的压力差维持恒定,从而确保喷油器的喷油量不受燃油压力的影响,即确保喷油量仅受喷油时间的控制,系统中都装有燃油压力调节器。一般情况下,经燃油压力调节器调节后,喷油器喷嘴内外的燃油压力差维持在0.3MPa左右不变(也有个别车型为0.45MPa左右,例如奥迪汽车)。

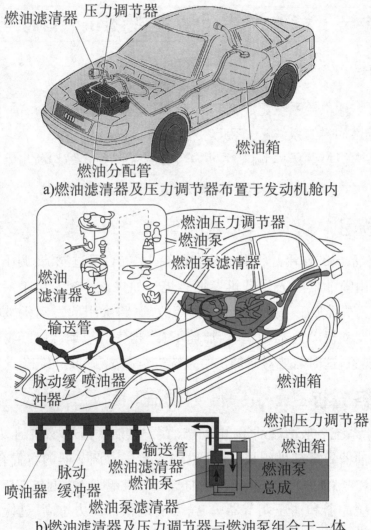

图 2-1　燃油供给系统布置示意图

喷油器装在各缸进气道上,在各缸的进气门附近喷油,喷油量取决于喷油持续时间,而喷油持续时间则受ECU的控制。

某些较为先进的现代汽车发动机采用了缸内喷射技术,即将燃油直接喷入燃烧室的内部,此时,燃油供给系统中往往还装有二次加压泵,将电动燃油泵提供的低压燃油变为高压燃油后,再提供给缸内喷射器。

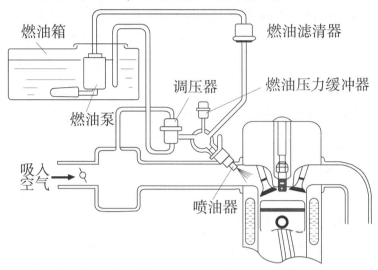

图 2-2　燃油供给系统的工作原理

关于电动燃油泵的控制电路和喷油器的结构与控制电路等问题,将在本书其他章节中介绍。

2 燃油供给系统中各零部件的结构及工作原理

1)电动燃油泵

电动燃油泵通常装在燃油箱内部,主要由油泵、电动机、安全阀、止回阀和外壳等组成,如图 2-3 所示。其中,油泵是电动燃油泵的主体,根据其结构的不同,又可分为滚柱泵、齿轮泵、涡轮泵、侧槽泵等类型。

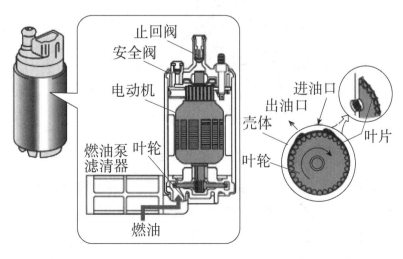

图 2-3　电动燃油泵的结构

所有类型的电动燃油泵出油口都设有止回阀,进油口和出油口之间都设有限压阀。止回阀用于防止燃油倒流,可在发动机熄火时使油路保持一定的残余压力,以减少气阻,并确保下次发动机能够顺利起动;限压阀则用于限制系统的最高油压,当油压达到一定值(一般为0.4~0.5MPa)时,限压阀打开进行泄压,以防止油路发生阻塞等意外情况时管路压力过高、油泵负荷过大导致烧坏油泵。另外,泵出的燃油流经电动机的内部,对电动机起润滑和冷却作用。

燃油泵入口处一般都装有燃油泵滤清器,用于对燃油进行初步过滤,避免一些大的杂质进入燃油系统。

(1)滚柱泵。滚柱式燃油泵的结构如图2-4所示,主要由壳体、偏心布置的带槽转子以及装于槽内的滚柱等组成。当偏心转子在电动机驱动下旋转时,滚柱因离心力作用而紧靠壳体内壁,每两个滚柱之间形成一个油腔。随着转子的旋转,一边油腔由小变大,产生真空而形成吸油过程(下腔);另

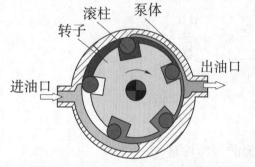

图2-4 滚柱式燃油泵的结构

一边的油腔容积由大变小,产生高压而形成排油过程(上腔)。

(2)齿轮泵。齿轮式燃油泵的结构如图2-5所示,主要由壳体、泵套、带外齿的主动齿轮、带内齿的从动齿轮等组成。主动齿轮由电动机带动,从动齿轮在泵套内可自由转动。

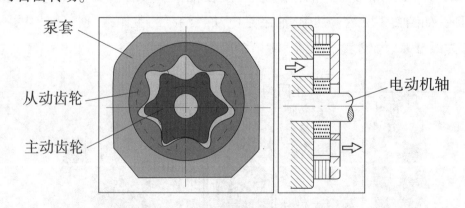

图2-5 齿轮式燃油泵的结构

主、从动齿轮齿数不同,但在旋转过程中,内、外齿廓线始终保持接触,从而形成多个工作腔。在主、从动齿轮旋转的过程中,这些工作腔的容积发生周期性变化。容积增大的工作腔从进油口转过,形成吸油过程,而容积减小的工作腔从出油口转过,形成排油过程。

(3)涡轮泵。涡轮式燃油泵的结构如图2-6所示,主要由壳体、涡轮等组成。当涡轮在电动机驱动下旋转时,在涡轮外缘每一个叶片沟槽的前后,由于液体的摩擦作用而产生压力差,由多个叶片沟槽所产生的压力差叠加后,使燃料压力升高,升压后的燃油经止回阀从出油口排出。

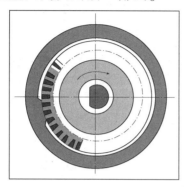
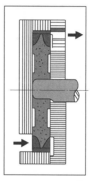

图2-6 涡轮式燃油泵的结构

在现代汽车上多采用双级泵的结构形式。由于汽油极易挥发,以及油泵工作时温度升高和吸油而产生的真空,增加了燃油的汽化程度,使泵油量下降,导致输油压力波动。双级泵是初级泵与主输油泵组合而成的组件,其结构如图2-7所示。

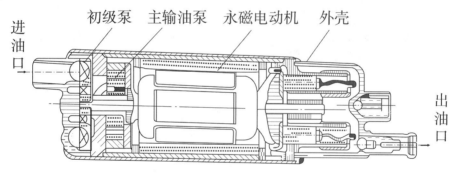

图2-7 双级泵的结构

2)燃油压力调节器及系统油压变化规律

燃油压力调节器及其他相关元件在燃油系统的位置如图2-8所示,燃油压力调节器的结构如图2-9所示。膜片下方的燃料室通过入口与供油系统的管路(一般是喷油器的供油轨)相通,膜片上方装有弹簧,并通过真空管与发动机的进气歧管相通,下方的出口通过回油管与油箱相通,出口上方的阀口与膜片之间形成阀门,即回油阀。膜片的上方除受弹簧的作用力外,还受到进气歧管绝对压力的作用,而膜片的下方则受到燃油压力的作用,回油阀的状态则取决于膜片上、下方作用力的平衡状态。当燃油压力较低时,膜片在弹簧作用下向下移动,回油阀关闭,没有燃油流回燃油箱;当燃油压力高于弹簧作用力与进气歧管绝对压力之和时,膜片被推向上方,回油阀打开,部分燃油经回油管流回燃油箱,从而释放系统油压,直至回油阀关闭。

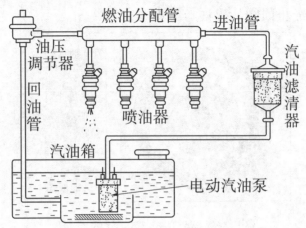

图2-8　燃油压力调节器及其他相关元件在燃油系统的位置

发动机工作时,由于进气歧管绝对压力(或真空度)随发动机转速和节气门开度的变化而变化,所以,经燃油压力调节器调节后,供油系统的油压也随之发生变化,使燃油压力与进气歧管绝对压力之间的压力差维持在0.3MPa左右不变(也有个别车型为0.45MPa左右,例如奥迪汽车),如图2-10所示。该数据就是测量供油系统油压的依据。

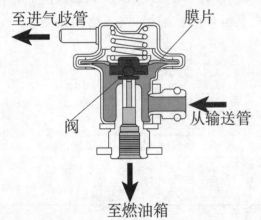

图2-9　燃油压力调节器的结构

当发动机熄火时,回油阀关闭,燃油泵出口处的止回阀也关闭,供油系统大约能够维持0.28MPa左右的残余油压,该残余油压可以确保发动机下次能够快速、顺利起动。

另外,近年来又出现一种油压不受进气歧管真空度影响的燃油供给系统,其燃油压力调节器与燃油泵组合安装在燃油箱的内部,其结构原理如图2-11所示,当油压达到规定值时,阀门打开,泄出的燃油直接流回燃油箱。采用这种燃油供给系统时,发动机ECU需要根据进气歧管压力传感器的信号对喷油持续时间进行修正,以补偿进气歧管真空度变化对喷油量的影响。

3)燃油压力缓冲器

当喷油器喷射燃油时,输油管内会出现压力脉动现象。另外,电动燃油泵所提供的燃油也存在一定的压力脉动,该压力脉动对 ECU 精确控制燃油喷射量有一定的影响。为了消除该影响,部分汽车上采用了燃油压力缓冲器(或称燃油压力脉动阻尼器),其位置一般在供油轨上,少数汽车设置在燃油泵的出油口处。

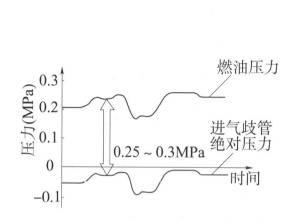

图 2-10 燃油压力与进气歧管绝对压力的关系

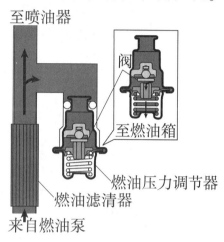

图 2-11 安装在燃油箱内部的燃油压力调节器

燃油压力缓冲器的结构如图 2-12 所示,它主要由壳体、膜片、阀片、弹簧等组成。当输油管内的燃油压力出现压力脉动时,膜片可以推动弹簧上下移动,从而通过调节管路的容积来吸收管路中的压力脉动。

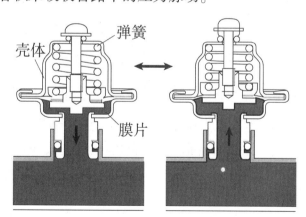

图 2-12 燃油压力缓冲器的结构

4)燃油滤清器

燃油滤清器一般设置在燃油供给管路中(图 2-2),也可以设置在燃油泵出口处(图 2-1b)并与燃油泵装在一起,由壳体和滤芯组成,其作用是过滤燃油中杂质,确保喷油器等部件工作正常。图 2-13 为与燃油泵装在一起的燃油滤清器。部分汽车采用了带燃油压力调节器的燃油滤清器,如图 2-14 所示,经调节后的油压恒定为300kPa。

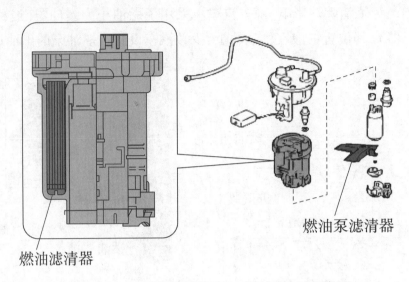

图2-13 与燃油泵装在一起的燃油滤清器

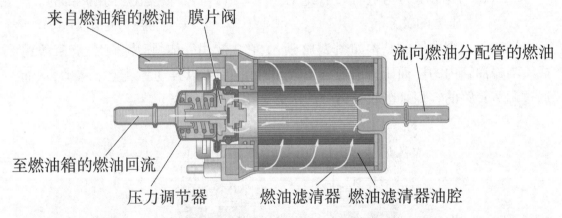

图2-14 带燃油压力调节器的燃油滤清器(奥迪汽车)

随着使用时间的增长,燃油滤清器会逐渐阻塞,造成供油不畅,从而影响发动机的动力性。在供油不畅的情况下,测试燃油供给系统油压时会显示油压过低,这时,一般需要更换燃油滤清器。

四、任务实施

1 实训目的

对燃油供给系统进行油压测试,并根据测试结果进行故障诊断与排除。

2 设备准备

混动版丰田卡罗拉或雷凌(或其他车型)一辆,或其他电控发动机维修台架一台；丰田检测仪(GTS)一台；EFI 燃油压力表(SST)一只；通用工具一套；发动机舱防护罩一套；驾驶室卫生防护"三件套"(座椅防护套、转向盘防护套、脚垫)一套。

3 实训步骤

1）卸掉燃油系统残余油压

打开发动机舱盖，铺设发动机舱防护罩及驾驶室卫生防护"三件套"。

(1) 发动机运转法。拔掉燃油泵熔断丝(使电动燃油泵停止工作)，起动发动机，利用发动机的运转消耗掉燃油系统的残余燃油。

对于有些汽车而言，电动燃油泵与喷油器、点火模块等共用一个熔断丝，用该方法无法泄压，此时可以用先拔下燃油泵电插头，再起动发动机的方法来卸压。

混动版卡罗拉(或雷凌)用 8ZR – FXE 发动机操作规范如下：

注意：执行此程序时，确保发动机冷却液温度为 60℃ 以下。燃油系统卸压前，不要断开燃油系统的任何零件。执行以下程序后，如果燃油管路内仍留有压力，则断开燃油管路时，用一块布包住接头，以防止燃油喷出或流出。

① 拆下发动机舱内 1 号继电器盒和 1 号接线盒总成盖(图 1-4)；拆下 C/OPN 继电器；将发动机置于检查模式(关于该模式有关说明，请参阅本书第十章，以下不再赘述)。

注意：

a. 检查模式下操作车辆时，可能存储故障代码(DTC)，因此，如果警告灯点亮，则使用故障诊断仪(GTS)检查并清除 DTC。

b. 激活检查模式前，关闭空调，选择驻车挡(P)的情况下起动混合动力系统中的发动机，检查并确认发动机在起动后数秒内停机(发动机暖机检查)。

c. 检查完成后，立即取消检查模式(未取消检查模式的情况下驾驶车辆可能损坏混合动力汽车的传动桥)。

不使用 GTS 时激活检查模式的方法：

在 60s 内，执行以下步骤：

将电源开关置于 ON(IG)位置，→选择驻车挡(P)，完全踩下加速踏板两次，→选择空挡(N)，完全踩下加速踏板两次，→选择驻车挡(P)，完全踩下加速踏板两次。

检查并确认多信息显示屏上显示"2WD(FWD) MAINTENANCE MODE"[二

轮驱动(前轮驱动)检查模式]。

使用 GTS 时激活检查模式的方法:

将 GTS 连接到 DLC3(图 1-8),将电源开关置于 ON(IG)位置,打开 GTS,进入菜单 Powertrain/Hybrid Control/Utility/Inspection Mode-2WD for measuring Exhaust Gas。检测仪显示"Inspection Mode",按下"执行"按钮,检查并确认多信息显示屏上显示"2WD(FWD) MAINTENANCE MODE"[二轮驱动(前轮驱动)检查模式]。

解除检查模式的方法:将电源开关置于 OFF 位置并至少等待 30s,同时关闭混合动力系统发动机。

注意:如果警告灯点亮,且多信息显示屏上显示警告信息,则使用 GTS 检查并清除 DTC。

②起动发动机。发动机自行停止后,将电源开关置于 OFF 位置。

注意:等待发动机自行停机时,不要提高发动机转速或驾驶车辆。

③再次起动发动机,确保发动机无法起动。

提示:经过以上操作,系统可能存储 DTC P0171(混合气过稀)、P3190(发动机功率不足)、P3191(发动机不能起动)或 P3193(燃油耗尽)。转至下一步前,清除 DTC。

④拆下燃油箱盖总成,释放燃油箱总成中的压力。

⑤断开辅助蓄电池负极(-)端子电缆。

⑥安装 C/OPN 继电器;安装发动机舱内 1 号继电器盒和 1 号接线盒总成盖。

如果采用断开燃油泵连接器对燃油系统进行卸压,则需要拆下后排座椅坐垫侧盖,拆下后排座椅坐垫总成,使用头部缠有保护胶带的卡子拆卸工具拆下后地板检修孔盖和丁基胶带,然后才能断开燃油泵连接器,再将发动机置于检查模式,其他步骤与操作方法参考前述有关内容。

(2)直接释放法(注意防火)。用棉纱包住燃油滤清器的油管接头,用工具慢慢松开油管接头,利用棉纱吸收从油管接头渗出的燃油,直至燃油系统的残余油压被完全释放,然后再拧紧油管接头。

2)检查燃油泵总成工作情况,并检查燃油是否泄漏

(1)将 GTS 连接到 DLC3;将电源开关置于 ON(IG)位置,并打开 GTS;

注意:不要起动发动机。

(2)进入菜单 Powertrain/Engine and ECT/Active Test/Control the Fuel Pump/Speed。按下"执行"按钮;

(3)从燃油管路检查燃油管分总成的压力:检查并确认能听到燃油箱总成中燃油流动的声音。如果听不到声音,则检查燃油泵总成、ECM 和线束连接器;

(4)检查燃油是否泄漏;

(5)将电源开关置于 OFF 位置;从 DLC3 上断开 GTS。

3)检查燃油压力

(1)卸掉燃油系统压力;测量辅助蓄电池电压(标准值:11~14V);

(2)断开辅助蓄电池负极(-)端子电缆;打开 1 号燃油管卡夹的盖,并从燃油管连接器上拆下 1 号燃油管卡夹,如图 2-15 所示;

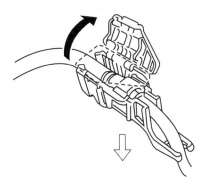

图 2-15 拆下燃油管卡夹

(3)从燃油管上断开燃油管分总成;安装 EFI 燃油压力表(SST),如图 2-16 所示;

(4)擦净溢出的燃油;连接辅助蓄电池负极(-)端子电缆;

(5)将 GTS 连接到 DLC3;将电源开关置于 ON(IG)位置,并打开 GTS;

注意:不要起动发动机。

(6)进入菜单 Powertrain/Engine and ECT/Active Test/Control the Fuel Pump/Speed,按下"执行"按钮;测量燃油压力(标准值:304~343kPa);

如果燃油压力大于标准值,则更换燃油压力调节器总成。如果燃油压力小于标准值,则检查燃油软管及其连接部位、燃油泵总成、燃油滤清器和燃油压力调节器总成;

(7)从 DLC3 上断开 GTS;将发动机置于检查模式;

(8)起动发动机,测量怠速时的燃油压力(标准值:304~343kPa);

(9)停止发动机,检查并确认燃油压力保持规定值(标准值:≥147kPa),并能持续 5min,如果结果不符合规定,则检查燃油泵总成、燃油压力调节器总成和/或喷油器总成;

(10)检查燃油压力后,断开辅助蓄电池负极(-)端子电缆,并小心拆下 SST(EFI 燃油压力表),以防燃油喷出;

(11)将燃油管分总成连接到燃油管上,将 1 号燃油管卡夹安装到燃油管连接器并关闭 1 号燃油管卡夹的盖;

(12)检查燃油是否泄漏。

操作完成后,不要忘记解除检查模式,方法见前。

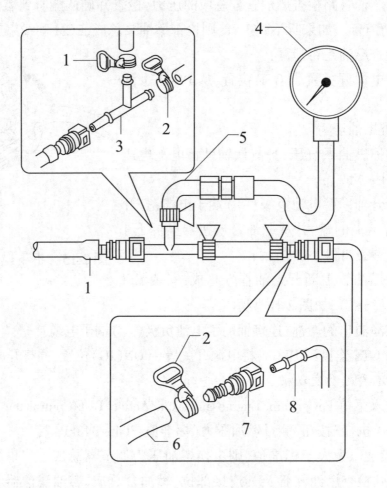

图 2-16　SST

1-燃油管分总成(车辆侧);2-SST(软管箍带);3-SST(T形接头);4-SST(仪表);5-SST(软管接头);6-SST(软管);7-SST(燃油管连接器);8-燃油管(车辆侧)

4　实训要求

①能够熟练释放燃油系统残余油压。

②能够熟练接入燃油压力表,并进行规范的压力测试。

③能够根据燃油压力测试结果进行相关的故障诊断。

④维修车辆前养成"采取安全防护措施"的习惯。

⑤养成工具、零件、油液"三不落地"的汽车维修习惯,工具及拆下的零部件等都应整齐地放置在工具车及零件盘中。

子任务二　燃油泵控制电路测试、诊断与维修

学习目标

1. 了解燃油泵控制电路的类型,掌握常见燃油泵控制电路的工作原理;
2. 能够对燃油泵控制电路进行基本测试;
3. 能够对燃油泵控制电路各个部分进行检测,并根据检测结果进行故障诊断与排除。

一、任务引入

燃油泵控制电路用于向电动燃油泵提供工作电源,使其能够根据发动机运转的需要向燃油供给系统输送一定流量和一定压力的燃油。一旦该控制电路发生故障,使电动燃油泵不能运转或转速不足,必然会造成发动机不能运转或动力不足,此时就需要对燃油泵控制电路进行检测和诊断。

二、任务分析

燃油泵控制电路的基本控制功能为:点火开关接通时,如不起动发动机,则给电动燃油泵通电 3~5s,以便建立初始燃油油压,为发动机起动做准备;如发动机持续运转,则给电动燃油泵持续通电,以便提供发动机运转所需的燃油;在发动机意外熄火的情况下,自动切断电动燃油泵的电源,防止发生危险。

某些车型还具有燃油泵转速调节功能,即当发动机负荷较小、所需燃料较少时,给电动燃油泵提供较低的电压,使电动燃油泵低速运转;当发动机负荷较大、所需燃料较多时,给电动燃油泵提供较高的电压,使电动燃油泵高速运转。

如果电动燃油泵的运转不符合上述情况,即可断定燃油泵控制电路发生了故障。一般可以用万用表、试灯、短接线等常用仪器及工具,通过测试有关电路的方法来进行故障诊断。

三、相关知识

1　丰田车系燃油泵控制电路工作原理

根据对发动机运转状态的感知方法不同以及控制功能的差异,丰田车系有多种形式的燃油泵控制电路,以下仅介绍两种具有代表性的典型电路。

1) 转速信号控制型燃油泵控制电路

这种电路的特点是利用发动机的转速信号来判断发动机的运转状态:有转速信号,表明发动机运转,燃油泵电路可以接通;没有转速信号,表明发动机不运转,燃油泵电路自动切断。

其电路原理如图 2-17 所示,适用于凯美瑞、花冠用 3S-FE、4S-GE、5S-FE、JZ 系列发动机、皇冠 3.0 用 1JZ-FE 发动机等,其断路继电器中有两组线圈:一组线圈($L2$)直接由点火开关起动挡控制,另一组线圈($L1$)由 ECU 控制。

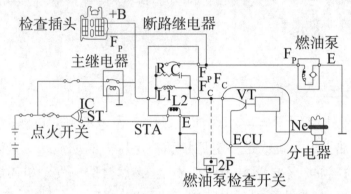

图 2-17 转速信号控制型燃油泵控制电路原理

如果将点火开关转至"ON"位置但不起动发动机,主继电器被激励,与此同时,ECU 内的三极管 VT 会导通 3～5s,使断路继电器通过线圈 L1 被激励 3～5s,从而使电动燃油泵运转3～5s,以便建立初始燃油压力,为发动机起动做准备。

如果将点火开关转至"ST"位置,断路继电器通过线圈 L2 被激励,电动燃油泵运转,此时,起动机电路也被接通,发动机开始运转,ECU 收到来自曲轴位置与转速传感器的转速信号 Ne,其内部的三极管 VT 导通,使断路继电器又通过线圈 L1 被激励。起动成功后,点火开关回"ON"位,线圈 L2 断电,但线圈 L1 电路仍然被 ECU 接通,断路继电器处于维持激励状态,电动燃油泵继续运转。

如果发动机意外熄火,来自曲轴位置与转速传感器的转速信号 Ne 中断,ECU 内部的三极管 VT 立即截止,线圈 L1 的电路被切断,断路继电器的触点断开,电动燃油泵断电而停止运转。

为了便于进行故障诊断及其他维修操作,丰田车系发动机舱内设有诊断座(检查插座),诊断座内设有"+B"脚和"F_P"脚,由图 2-17 可知,点火开关转至"ON"位置但不起动发动机时,只要用短接线将"+B"脚和"F_P"脚短接,电动燃油泵就可以单独运转。

有些车型的驾驶室内还设有专用的燃油泵检查开关(图 2-17 中的 2P 即为燃

油泵检查开关),接通该开关,也可以使电动燃油泵单独运转。

丰田卡罗拉8ZR-FXE发动机燃油泵控制电路如图2-18所示,智能钥匙ECU被激活时,IG2继电器被激励,ECM通过MREL脚和FC脚将EFI-MAIN继电器和C/OPN继电器激励,燃油泵通电运转。如果发动机意外熄火,ECM收不到发动机转速信号,ECM则可通过MREL脚停止对EFI-MAIN继电器的激励,从而切断燃油泵的电源电路,使燃油泵停止运转。

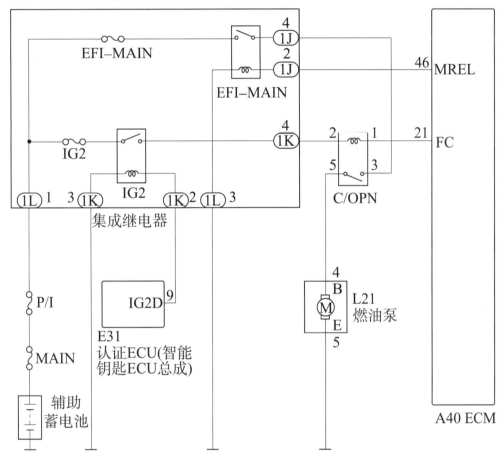

图2-18 丰田卡罗拉8ZR-FXE发动机燃油泵控制电路

2)可调转速的燃油泵控制电路

由于发动机负荷不同,所需的供油量也有所不同,因此,有些车型的燃油泵控制电路具有转速调节功能。

可调转速的燃油泵控制电路如图2-19所示,适用于雷克萨斯LS400的1UZ-FE、V型8缸发动机、皇冠3.0发动机等。

该控制电路中,专设了一个燃油泵ECU,用于对燃油泵转速(泵油量)进行控制。

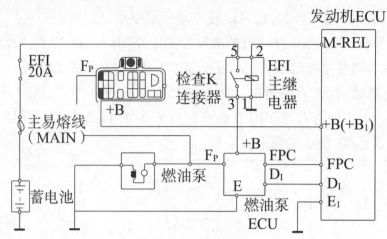

图2-19　使用燃油泵ECU的燃油泵控制电路

当发动机在起动阶段或高速、大负荷工况下工作时,发动机ECU向燃油泵ECU的FPC脚输入一个高电位信号(5V),燃油泵ECU的F_P脚则向燃油泵提供较高的工作电压(相当于蓄电池电源电压),使燃油泵高速运转。

当发动机在怠速或小负荷工况下工作时,发动机ECU向燃油泵ECU的FPC脚输入一个中电位信号(2.5V),燃油泵ECU的F_P脚则向燃油泵提供较低的工作电压(约9V),使燃油泵低速运转。

当发动机的转速低于最低转速(如120r/min)时,发动机ECU向燃油泵ECU的FPC脚输入一个低电位信号(0V),燃油泵ECU停止向燃油泵提供工作电压,使燃油泵停止工作。

图2-19中发动机ECU与燃油泵ECU之间的D_I电路为燃油泵ECU的故障诊断信号线路。

2　交通事故中燃油泵安全控制

发生交通事故时,燃油如果发生泄漏将会产生很大的安全隐患,此时要求燃油泵能够自动停止运转。为此,许多车型上设计有燃油泵安全控制电路。

(1)安全气囊充气胀开时燃油泵停止运转。当驾驶人安全气囊、前排乘客安全气囊或座椅侧安全气囊充气胀开时,发动机ECU要自动切断燃油泵电路。

安全气囊中央传感器总成有一根信号线与发动机ECU相连,如图2-20所示。当发动机ECU从该信号线探测到安全气囊充气信号时,发动机ECU便会断开断路继电器,从而使燃油泵停止工作。

安全气囊充气信号消除后,重新接通点火开关可使燃油泵重新开始运转。

(2)当车辆发生碰撞或翻车时燃油泵停止运转。某些车型上,燃油泵ECU

和发动机 ECU 之间装有一个惯性开关,如图 2-21 所示。当车辆发生碰撞时,惯性使开关内的钢球移动,使开关触点断开,发动机 ECU 会立即停止燃油泵的运转,从而防止燃油的泄漏。

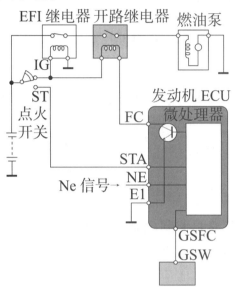

图 2-20　安全气囊充气胀开时燃油泵的控制

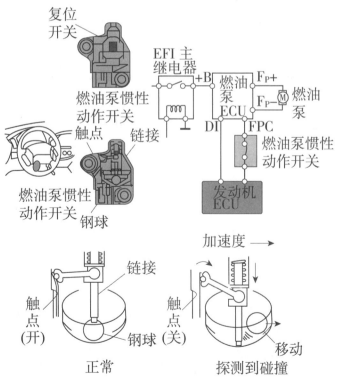

图 2-21　碰撞或翻车时燃油泵的控制

当该功能起作用后,如需燃油泵重新工作,只要把复位开关按压即可。

四、任务实施

1 实训目的

对电动燃油泵控制电路进行检测,并根据检测结果进行故障诊断。

2 设备准备

混动版丰田卡罗拉或雷凌(或其他车型)1 辆,或其他电控发动机维修台架 1 台;丰田汽车检测仪(GTS)1 台;万用表 1 只;通用工具 1 套;短接线(SST)1 条;约 1~2m 长的导线 2 条;发动机舱防护罩一套;驾驶室卫生防护"三件套"(座椅防护套、转向盘防护套、脚垫)一套。

3 实训步骤

说明:由于不同车型的燃油泵控制电路及各电器元件的位置存在一定的差异,其电路检测的过程也会有一定的差异。以下仅以典型案例(以丰田卡罗拉 8ZR-FXE 发动机为例)加以说明。

1)基本检查——燃油泵运转测试

测试方法有两种:专用故障检测仪测试法和燃油泵电路短接法。

(1)专用故障检测仪测试法(主动测试法)。将 GTS 与诊断接口 DLC3 相接(诊断接口 DLC3 的位置参见图 1-8);接通点火开关,打开故障检测仪,进入菜单 Powertrain/Engine and ECT/Active Test/Control the Fuel Pump/Speed(动力传输/发动机与变速器/主动测试/控制燃油泵/速度),按下"执行"按钮即可执行主动测试,电动燃油泵开始运转,应该可以听到燃油泵运转声。

测试结束后,应退出上述菜单、关闭故障检测仪、断开点火开关后,再断开与诊断接口 DLC3 的连接。

(2)燃油泵电路短接法(此方法仅适用于带检查连接器的丰田发动机)。用短接线短接发动机舱内诊断座(检查连接器)的"+B"脚和"F_P"脚,如图 2-22 所

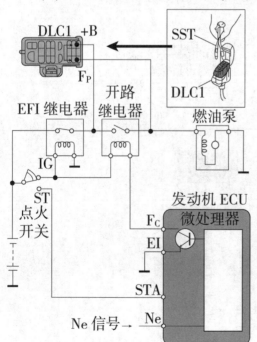

图 2-22 燃油泵电路短接法

示;将点火开关置于"ON"位但不起动发动机,电动燃油泵开始运转,应该可以听到燃油泵运转声。

测试结束后,应断开点火开关,拆下诊断座(检查连接器)上的短接线。

在基本检查中,如果听不到燃油泵运转声,则需要转入燃油泵控制电路的故障诊断程序。

2)燃油泵控制电路的故障诊断

电动燃油泵能够运转,但发动机不能起动时,则用 GTS 检查起动机信号、发动机转速信号等(略);电动燃油泵不能运转时,故障诊断基本流程如图 2-23 所示,对应电路见图 2-18。

①检查 C/OPN 继电器。从发动机舱内 1 号继电器盒和 1 号接线盒总成上拆下 C/OPN 继电器(图 1-4),并对该继电器进行测试,如图 2-24 所示,用万用表测量 3 脚与 5 脚之间的电阻值,相关数据如下:

在 1 脚与 2 脚之间未施加辅助蓄电池电压(12V)时:≥10kΩ;

在 1 脚与 2 脚之间施加辅助蓄电池电压(12V)时:<1Ω。

如不正常,则更换该继电器;如正常,则进行下一步。

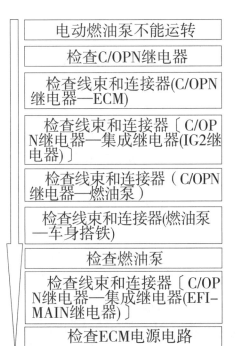

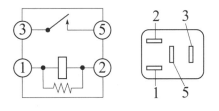

图 2-23　故障诊断基本流程　　图 2-24　C/OPN 继电器插脚示意图

②检查线束和连接器(C/OPN 继电器 – ECM)。从发动机舱内 1 号继电器盒

和1号接线盒总成上拆下C/OPN继电器,断开ECM连接器(图2-25),用万用表测量相关插孔之间的电阻值,相关数据如下:

C/OPN继电器1号插孔—ECM连接器A40-21(FC)插孔:<1Ω;

C/OPN继电器1号插孔或ECM连接器A40-21(FC)插孔—车身搭铁:≥10kΩ。

如不正常,则维修或更换线束或连接器;如正常,则进行下一步。

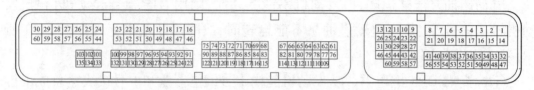

图2-25　ECM连接器插脚示意图

③检查线束和连接器[C/OPN继电器—集成继电器(IG2继电器)]。从发动机舱内1号继电器盒和1号接线盒总成上拆下C/OPN继电器、集成继电器(IG2继电器),用万用表测量相关插孔之间的电阻值,相关数据如下:

C/OPN继电器2号插孔—集成继电器1K-4插孔:<1Ω;

C/OPN继电器2号插孔或集成继电器1K-4插孔—车身搭铁:≥10kΩ。

如不正常,则维修或更换线束或连接器;如正常,则进行下一步。

④检查线束和连接器(C/OPN继电器—燃油泵)。从发动机舱内1号继电器盒和1号接线盒总成上拆下C/OPN继电器,断开燃油泵连接器,用万用表测量相关插孔之间的电阻值,相关数据如下:

C/OPN继电器5号插孔—燃油泵连接器L21-4(B)插孔:<1Ω;

C/OPN继电器5号插孔或燃油泵连接器L21-4(B)插孔—车身搭铁:≥10kΩ。

如不正常,则维修或更换线束或连接器;如正常,则进行下一步。

⑤检查线束和连接器(燃油泵—车身搭铁)。断开燃油泵连接器,用万用表测量燃油泵连接器L21-5(E)与车身搭铁之间的电阻值,阻值应该<1Ω。

如不正常,则维修或更换线束或连接器;如正常,则进行下一步。

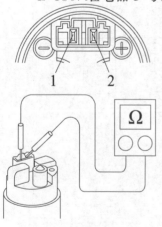

图2-26　测量燃油泵电阻值

⑥检查燃油泵。断开燃油泵连接器,用万用表测量燃油泵1号插脚与2号插脚之间的电阻值(图2-26),

阻值应该为0.2~3.0Ω(条件:20℃),如不正常,则更换燃油泵总成。

在燃油泵两个插脚之间施加辅助蓄电池电压(12V),检查并确认燃油泵能够工作。如不能工作,则更换燃油泵总成。

注意:为避免线圈烧坏,该测试必须在10s内完成;使燃油泵总成尽量远离辅助蓄电池;务必从辅助蓄电池侧而非燃油泵总成侧通电和断电。

以上检查均正常,则进行下一步。

⑦检查线束和连接器〔C/OPN继电器—集成继电器(EFI-MAIN继电器)〕。从发动机舱内1号继电器盒和1号接线盒总成上拆下C/OPN继电器、集成继电器(EFI-MAIN继电器),用万用表测量相关插孔之间的电阻值,相关数据如下:

C/OPN继电器3号插脚—集成继电器1J-4插脚:<1Ω;

C/OPN继电器3号插脚或集成继电器1J-4插脚—车身搭铁:≥10kΩ。

如不正常,则维修或更换线束或连接器;如正常,则进行下一步。

⑧检查ECM电源电路(见第八章)。

4 实训要求

①熟练、规范操作相关仪器设备。

②能够将故障诊断各操作步骤与电路图联系起来,明确在电路图中的测量位置。

③操作过程仔细、规范,避免伤害相关连接器等零部件。

④习惯性使用驾驶室卫生防护"三件套"、发动机舱防护罩等汽车防护物品,养成良好职业习惯。

小结

燃油供给系统一般由燃油箱、电动燃油泵、燃油滤清器、压力缓冲器、燃油压力调节器、喷油器等零部件组成。

电动燃油泵通常装于燃油箱内部,有滚柱泵、齿轮泵、涡轮泵、侧槽泵等多种类型。燃油压力调节器可以确保燃油压力与进气歧管绝对压力之间的压力差维持在0.3MPa左右不变。燃油压力缓冲器可以消除输油管内的燃油压力脉动。燃油滤清器则可以过滤燃油中的杂质。

对燃油供给系统进行油压测试时,首先需要泄掉燃油系统残余油压,然后再接入燃油压力表,按照规范进行操作。当测试出来的燃油油压不符合要求时，可根据燃油供给系统的结构和工作原理进行故障诊断，并进行相应的故障排除。

燃油泵控制电路用于向电动燃油泵提供工作电源，其基本控制功能为：起动时建立燃油供给系统初始油压、发动机运转时持续供电、发动机意外熄火时自动断电、燃油泵转速调节等。

燃油泵控制电路有转速信号控制型、可调转速型等多种形式，不同车系、不同车型的燃油泵控制电路都多少存在一定的差异，因此，查阅电路图是燃油泵控制电路检查与维修必不可少的环节。

检查燃油泵控制电路时，首先需要进行基本检查（燃油泵运转测试），检查结果不符合要求时，则需要根据电路图及维修手册的指引对燃油泵控制电路进行故障诊断与排除。

复习思考题

一、判断题

1. 经燃油压力调节器调节后的燃油压力维持恒定不变。（　　）
2. 电动燃油泵一般设置于燃油箱内部。（　　）
3. 燃油滤清器是一次性的，阻塞或损坏后只能更换。（　　）
4. 燃油压力调节器工作不良时，可对其进行维修来保证它能正常工作。（　　）
5. 发动机不运转时，燃油系统的压力为0MPa。（　　）
6. 通过测试燃油系统压力，可以判断燃油供给系统是否存在故障。（　　）
7. 电动燃油泵的止回阀主要起保护作用，当燃油油压过高时能自动减压。（　　）
8. 接通点火开关时，只要不起动发动机，电动燃油泵就不会运转。（　　）
9. 在部分汽车上，电动燃油泵的转速是可变的。（　　）
10. ECU是通过继电器间接控制电动燃油泵的。（　　）
11. 如果听不到电动燃油泵的运转声，肯定是电动燃油泵本身出现了故障。（　　）

二、填空题

1. 燃油供给系统的功用是_____。

2. 燃油脉动缓冲器的功用是_____。

3. 当喷油器的结构和喷油压差一定时,喷油量的多少就取决于_____。

4. 燃油流经燃油泵内腔,对燃油泵电动机起到_____、_____作用。

5. 为了消除燃油压力波动,燃油系统一般都装有_____。

6. 测试燃油供给系统压力时,油压表指示压力过高,应检查_____。

三、选择题

1. 发动机意外熄火时,电动燃油泵的状态是( )。

　　A. 继续运转　　　B. 自动停止运转　　　C. 或停或转,取决于车型

2. 从图2-22判断,用短接线短接发动机舱内诊断座(检查连接器)的"+B"脚和"F_P"脚,相当于短接了( )。

　　A. EFI继电器　　B. 开路继电器　　　C. 燃油泵　　　D. ECU

四、简答题

1. 燃油压力调节器的作用是什么?

2. 怠速燃油油压为什么会低于静态燃油油压?

3. 如何测试燃油供给系统的油压?

4. 详细说明图2-18的工作原理。

5. 对照图2-18,指出故障诊断的思路。

6. 如果要修的车无法起动,经检查发现其燃油泵不能运转,通过查资料发现该车采用了图2-19所示的电动燃油泵控制电路,请结合该电路图制订合理的故障诊断流程。

学习任务三
空气供给系统维护与故障诊断

> **学习目标**
> 1. 掌握空气供给系统组成、结构、工作原理、可变进气系统的作用与工作原理、废气涡轮增压系统的作用与工作原理;
> 2. 掌握空气供给系统故障对电控发动机工作的影响;
> 3. 能够进行空气供给系统的维护作业;
> 4. 能够进行空气供给系统的故障诊断,能够进行可变进气系统的检查与维修。

一、任务引入

空气供给系统的功能是将大气中的空气过滤后,按照发动机负荷的不同,为发动机提供不同量的清洁空气。负荷越大,所提供的空气越多;反之,负荷越小,所提供的空气也越少。

当空气供给系统发生阻塞、泄漏等故障时,必然引起进气量与发动机负荷的不协调,从而导致发动机运转不良。一般情况下,当空气供给系统发生阻塞故障时,发动机会因为进气不畅而动力不足,直至不能运转。

当空气供给系统发生泄漏故障时,一般会对怠速产生较大影响:对于L型电控发动机(采用空气流量传感器的电控发动机),往往会造成怠速不稳或没有怠速(一松抬加速踏板就熄火);对于D型电控发动机(采用进气压力传感器的电控发动机),往往会造成怠速偏高(松抬加速踏板后怠速转速高于设定值)。

可见,当发动机出现动力不足、怠速不稳或没有怠速以及怠速转速偏高等现象时,往往需要对空气供给系统进行检查或维修,以排除因阻塞或泄漏所造成的发动机故障现象。

二、任务分析

空气供给系统一般由空气滤清器、进气管、节气门体以及进气歧管等部分组成,如图 3-1 所示。个别汽车还配有起谐振作用的谐振气室和起调节进气量作用的控制阀,如图 3-2 所示。

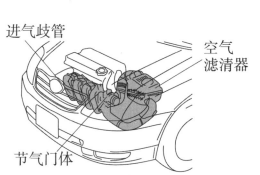
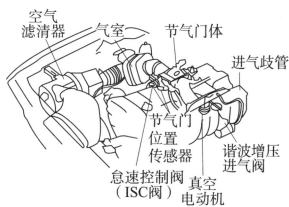

图 3-1　空气供给系统　　　图 3-2　丰田车系进气系统结构示意图

空气供给系统的阻塞故障通常发生于空气滤清器内部滤芯处,一般通过清洁作业就可以排除,个别情况下需要更换滤芯。但对于不同类型的空气滤清器,清洁作业的方法存在不同的差别。

空气供给系统的漏气故障通常发生于节气门体之后的进气管、进气歧管等与其他部件的接合处,一般是由于密封垫片失效所致,通常需要更换作业,但找出漏气点是更换作业前的关键环节。

三、相关知识

1　空气供给系统的工作原理

空气供给系统的组成如图 3-3 所示。空气经过空气滤清器过滤后,通过空气流量传感器(D 型电控发动机无此装置,另设进气压力传感器)、节气门、进气总管、进气歧管进入各汽缸。

L 型电控发动机的空气流量传感器或 D 型电控发动机的进气压力传感器都是用于检测空气流量的,其工作原理将在第四章中介绍。

空气流量受节气门开度的控制,而节气门开度又由驾驶人通过加速踏板控制,如图 3-4 所示。踩下加速踏板时,节气门开度增大,进入汽缸的空气流量加大,发动机功率增大;反之,发动机功率减小。

驾驶人不踩加速踏板时,节气门完全关闭,空气从旁通气道通过,发动机处于怠速运转状态。怠速空气流量通过怠速调整螺钉和怠速控制阀调节,从而实现对怠速转速的控制与调节。调整螺钉用于人工调节怠速转速,怠速控制阀则用于 ECU 对怠速转速的控制。

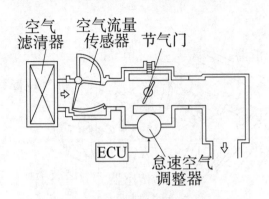

图 3-3 空气供给系统的组成

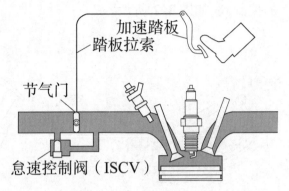

图 3-4 空气流量的控制

低温起动以及暖机时，怠速控制阀开度较大，发动机处于高怠速运转状态；随着冷却液温度的升高，怠速控制阀开度逐渐减小，发动机转速逐渐降至正常怠速。

2 空气滤清器

空气滤清器内装有一个滤清器芯，在外部空气进入发动机时，可从空气中滤去灰尘和其他颗粒。空气滤清器滤芯必须定期清洗或更换。

常见的空气滤清器滤芯有 3 种类型，如图 3-5 所示：纸质滤芯（汽车上使用的最广泛的类型）；织物滤芯（内装有织物，可洗）；油浴式滤芯（湿型，内含有油池）。

采用纸质滤芯的空气滤清器如图 3-6 所示，由壳体和滤芯两部分组成，具有质量轻、成本低等优点，在汽车上的应用最为广泛。织物滤芯则可以在清洗后重复使用，应用也较为广泛。

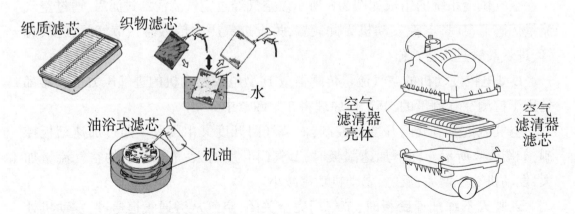

图 3-5 空气滤清器滤芯　　图 3-6 采用纸质滤芯的空气滤清器

采用油浴式滤芯的空气滤清器如图 3-7 所示，滤芯由金属纤维制成，在滤清器壳底部储有机油,空气穿过滤芯之前急转弯,由于惯性作用使大部分杂质被机油吸附,少量杂质被滤芯过滤并被带上来的油滴"清洗"下来。

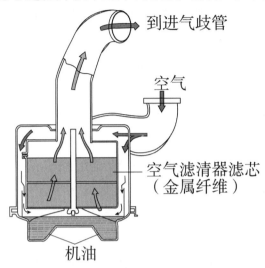

图3-7 采用油浴式滤芯的空气滤清器

另外,还有一种离心式空气滤清器,常用作空气的预滤清,如图3-8所示。工作原理是利用翅片使空气产生旋转运动,依靠离心力将灰尘从空气中分离出来,然后将灰尘送往集尘器,空气则输送至另一个空气滤清器。

有些空气滤清器则将纸质滤芯与离心滤清结合了起来,空气先被离心预滤,再进入纸质滤芯,如图3-9所示。

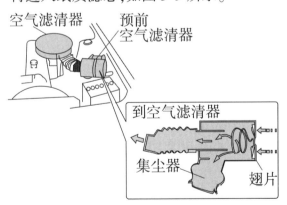

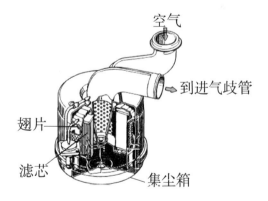

图3-8 离心式空气滤清器

图3-9 离心滤清与纸质滤芯组合的空气滤清器

3 可变进气系统

为了进一步提高发动机的工作性能,部分汽车发动机采用了可变进气系统。可变进气系统的主要目的,是利用发动机进气管中空气的波动效应来增大进气量,或利用进气旋流作用来改善燃烧过程。

进气波动效应比较复杂,这里不作介绍。一般来讲,由于这种波动效应的存在,使细而长的进气管对发动机低速性能有利,粗而短的进气管对发动机高速性能有利。进气旋流则可以加快燃烧过程。

不同车型的发动机所采用的可变进气系统在结构上存在不同的差异,但工作原理却基本相同,以下仅以4个典型案例来加以说明。

1)奥迪V6发动机可变进气系统

图3-10为奥迪V6发动机的可变进气系统。在发动机每个进气歧管内都设置了进气转换阀,该转换阀由ECU通过电磁真空阀和真空拉力腔控制。

当发动机转速低于4100r/min时,转换阀处于关闭状态,空气经过细而长的进气通道进入汽缸,如图3-10a)所示,使发动机在低速时的输出转矩增大,有利于汽车克服阻力。

当发动机转速高于4100r/min时,转换阀处于开启状态,空气经过粗而短的进气通道进入汽缸,如图3-10b)所示,使发动机在高速时的功率增大,有利于汽车提高车速。

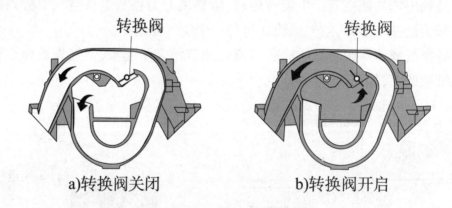

图3-10 奥迪V6发动机可变进气系统

2)日产汽车发动机可变进气系统

图3-11为日产汽车发动机可变进气系统。

当发动机处于低速中、小负荷工作时,转换阀关闭,空气仅通过细而长的进气通道进入汽缸,并在汽缸中产生强烈的进气旋流。细长管的波动效应增大了进气量,进气旋流又加快了燃烧,从而改善了发动机的低速转矩特性。

当发动机处于高速大负荷工作时,转换阀开启,空气通过粗而短的进气通道进入汽缸,从而增大了进气量,提高了发动机高速时的功率。

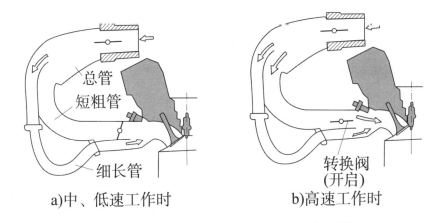

图 3-11　日产汽车发动机可变进气系统

3）丰田汽车发动机可变进气系统

图 3-12 为丰田汽车发动机可变进气系统。每个汽缸配有 2 进 2 排共 4 个气门，2 个进气门各配有 1 个进气管道，其中 1 个进气管道中设有进气转换阀。

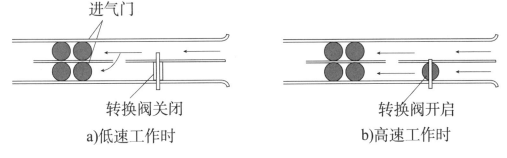

图 3-12　丰田汽车发动机可变进气系统

在发动机低速中、小负荷工作时，转换阀关闭，因此，只有一个进气通道进气，进气流速加快，细长管的波动效应增大了进气量，从而改善了低速中、小负荷时的转矩特性。

当发动机高速大负荷工作时，转换阀开启，两个进气通道同时进气，通道截面加大，进气阻力减小，增大了进气量，从而改善了发动机的高速大负荷工作时的动力性。

4）可变进气转换阀的控制

不同车型可变进气转换阀的控制方法并不完全一样。图 3-13 为丰田发动机可变进气转换阀的控制原理图（图 3-13 中只画了带进气转换阀的进气通道）。

图 3-13 中进气转换阀的开启与关闭受膜片式执行器的控制，膜片室的工作压力则取决于三通电磁阀的状态，而三通电磁阀是在 ECU 的控制下决定着执行器膜片室是通滤清器（通大气）还是通真空罐。

当发动机的转速低于 5200r/min 时,三通电磁阀断电,切断与滤清器相连的通道,同时开启与真空罐相连的通道,真空罐中的真空进入执行器膜片室,吸力作用拉动进气转换阀关闭,如图 3-13a) 所示。

当发动机的转速高于 5200r/min 时,三通电磁阀通电,开启与滤清器相连的通道,同时切断与真空罐相连的通道,大气中的空气进入执行器膜片室,膜片弹簧在气压作用下推动进气转换阀开启,如图 3-13b) 所示。

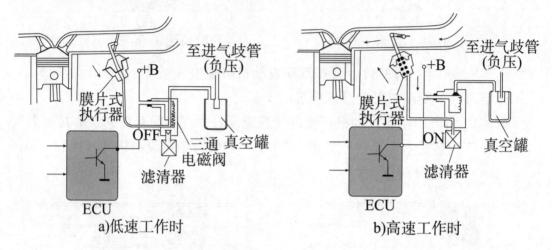

图 3-13　丰田发动机可变进气转换阀的控制原理

4　废气涡轮增压控制

为了进一步提高发动机的功率,部分汽车还采用了废气涡轮增压技术。该技术的基本原理是:利用发动机排出的废气推动涡轮高速运转,再由涡轮带动泵轮,然后由泵轮压缩空气增大进气压力,从而增加发动机的进气量,如图 3-14 所示。但是,进气压力提高后,发动机比较容易过热,且爆震的可能性也加大了。为了避免发动机过热和爆震,ECU 必须对增压压力进行控制。

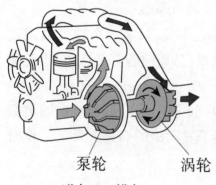

图 3-14　废气涡轮增压系统

图 3-15 为奥迪汽车发动机所用的废气涡轮增压系统原理图。排气管中的废气推动动力涡轮高速旋转,动力涡轮则带动进气管中的增压涡轮高速旋转,进气管中的空气压力在增压涡轮的作用下被提高。

当发动机出现过热和爆震倾向时,ECU 向增压压力控制电磁阀发出指令,通过该电磁阀提高控制阀膜片室中的压力,从而通过推杆使旁通阀门开度增大,部分废气通过旁通通道排出,减少了通过涡轮的废气量,从而使增压器转速下降,增压压力减小。

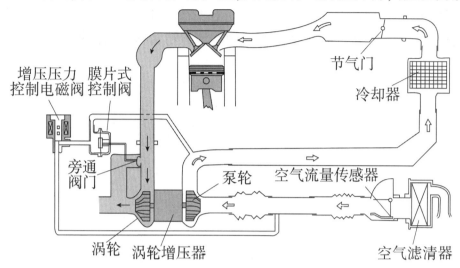

图 3-15 废气涡轮增压系统原理图

反之,当 ECU 判定需要提高增压压力时,则减小旁通阀门开度,从而增大通过涡轮的废气量,使增压器转速上升。

四、任务实施

1 实训目的

能够熟练进行空气供给系统的维护,并排除因空气供给系统不良所引发的发动机故障。

2 设备准备

纸质滤芯、织物滤芯、油浴式滤芯的空气滤清器各 1 个;压缩空气及喷枪 1 支;水盆 3 个;煤油若干;发动机机油若干;通用工具一套;发动机舱防护罩一套;驾驶室卫生防护"三件套"(座椅防护套、转向盘防护套、脚垫)一套。

3 实训步骤

1)空气滤清器的维护

(1)基本要求。

每 20000km 或 2 年(不同汽车的要求有所不同),应该检查和清洁空气滤清器滤芯;

每 40000km 或 4 年(不同汽车的要求有所不同),应更换空气滤清器滤芯。

当行驶在沙地或尘土飞扬的地区,清洁/更换空气滤清器滤芯的间隔要变短(因为它会更快堵塞)。

（2）空气滤清器纸质滤芯的检查。拆下空气滤清器，取出纸质滤芯。

清洁：检查前首先要进行清洁，清洁方法如图3-16所示，拆出滤芯后，用压缩空气反向吹清滤芯（从内侧向外侧吹），同时清除滤清器盖内污物。

图3-16　空气滤清器纸质滤芯的清洁

检查：空气滤清器滤芯中是否有灰尘、积聚微粒或者破裂部分。

安装：检查空气滤清器滤芯上的橡胶密封是否良好，确保没有裂纹或其他损坏。

（3）可清洗式空气滤清器滤芯的检查与清洁。

检查：主要检查空气滤清器滤芯是否有泥土、阻塞或者破裂情况。

清洁：步骤如下。

①使用压缩空气（从内向外）完全吹出滤芯内部的灰尘。

②将滤芯浸入水中并且上下移动10min或者更长时间，如图3-17所示。

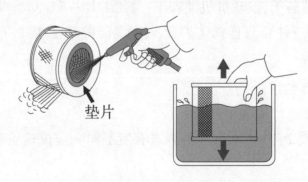

图3-17　可清洗式空气滤清器滤芯的清洁

③更换清水，重复该过程直到水干净为止。

④通过摇晃滤芯或者在上面吹压缩空气的方式将多余的水清除掉。

⑤擦掉空气滤清器壳体内部的灰尘。

注意：切勿敲打或者跌落滤芯。

安装条件：检查垫片是否牢固地安装于空气滤清器滤芯中以及垫片是否有裂纹或者损坏。

(4) 油浴式空气滤清器的检查与清洁。

①拆卸空气滤清器壳体。

②通过在煤油中搅动、擦洗的方式来清洗空气滤清器壳和滤清器芯，如图 3-18 所示。

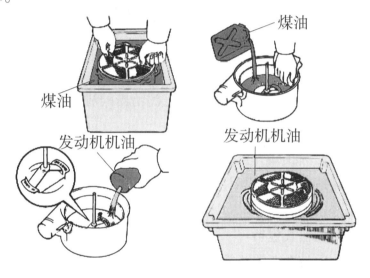

图 3-18　油浴式空气滤清器的清洁

③用干净的布擦干空气滤清器壳和滤清器芯。

④将空气滤清器壳放在一个水平工作台上。

⑤加注清洁的发动机机油到油位标记。

⑥将滤清器芯放在托盘中，然后使用清洁的发动机机油浸泡滤清器芯。

(5) 组合式空气滤清器的检查与清洁。主要检查空气滤清器滤芯是否有泥土、堵塞情况：

①使用压缩空气快速、彻底地从滤芯的内侧向外侧吹气，从而清洁滤芯，如图 3-19 所示，然后再从外侧向内侧吹气。

②取出集尘器，并将尘土从里面清除。

检查：滤芯是否牢固地安装于空气滤清器壳体内；滤芯中以及滤芯是否有裂纹或者损坏。

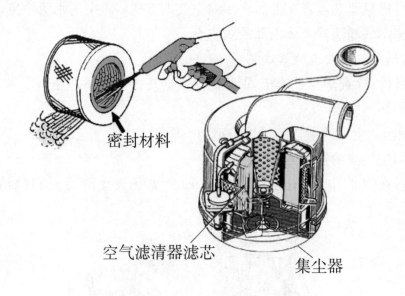

图 3-19 组合式空气滤清器的清洁

2)空气供给系统漏气的检查

通常采用阻燃法查找漏气点:起动并运转发动机,然后向可疑漏气点喷阻燃剂。如果发动机转速下降,则说明该处存在漏气现象。

3)可变进气系统检查

可变进气系统的检查包括:

①进气转换阀门是否能够正常打开与关闭,有无卡滞情况存在。

②进气转换控制电磁阀是否能够正常工作(可以用人工通电、断电的方法进行测试)。

③进气转换控制电磁阀的真空通道能否正常通断(人工对电磁阀的真空通道施加真空,并对电磁阀人工通电、断电,观察通道能否通断)。

④检查真空管路是否存在漏气、堵塞等情况。

⑤起动发动机,空载加速,检查进气转换控制电磁阀是否受 ECU 控制。

4 实训要求

①达到实训目的。

②保持现场卫生,水、油等不得洒于地面,应在规定位置摆放。

③实训后的空气滤清器、压缩空气设备、水盆等应清洁、完好,并摆放于指定位置。

④做好安全防护措施。

学习任务三　空气供给系统维护与故障诊断

小结

空气供给系统一般由空气滤清器、进气管、节气门体以及进气歧管等部分组成，为了进一步提高发动机的工作性能，部分汽车发动机采用了可变进气系统，其目的是利用发动机进气管中空气的波动效应来增大进气量，或利用进气旋流作用来改善燃烧过程。一般来讲，细而长的进气管对发动机低速性能有利，粗而短的进气管对发动机高速性能有利。进气旋流则可以加快燃烧过程，为此，不同车系采用了各自不同的方法来对进气系统进行调节。

为了进一步提高发动机的功率，部分汽车还采用了废气涡轮增压技术，但为了避免发动机过热和爆震，ECU 必须对增压压力进行控制。

空气供给系统的故障主要有阻塞、漏气、可变调节装置失效等，其维护的内容主要包括：空气滤清器的维护、空气供给系统漏气的检查、可变进气系统的检查等。

复习思考题

一、判断题

1. 空气供给系统发生阻塞故障时，发动机一般都会动力不足。　　　（　　）
2. 空气供给系统发生漏气故障时，所有发动机表现出来的故障现象都是一样的。　　　（　　）
3. 可变进气系统发生故障时，发动机将不能运转。　　　（　　）
4. 废气涡轮增压系统中，由于涡轮是被废气推动的，因而其转速不会受到 ECU 控制。　　　（　　）
5. 纸质滤芯只能使用一次。　　　（　　）

二、填空题

1. 空气供给系统一般由_____、_____、_____以及_____等组成，个别汽车还配有起_____作用的谐振气室和起_____作用的控制阀。
2. 空气滤清器根据滤芯的不同，常见的类型有_____、_____、_____等多种形式。
3. 空气供给系统常见的故障有_____和_____两种类型。
4. 可变进气系统的作用是_____和_____。

5. 废气涡轮增压系统的作用是_____。

三、选择题

1. 细而长的进气管对发动机的（　　）。
   A. 高速性能有力　　　　　　　　B. 低速性能有利
   C. 中速性能有利　　　　　　　　D. 经济性有利

2. 对于采用可变进气系统的奥迪V6发动机而言，其可变进气转换阀如果不能打开，发动机的故障现象将是（　　）。
   A. 不能起动　　　　　　　　　　B. 低速动力性差
   C. 高速动力性差　　　　　　　　D. 怠速不稳

3. 发动机所发出的功率受（　　）控制。
   A. 节气门开度　　B. 供油量大小　　C. 涡轮转速　　D. 进气管长度

4. 废气涡轮增压系统中，起增压作用的是（　　）。
   A. 涡轮　　　　B. 泵轮　　　　C. 涡轮与泵轮　　D. 进气波动效应

5. 采用阻燃法查找漏气点时，所查找的可疑漏气点一般在（　　）。
   A. 节气门之前　　　　　　　　　B. 节气门之后
   C. 空气滤清器之前　　　　　　　D. 空气滤清器之后

四、简答题

1. 空气供给系统发生漏气故障时，L型电控发动机与D型电控发动机的表现为何不同？

2. 发动机采用废气涡轮增压系统后，为什么爆震和过热的倾向加大？

学习任务四

传感器检查

子任务一　曲轴位置与转速传感器的检查

学习目标

1. 掌握曲轴位置与转速传感器的功用、安装位置、类型以及结构与工作原理；
2. 掌握丰田车系、大众车系、日产车系曲轴位置与转速传感器的检查方法。

一、任务引入

曲轴位置与转速传感器(图4-1)用于检测曲轴的位置和转速，ECU利用其信号进行如下控制：各缸喷油和点火的顺序、各缸喷油位置、各缸喷油量、点火正时、怠速等。

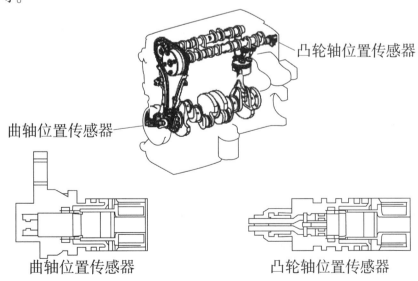

图4-1　曲轴位置与转速传感器安装位置

该传感器发生故障时,以上 5 个方面的控制都会出现问题,进而造成发动机运转不良或不能运转。

二、任务分析

曲轴位置与转速传感器有磁感应式、霍尔效应式、光电效应式、磁阻效应式等多种类型,一般安装于曲轴的前端或后端、凸轮轴的前端或后端或分电器的内部,其数量一般也不是一个,而是一套,在不同发动机上的安装位置及数量也不尽相同,但所检测的项目基本一致,都包括如下 4 个方面:曲轴转速是多少、活塞是否到达上止点、第几缸活塞到达上止点、是压缩上止点还是排气上止点。

三、相关知识

1 曲轴位置与转速传感器基本工作原理

1)磁感应式传感器

该传感器是利用电磁感应原理制成的,即当一个线圈中的磁通量发生变化时,在该线圈的两端就会产生感应电动势。其工作原理如图 4-2 所示。

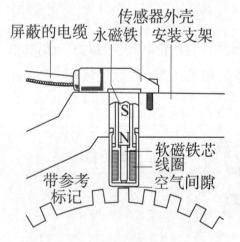

a)曲轴位置与转速传感器的结构

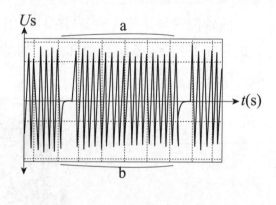

b)曲轴位置与转速传感器的信号

图 4-2 磁感应式曲轴位置与转速传感器工作原理

感应线圈绕在永磁铁上形成传感头,带凸齿的铁质信号轮随发动机曲轴在传感头附近转动,因此,信号轮与传感头之间的间隙发生周期性的变化,由于空气的磁阻远大于铁质材料的磁阻,该间隙的周期性变化必然造成磁回路磁阻的周期性变化,从而造成磁回路中磁通量的周期性变化,根据电磁感应原理,在感应线圈的两端就产生了交变感应电动势。该交变感应电动势即可作为传感器的输出信号。

磁通量变化越快,感应电动势越大,因此,信号轮的转速越高,交变感应电动势的幅值也越大,即传感器的输出信号越强。一般情况下,当发动机的转速在其工作范围内变化时,该传感器输出的信号电压的幅值可在 0.5～100V 范围内变化。

信号轮每转一圈,感应线圈中产生的交变感应电动势的数量等于信号轮上凸齿的数量,即传感器输出信号的数量等于信号轮凸齿的数量,单位时间内输出信号的数量即可反应信号轮及发动机的转速。

磁感应式传感器的突出优点是结构简单,且不需要外加电源,因此应用相当广泛。

由于信号轮凸齿与传感头之间的间隙直接影响磁回路的磁阻,从而影响感应线圈输出的信号电压,因此,在使用中,该间隙不能随意变动。间隙如有变化,必须按规定进行调整。不同车系上,该间隙值的大小有所不同,例如:丰田车系为 0.2～0.4mm;日产车系为 0.3～0.5mm。

2)霍尔效应式传感器

霍尔效应:当磁场穿过一个通有电流的矩形半导体元件(例如:锗、硅等)时,在垂直于电流和磁场的方向就会产生一个电压(霍尔电压),如图 4-3 所示,该电压的大小与磁场的强度和电流的大小成正比,与该半导体元件的厚度成反比。由于该现象是由美国物理学家爱德华·霍尔于 1879 年首先发现的,用于产生霍尔效应的半导体元件也被称为霍尔元件。

霍尔效应产生的原因:电子垂直流经磁场时,受到电磁力(称为洛伦兹力)的作用而发生轨迹偏转,使霍尔元件的一侧积累电子变为负极,另一侧失去电子变为正极,这样,两个侧面之间就产生了霍尔电压。

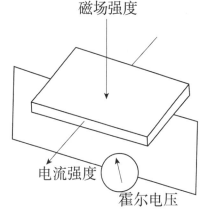

图 4-3　霍尔效应原理图

利用霍尔效应原理制成的传感器如图 4-4 所示,主要由永磁铁、铁芯、通有电流的霍尔元件和集成电路、带有缺口的信号轮等组成。信号轮随发动机曲轴转动,当信号轮的叶片部分通过霍尔元件与永久磁铁之间的间隙时,磁场从信号轮的叶片旁通;没有磁场通过霍尔元件,因此不产生霍尔电压;当信号轮的缺口部分通过该间隙时,磁场将经过铁芯和霍尔元件来形成磁回路,有磁场通过霍尔元件,因而产生霍尔电压。

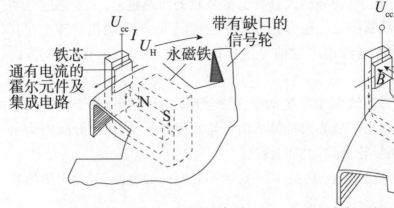

a) 叶片进入间隙,磁场被旁路　　　b) 叶片离开间隙,磁场通过霍尔元件

图 4-4　霍尔传感器基本结构与原理

传感器内部的集成电路将上述霍尔电压的变化转变为方波,即可作为传感器的输出信号。信号轮每转一圈,传感器输出信号的数量等于信号轮上缺口(或叶片)的数量,单位时间内输出信号的数量即可反映信号轮及发动机的转速。

在大部分汽车上,ECU 与霍尔效应式传感器的工作方式是 ECU 通过专线向传感器提供稳定的工作电源(一般为 5V)和搭铁,同时还通过信号线向传感器提供一个信号参考电压(一般也为 5V)。当传感器内部没有产生霍尔电压时,该信号参考电压不被传感器通过搭铁而维持原来的高电平(5V);当传感器内部产生霍尔电压时,该信号参考电压则被传感器通过搭铁而变为低电平(0V)。ECU 则通过这种高、低电平的变化来获得传感器的信号。

霍尔效应式传感器有两个突出的优点:一是输出的信号电压为方波,便于数字式 ECU 的处理;二是输出的信号电压的高低与信号轮的转速无关。但该传感器的工作需要外加电源。

3) 光电效应式传感器

光电效应:半导体光敏元件(一般为光敏二极管或光敏三极管)受到光线照射时,其工作状态会发生变化,这种变化包括:电阻变化(光电阻)、导通状态变化(光开关)、产生电压(光电池)等。

利用光电效应原理制成的传感器如图 4-5 所示,主要由带缺口的信号盘、发光元件(一般为发光二极管 LED)、光敏元件以及集成电路等组成。

发光元件发出的光线射向光敏元件,但该光线受到信号盘的控制。当信号盘的叶片遮住光线时,光敏元件没有受到光线照射,其工作状态不变;当信号盘的缺口透过光线时,光敏元件受到光线照射,其工作状态发生变化。传感器的集成电路将这种变化转变为方波信号,即可作为传感器的输出信号。信号盘每转一圈,传感器输出信号的数量等于信号盘上缺口(或叶片)的数量,单位时间内输出信号的数量即可反应信号轮及发动机的转速。

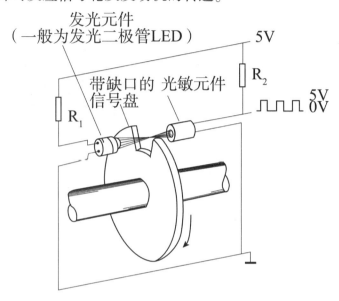

图 4-5　光电效应式传感器工作原理

在大部分汽车上,光电效应式传感器的工作方式与霍尔效应式相同。

光电效应式传感器的优点与霍尔效应式相同,即输出方波信号,且输出的信号电压与信号盘的转速无关。但光电效应式传感器的工作需要外加电源,且传感器中的光线对污染物比较敏感,需要密封传感器以保持良好的清洁环境。

4)磁阻效应式传感器

磁阻效应:通过半导体元件的磁通量发生变化时,半导体元件的电阻会随之发生变化。该半导体元件也被称为磁阻元件。

利用磁阻效应原理制成的传感器即为磁阻效应式传感器。一般情况下,传感器内部都制有集成电路,会将磁阻元件电阻值的变化转换为电压方波信号,并作为传感器的输出信号。

2 曲轴位置与转速传感器的典型案例

1)丰田车系(磁感应式传感器组合)

丰田车系采用的曲轴位置与转速传感器一般位于凸轮轴前端或分电器的内部,包括 G 信号发生器和 Ne 信号发生器两个部分,两个信号发生器均为磁感应式,图4-6为其结构形式之一。G信号发生器位于上部,由G1感应线圈、G2感应线圈和1号信号转子组成,G1和G2两个感应线圈相对安装,即间隔180°安装,1号信号转子上只有1个凸齿;Ne发生器位于下部,由Ne感应线圈和2号信号转子组成,2号信号转子上有24个凸齿;1号和2号信号转子均随凸轮轴或分电器轴转动。

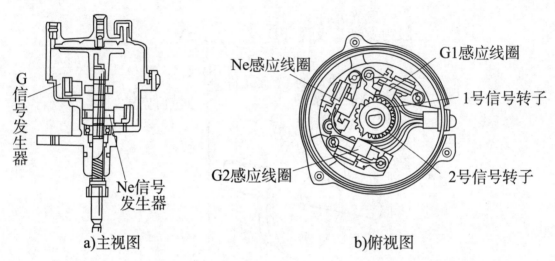

图4-6 丰田车系曲轴位置与转速传感器的结构

该传感器的信号电路与信号波形如图4-7所示,发动机每个工作循环中(曲轴转2圈,凸轮轴或分电器轴转1圈),G1和G2感应线圈各产生1个感应信号,分别代表第六缸和第一缸压缩上止点前10°;Ne感应线圈产生24个感应信号,可以用于判断曲轴的转速与转角(每两个Ne信号之间间隔720°/24 = 30°的曲轴转角)。

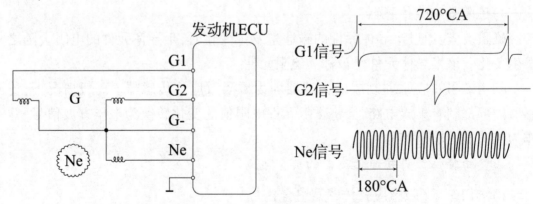

图4-7 信号电路与信号波形

从G1、G2信号开始,曲轴转过120°曲轴转角,2、5缸到达上止点,再转120°,

3、4缸到达上止点,因此,ECU利用G1、G2信号为参照点,通过对Ne信号的检测来判断2~5缸的上止点位置。

由上述情况可知,对于丰田车系而言,ECU依靠Ne信号来判断曲轴的转角与转速,依靠Ne信号与G1、G2信号的组合来判断各缸上止点的位置,因此,G信号被称为判缸信号,Ne信号被称为转速信号。

G1信号和G2信号中缺失一个,发动机仍然能够起动,但Ne信号一旦缺失,发动机将立即熄火,且不能起动。

有些丰田汽车只有一个G感应线圈,G信号转子装在曲轴前端,其上有1个或3个凸齿,Ne信号转子装在凸轮轴后端,其上有30个凸齿,但有一个缺齿位,其电路及信号波形如图4-8所示。其G信号、Ne信号的作用同前,Ne信号的缺齿位用于判断第一缸的压缩上止点。

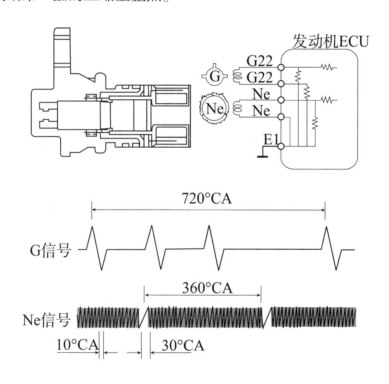

图4-8 部分丰田车系曲轴传感器电路与信号波形

2)大众车系(磁感应式与霍尔效应式传感器组合)

该车系的许多四缸发动机上(例如帕萨特等)的曲轴后端装有一个磁感应式转速传感器,如图4-9a)所示,信号轮上有(60-2)个凸齿,所缺的2个凸齿用于确定1、4缸上止点的位置(上止点前72°),其余的58个凸齿用于确定曲轴的转速和转角。

另外，在凸轮轴的前端或分电器的内部，还装有一个霍尔效应式相位传感器，如图4-9b)所示，其信号轮上只有1个缺口，该缺口用于确定1、4缸上止点的性质(是压缩还是排气)。

这两个传感器所产生的信号如图4-9c)所示。ECU通过对曲轴位置与转速传感器产生的交变电压信号的检测，可以得到如下信息。

①曲轴转角与转速：(60－2)个交变电压信号出现的周期为360°/60＝6°，因此，ECU通过计数即可以确定曲轴转过角度；单位时间内转过的角度就是转速。

②各缸上止点的位置：交变电压信号发生缺失的位置为1、4缸上止点前72°；曲轴从该位置开始转过180°，即ECU数过180°/6°＝30个交变信号，即为2、3缸上止点前72°。

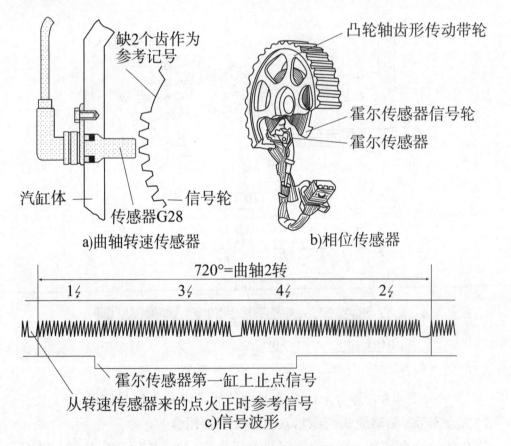

图4-9　大众车系曲轴及相位传感器与信号波形

由于每个工作循环中活塞两次到达上止点，ECU无法单独由此信号来判断上止点的性质，为此，ECU需要利用相位传感器的方波信号(判缸信号)，判断方法为:当方波信号为低电平(0V)时,1、4缸的上止点为1缸压缩上止点、4缸排气上止点;反之,当方波信号为高电平(5V)时,1、4缸的上止点为4缸压缩上止点、1缸排气上止点。2、3缸上止点的性质则通过工作顺序推定。

3)日产车系(光电效应式传感器组合)

日产车系采用了光电效应式曲轴位置与转速传感器,装于凸轮轴前端或分电器内部,由信号盘和光电信号发生器组成,如图4-10所示。

信号盘是传感器的信号转子,压装在凸轮轴或分电器轴上,其结构如图4-11所示。在靠近信号盘外圈处制有360条缝隙,用于产生曲轴转速信号(1°信号);内圈处均匀分布有6条缝隙(用于六缸发动机,四缸发动机则有4条缝隙),用于产生曲轴位置信号(120°信号或180°信号),其中的一个缝隙稍宽,用于判断第一缸的压缩上止点。

光电信号发生器固定在传感器壳体上,由两个发光二极管、两个光敏二极管以及信号处理电路(波形电路)等组成,如图4-12所示。

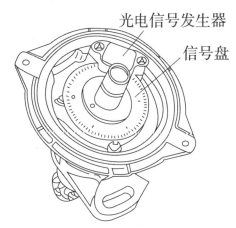

图4-10 日产车系光电效应式曲轴位置与转速传感器

发光二极管发光,以对面的光敏二极管为照射对象,带缝隙的信号盘在发光二极管与光敏二极管之间转动,产生透光与遮光的交替变化,光敏二极管工作状态随之发生变化,信号处理电路将这种变化转变为相应的方波信号,并输入ECU即可。

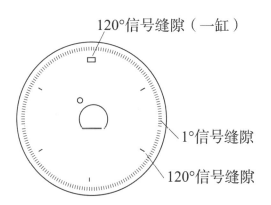

图4-11 光电效应式曲轴位置与转速传感器的信号盘

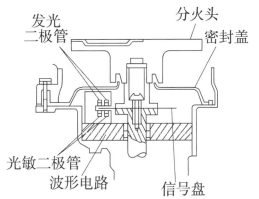

图4-12 光电信号发生器及信号盘的布置

ECU根据1°信号可以准确判定曲轴的转角与转速;根据120°信号或180°信

号可以判定各缸压缩上止点；根据120°信号或180°信号的较宽方波，可以判定出第一缸，其他各缸则根据发动机工作顺序确定。

四、任务实施

1 实训目的

①掌握磁感应式、霍尔效应式、光电效应式曲轴位置与转速传感器的检测、检查方法；

②掌握丰田、大众、日产等典型车系曲轴位置与转速传感器的检测、检查方法。

2 设备准备

丰田皇冠汽车一辆（或发动机台架一台）；混动版丰田卡罗拉汽车一辆（或发动机台架一台）；速腾或迈腾汽车一辆（或发动机台架一台）；丰田检测仪（GTS）一台；万用表一只；双通道示波器一台；通用工具一套；发动机舱防护罩一套；驾驶室卫生防护"三件套"一套。

3 实训步骤

1) 实训项目一——丰田车系磁感应式曲轴位置与转速传感器的检测

(1) 检测感应线圈电阻值。

断开传感器线束连接器，其上各端子排列位置如图 4-13a) 所示。用万用表测各端子间的电阻值，阻值应当符合表 4-1 的规定，否则更换传感器总成。

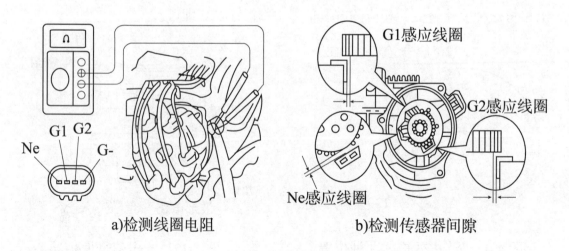

a) 检测线圈电阻 b) 检测传感器间隙

图 4-13 丰田车系磁感应式曲轴位置与转速传感器的检修

学习任务四 传感器检查

曲轴位置与转速传感器感应线圈的阻值　　表4-1

端子名称	检测状态	电阻值(Ω)
Ne—G⁻	冷态	155~250
	热态	190~290
G1—G⁻	冷态	125~200
	热态	160~235
G2—G⁻	冷态	125~200
	热态	160~235

(2)检测传感器间隙。

用非导磁性厚薄规测量信号转子与感应线圈磁头之间的间隙,如图4-13b)所示,间隙应为0.2~0.4mm,否则更换传感器壳体总成。

(3)检测传感器输出信号。

起动发动机,同时用示波器测传感器连接器中 Ne－G⁻、G1－G⁻、G2－G⁻之间的信号输出波形,应产生交变信号波形(图4-7),否则,更换传感器总成。

(4)检测传感器线路导通情况。

用万用表测传感器线束连接器中各端子与ECU对应端子之间的电阻值,从而判断二者之间的线路情况,应导通,且电阻值小于1Ω。

(5)检测传感器线路绝缘情况。

用万用表测传感器线束连接器中各端子与搭铁之间的导通情况,应不通,否则说明线路中间有破损、搭铁,应维修或更换线束。

以上检查全部正常,则连接传感器及ECU连接器。

2)实训项目二——混动版丰田卡罗拉8ZR-FXE发动机曲轴位置传感器与凸轮轴位置传感器的检测

(1)部分曲轴位置与凸轮轴位置传感器相关故障代码见表4-2。

曲轴位置与凸轮轴位置传感器相关故障代码(DTC;部分)　表4-2

DTC编号	检测项目	DTC检测条件	故障部位	MIL(故障灯)
P0335	曲轴位置传感器"A"电路	满足以下任一条件:	1.曲轴位置传感器电路断路或短路;	点亮

续上表

DTC 编号	检测项目	DTC 检测条件	故障部位	MIL（故障灯）
P0335	曲轴位置传感器"A"电路	1. 发动机运转时，无曲轴位置传感器信号发送至 ECM；2. 发动机起动后，即使凸轮轴位置传感器信号输入正常，但曲轴位置传感器信号丢失	2. 曲轴位置传感器；3. 1 号曲轴位置信号盘；4. ECM	点亮
P0340	凸轮轴位置传感器电路	满足以下任一条件：1. 发动机转速 ≥ 600r/min 时，无凸轮轴位置传感器信号发送到 ECM；2. 发动机转速 ≥ 600r/min 时，即使曲轴位置传感器输入正常，也会丢失凸轮轴位置传感器信号	1. 凸轮轴位置传感器电路断路或短路；2. 凸轮轴位置传感器；3. 进气凸轮轴；4. 气门正时；5. ECM	点亮

续上表

DTC编号	检测项目	DTC检测条件	故障部位	MIL（故障灯）
P0342	凸轮轴位置传感器"A"电路输出电压低	凸轮轴位置传感器的输出电压低于0.3V持续4s	1.凸轮轴位置传感器电路断路或短路； 2.凸轮轴位置传感器； 3.ECM	点亮
P0343	凸轮轴位置传感器"A"电路输出电压高	输出电压高于4.7V持续4s	1.凸轮轴位置传感器电路断路或短路； 2.凸轮轴位置传感器； 3.ECM	点亮

必要说明：曲轴位置传感器为磁感应式，凸轮轴位置传感器为磁阻效应式，其电路如图4-14所示，信号波形分别见图4-15和图4-16。相关数据如下。

（2）出现故障代码P0335时的诊断方法。

①确认行驶模式。① 出现故障代码P0335时，"确认行驶模式"操作方法如下。

---

① （注：故障再现与确认）

"确认行驶模式"是丰田公司的说法，该步骤实际上是以故障再现的方式确认故障代码所显示的故障是否真实存在。由于不同故障产生的条件有所不同，因此，不同故障的再现方式与步骤也会有所不同，请读者仔细区分，以后不再赘述。

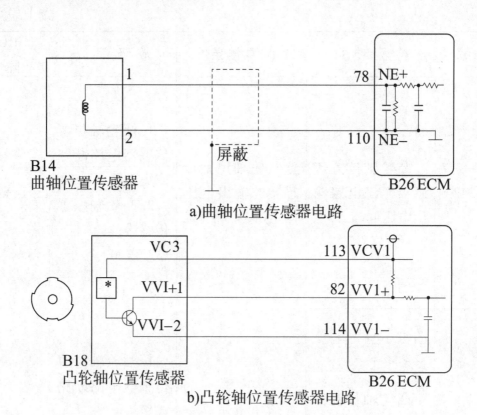

a) 曲轴位置传感器电路

b) 凸轮轴位置传感器电路

图 4-14　丰田卡罗拉 8ZR-FXE 发动机曲轴位置传感器与凸轮轴位置传感器电路

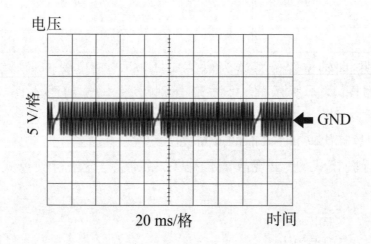

图 4-15　曲轴位置传感器信号波形

将 GTS 连接到 DLC3，将电源开关置于 ON(IG) 位置，并打开 GTS，清除 DTC（即使未存储 DTC，也应执行清除 DTC 程序），将电源开关置于 OFF

位置并至少等待 30s,将电源开关置于 ON(IG)位置,并打开 GTS,将发动机置于检查模式(操作方法参见第二章第一节有关内容),起动发动机,怠速运转发动机 20s 或更长时间,进入菜单 Powertrain/Engine and ECT/Trouble Codes,读取待定 DTC:

如果输出待定 DTC,则系统确实发生故障。如果未输出待定 DTC,则执行以下程序:

进入菜单 Powertrain/Engine and ECT/Utility/All Readiness,输入 DTC:P0335。检查 DTC 判断结果:

如果显示"NORMAL",则表示"DTC 判断完成,系统正常"——这种情况,说明系统是正常的,原 DTC 为虚假故障代码。

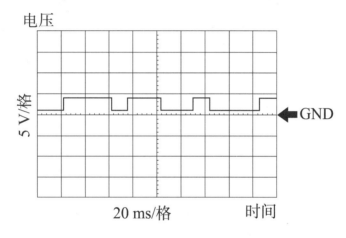

图 4-16　凸轮轴位置传感器的信号波形

如果显示"ABNORMAL",则表示"DTC 判断完成,系统异常"——这种情况,说明系统确实是异常的,原 DTC 为真实故障代码。此时,执行下述步骤②。

如果显示"INCOMPLETE",则表示"DTC 判断未完成,确认 DTC 启动条件后,执行行驶模式";

如果显示"N/A",则表示"无法执行 DTC 判断,不满足 DTC 前提条件的 DTC 数量达到 ECU 存储器极限"。

如果是后两种情况,则执行确认行驶模式(重复步骤①)并再次检查 DTC 判断结果。

②使用 GTS 读取发动机转速(读取数据值)。将 GTS 连接到 DLC3,将电源开关置于 ON(IG)位置,打开 GTS,进入菜单 Powertrain/Engine and ECT/Data List/All Data/Engine Speed,按下"执行"按钮,起动发动机,发动机运转时读取显示在

GTS上的值:

如果发动机不能起动,则在起动机带动曲轴转动时检查发动机转速。如果显示在GTS上的发动机转速始终为0,则曲轴位置传感器电路可能断路或短路。

如果能够正常显示转速值,则检查是否存在间歇性故障。如果异常,则进行下一步。

③检查曲轴位置传感器电阻值(拆检元件)。断开曲轴位置传感器连接器,用万用表测量传感器电阻值如图4-17所示。

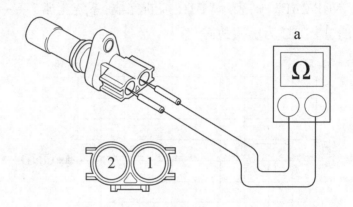

图4-17 测量曲轴位置传感器电阻值

电阻值为:冷态($-10 \sim 50$℃):$1630 \sim 2740\Omega$;热态($50 \sim 100$℃):$2065 \sim 3225\Omega$。

如果结果不符合规定,则更换曲轴位置传感器。如果正常,则进行下一步。

④检查线束和连接器(曲轴位置传感器—ECM)(检查线路)。断开曲轴位置传感器连接器,断开ECM连接器(图2-25),用万用表测量相关插脚之间的电阻值,电阻值如下:

B14-1—B26-78(NE+):$<1\Omega$;

B14-2—B26-110(NE-):$<1\Omega$;

B14-1 或 B26-78(NE+)—车身搭铁:$\geq 10k\Omega$;

B14-2 或 B26-110(NE-)—车身搭铁:$\geq 10k\Omega$。

如果异常,则维修或更换线束或连接器;如果正常,则进行下一步。

⑤检查曲轴位置传感器的安装情况。曲轴位置传感器的安装情况如图4-18所示。如果异常,则重新牢固安装曲轴位置传感器;如果正常,则进行下一步。

图 4-18　曲轴位置传感器的安装情况

⑥检查曲轴位置传感器信号轮。曲轴位置传感器信号轮应该无破裂或变形。如果异常,则更换传感器信号轮;如果正常,则更换曲轴位置传感器。

⑦检查是否再次输出 DTC(确认排故是否成功)。将 GTS 连接到 DLC3,将电源开关置于 ON(IG)位置,打开 GTS,清除 DTC(进入菜单 Powertrain > Engine and ECT > Clear DTCs,按下"执行"按钮),将电源开关置于 OFF 位置并至少等待 30s,将电源开关置于 ON(IG)位置,打开 GTS,将发动机置于检查模式(参见第二章第一节),起动发动机,按照确认行驶模式中所述的行驶模式驾驶车辆,进入菜单 Powertrain/Engine and ECT/Trouble Codes,读取 DTC:

如果未输出 DTC,则诊断结束;如果输出 DTCP0335,则更换 ECM。

(3)出现故障代码 P0340、P0342、P0343 时的诊断方法。

①确认行驶模式(故障再现与确认)。操作方法参见前述内容,注意:进入菜单 Powertrain/Engine and ECT/Utility/All Readiness 后输入实际出现的故障代码(P0340 或 P0342 或 P0343)。

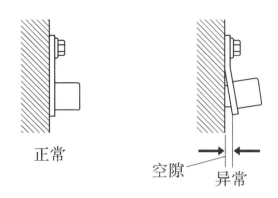

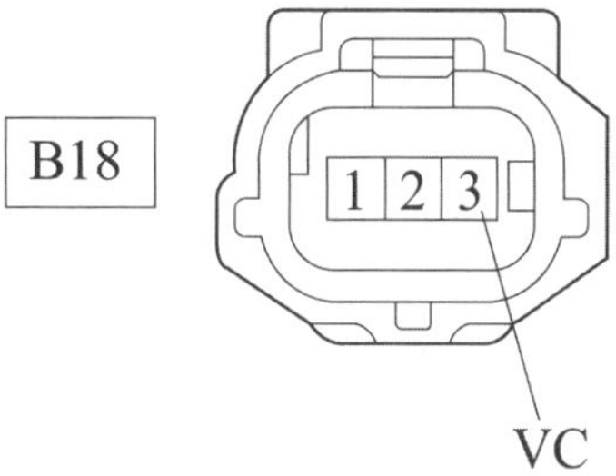

图 4-19　凸轮轴位置传感器线束连接器

②检查凸轮轴位置传感器电源(确保供电)。断开凸轮轴位置传感器连接器,其线束连接器如图 4-19 所示。将电源开关置于 ON(IG)位置,用万用表测量 B18-3(VC)—车身搭铁之间的电压,电压应该为 4.5~5.5V。

如果异常,则进行第⑦步;如果正常,则进行下一步;

③检查线束和连接器(凸轮轴位置传感器-ECM)(检查线路)。断开凸轮轴

位置传感器连接器,断开 ECM 连接器,用万用表测量相关插脚之间的电阻值,相关数据如下:

B18-1(VVI+)—B26-82(VV1+):<1Ω;

B18-2(VVI-)—B26-114(VV1-):<1Ω;

B18-1(VVI+)或 B26-82(VV1+)—车身搭铁:≥10kΩ;

B18-2(VVI-)或 B26-114(VV1-)—车身搭铁:≥10kΩ;

如果异常,则维修或更换线束或连接器;如果正常,则进行下一步。

④检查凸轮轴位置传感器的安装情况(确保安装正常)。如果异常,则重新牢固安装凸轮轴位置传感器;

如果正常,则检查进气凸轮轴(正时转子),正时转子应无任何破裂或变形;如果正常,则更换凸轮轴位置传感器;如果异常,则更换进气凸轮轴。

⑤检查是否再次输出 DTC(DTCP0340、P0342 或 P0343)(确认排故是否成功)。将 GTS 连接到 DLC3,将电源开关置于 ON(IG)位置,打开 GTS,清除 DTC,将电源开关置于 OFF 位置并至少等待 30s,将电源开关置于 ON(IG)位置,打开 GTS,将发动机置于检查模式(保养模式),起动发动机,按照确认行驶模式中所述的行驶模式驾驶车辆,进入菜单 Powertrain/Engine and ECT/Trouble Codes,读取 DTC:

如果未输出 DTC,则诊断结束;如果输出 DTC P0340、P0342 或 P0343,则进行下一步。

⑥检查发动机机械系统。检查影响气门正时的机械故障,例如:正时链条跳齿或伸长等。

如果异常,则维修或更换故障零件、零部件和部位;如果正常,则检查是否再次输出 DTC(DTC P0340、P0342 或 P0343):如果未输出 DTC,则检查是否存在间歇性故障;如果仍然输出 DTC P0340、P0342 或 P0343,则更换 ECM。

⑦检查线束和连接器(凸轮轴位置传感器—ECM)(接第②步)。断开凸轮轴位置传感器连接器,断开 ECM 连接器,用万用表测量相关插脚之间的电阻值,相关电阻值如下:

B18-3(VC)—B26-113(VCV1):<1Ω;

B18-3(VC)或 B26-113(VCV1)—车身搭铁:≥10kΩ;

如果异常,则维修或更换线束或连接器;如果正常,则更换 ECM。

3）实训项目三——大众车系曲轴位置与转速传感器的检测

（1）测曲轴转速传感器信号线圈电阻。

断开点火开关，从曲轴位置传感器上拔下传感器线束连接器（三端子白色插头），如图4-20所示。用万用表测传感器信号线圈电阻（连接器上端子"1"与端子"2"之间），阻值应为450~1000Ω，否则更换传感器。

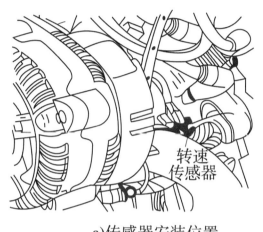
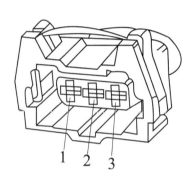

a）传感器安装位置　　　　　　　b）传感器线束传感器

图4-20　大众车系曲轴转速传感器

（2）测曲轴位置传感器屏蔽情况。

用万用表测传感器端子"1"、端子"2"与屏蔽线端子"3"之间电阻值，阻值应为无穷大，否则更换传感器。

（3）测曲轴转速传感器输出信号波形。

转动发动机时，用示波器测传感器端子"1"与端子"2"之间的信号波形，应产生如图4-9c）所示的交变电压信号波形，否则更换传感器。

（4）测曲轴转速传感器线路情况。

用万用表测传感器线束连接器端子"1"—ECU端子"56"、端子"2"—ECU端子"63"、端子"3"—ECU端子"67"之间的电阻值，应小于1.5Ω，否则，维修或更换线束。

（5）测相位传感器的工作电源、信号参考电压以及搭铁情况。

拔下相位传感器连接器，接通点火开关，用万用表测线束侧连接器三个端子的对地电压，其中两个端子应该有5V电压（其中一个为传感器的工作电源，另一个为传感器的信号参考电压），否则检查ECU的供电电源及传感器与ECU之间的线路。

测没有电压的第三个端子的对地电阻,应小于1Ω,否则检查该端子与ECU之间的线路情况及ECU的搭铁情况。

以上检查全部正常,则更换ECU。

(6)测相位传感器的输出信号波形。

连接相位传感器连接器,起动发动机,同时用示波器测相位传感器的输出信号波形,应产生如图4-9c)所示的方波信号波形,否则更换相位传感器。

(7)测曲轴转速传感器与相位传感器信号的对应性。

连接曲轴转速传感器连接器,起动发动机,并用双通道示波器同时测曲轴转速传感器和相位传感器的信号波形,应产生如图4-9c)所示的两个波形,且两个波形相互对正。如果有错位,则说明凸轮轴正时皮带的安装有错位,应对正安装记号,重装正时皮带。

4)实训项目四——日产车系光电效应式曲轴位置与转速传感器的检测

(1)测传感器的工作电源、信号参考电压及搭铁情况。

拆下传感器连接器,接通点火开关,用万用表测线束侧连接器四个端子的对地电压,其中三个应该有5V电压(其中一个为传感器的工作电源,另两个为传感器的信号参考电压),否则检查ECU的供电电源及传感器与ECU之间的线路。

测没有电压的第四个端子的搭铁电阻,应小于1Ω,否则检查该端子与ECU之间的线路情况及ECU的搭铁情况。

以上检查全部正常,则更换ECU。

(2)测传感器的输出信号波形。

连接传感器的连接器,起动发动机,并用双通道示波器同时测传感器的1°信号波形和120°信号波形,应产生与信号盘缝隙相对应的两组方波信号波形,否则,检查传感器是否被污染,如正常则更换传感器。

4 实训要求

① 操作仔细、规范,以免造成相关元件损坏。

② 养成使用发动机舱防护罩、驾驶室卫生防护"三件套"的职业习惯。

③ 养成工具、零件、油液"三不落地"的汽车维修操作习惯。

④ 每一个检测步骤都应思考检测理由。

子任务二 空气流量传感器的检查

学习目标

1. 掌握空气流量传感器的作用、类型及特点；
2. 掌握各类型空气流量传感器的结构与工作原理；
3. 掌握热线式、热膜式、卡门涡式空气流量传感器及进气压力传感器的检查方法。

一、任务引入

空气流量传感器（或称空气流量计）一般装在发动机进气管中，用于检测发动机的进气量，供ECU计算喷油量和点火正时。

该传感器发生故障时，一般会引起喷油量和点火正时失常，从而造成发动机不能正常运转。

二、任务分析

空气流量传感器有热线式、热膜式、卡门涡式和进气压力式等多种形式，早期还有翼板式，如图4-21所示，所产生的信号也有电压型和频率型两种。

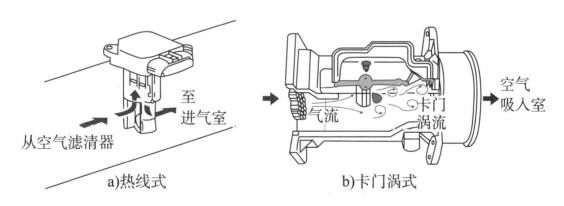

图4-21 空气流量传感器的形式

进气温度传感器往往也设置于该传感器的内部。

三、相关知识

1 热线式、热膜式空气流量传感器的结构与工作原理

热线式、热膜式空气流量传感器都是利用热交换原理制成的传感器,如图4-22所示。流过发热元件的气流量越大,气流带走的热量越多,发热元件为维持恒温所需要的加热电流也就越大,反之,加热电流也就越小,因此,该加热电流的大小就反映了气流量的大小。传感器的内部电路只要将该加热电流转变为电压,即可作为传感器的输出信号。

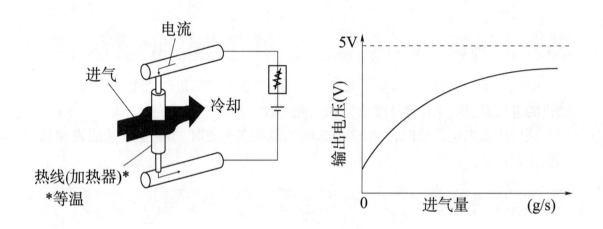

图4-22 热线式空气流量传感器的工作原理

由于发热元件与气流之间的换热还受气流温度的影响,因此传感器内部都设有热敏电阻(图4-23)和温度补偿电路,用于消除温度对输出信号的影响,从而确保了传感器的输出信号仅与气流量有关。

热线式空气流量传感器的发热元件一般是铂金属丝。有两种结构类型:一种是把热线、热敏电阻和进气温度传感器都放在进气主通路中,称为主流测量式,其结构如图4-24a)所示;另一种是把热线缠在绕线管上,与进气温度传感器一起都放在旁通气路内,称为旁通测量式,其结构如图4-24b)所示。

热膜式空气流量传感器的发热元件是固定在薄树脂上的铂金属膜,其结构如图4-24c)所示。

热线式、热膜式空气流量传感器大多输出电压信号,电压信号的高低反映了进气流量的大小(图4-22),个别车型输出频率信号(例如别克汽车),频率的高低

反映了进气流量的大小。

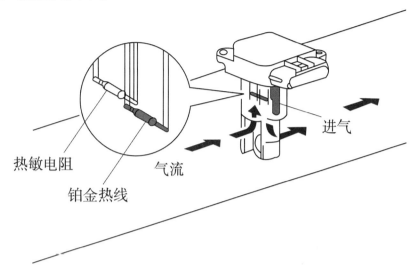

图 4-23　热线式、热膜式空气流量传感器的温度补偿

热线式空气流量传感器长期使用后,在热线上会积累污物从而影响测量精度,为此,传感器电路中采用了烧净措施,即每当发动机熄火时,ECU 都会自动接通传感器内部电路,加热热线,使其温度在 1s 内升高 1000℃,从而烧毁污物,达到自清洁的目的,完成烧净任务后 ECU 才会切断电源。热膜式空气流量传感器则不存在这一问题。

图 4-25 为日产汽车热线式空气流量传感器电路图,该传感器除了具有自清洁功能外,还设有一个可变电阻器,通过人工调节,可以改变怠速时混合气的浓度。不过,现代汽车发动机已经广泛采用了混合气浓度闭环调节,混合气浓度不再需要人工调节,该可变电阻器也随之被取消。

2 卡门涡式空气流量传感器的结构与工作原理

卡门涡式空气流量传感器广泛应用于凌志(雷克萨斯)、福特、三菱、现代等品牌的高档车型上,它是利用卡门涡流现象制成的传感器。

(1)卡门涡流现象。

众所周知,当野外架空的电线被风吹时,就会发出"嗡、嗡"的响声,风速越高,声音的频率也越高,这是为什么呢?这是由于气流流过电线后形成旋涡(即涡流)所致。实际上,液体、气体等流体流过物体均会发生这种现象。

在流体中放置一个柱状物体(称为涡流发生器)后,在其下游流体中就会形成两列平行状旋涡,并且左右交替出现,如图 4-26 所示,该旋涡出现的频率与流体的流速成正比,即流体的流速越大,旋涡出现的频率也越高。这种现象首先被冯·卡门发现,因而称为卡门涡流现象。

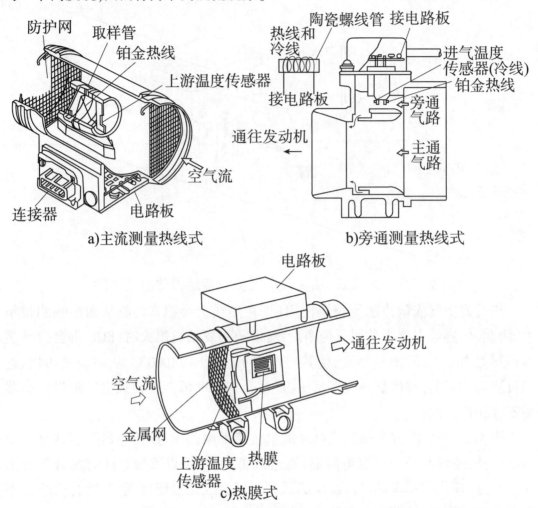

图 4-24　热线式与热膜式空气流量传感器

图 4-25　热线式空气流量传感器电路连接图

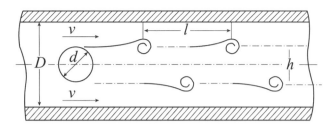

图 4-26　卡门涡流的产生原理

（2）卡门涡式空气流量传感器结构与工作原理。

根据卡门涡流现象，只要能够测量出涡流发生器后旋涡出现的频率，就可以测量出流体的流速与流量。卡门涡式空气流量传感器就是根据这个原理制成的，传感器中央设有一个锥状体作为涡流发生器，涡流发生器前面设有蜂窝状整流器，以消除气流中的干扰涡流。根据旋涡频率的检测方式不同，该传感器又分为光电检测式和超声波检测式两种。

光电检测方式如图 4-27、图 4-28 所示，涡流发生器两侧的压力变化通过导压孔引向薄金属制成的反光镜表面，使反光镜产生振动。反光镜振动时，将发光管投射的光发射给光电管，光电管通过对反光信号的检测，即可求得旋涡的频率。

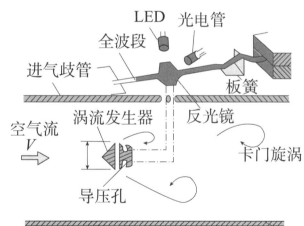

图 4-27　卡门涡式空气流量传感器（光电检测式）

超声波检测方式如图 4-29 所示，在空气流动的垂直方向安装超声波发生器，在其对面安装超声波接收器。由超声波发生器发出的超声波因受到卡门涡的影响，到达超声波接收器时发生了相位上的变化，放大电路将该相位变化转化为方波信号，其频率即为卡门涡产生的频率。

两种卡门涡式空气流量传感器输出的均为方波频率信号（脉冲信号），频率的大小就代表了空气流量的大小。

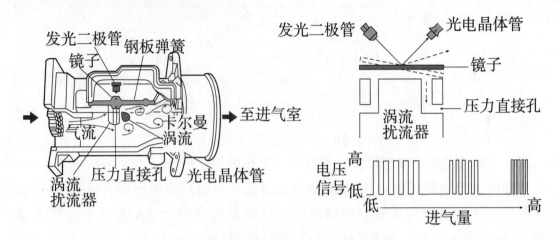

图 4-28 涡流的光电检测原理

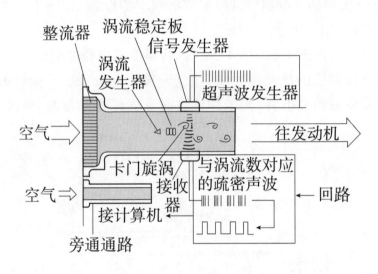

图 4-29 卡门涡式空气流量传感器(超声波检测式)

3 进气压力传感器的结构与工作原理

进气压力传感器属于间接测量式空气流量传感器,ECU 通过该传感器测量发动机进气歧管内的绝对压力,再结合发动机的转速来计算发动机的进气量。由于其具有工作可靠、尺寸小、成本低等优点,在丰田、本田、大众、通用等品牌的许多汽车上都得到了广泛应用。

进气压力传感器种类较多,信号产生的原理也多种多样,但其外形及结构却大同小异,如图 4-30 所示,都由电子电路、壳体、进气歧管压力接口、线束连接器等部分组成,所输出的信号有电压型和方波频率型两种,其信号电压(或信号频率)的大小代表了进气歧管内绝对压力的大小。

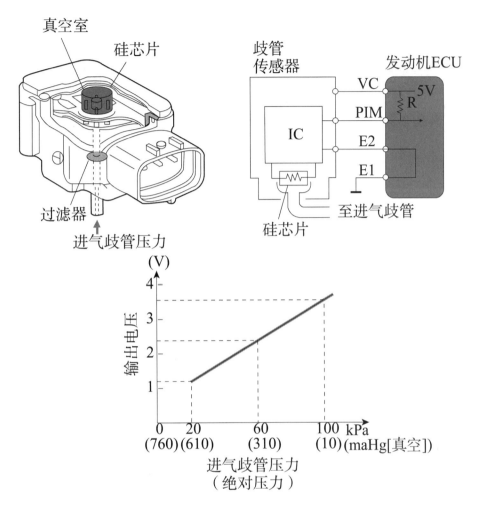

图 4-30　丰田汽车发动机进气压力传感器结构

进气压力传感器一般直接安装在发动机的进气管上,有些车型则装在发动机舱内其他位置,通过真空管与发动机的进气管相连,个别车型则安装在 ECU 的内部(例如奥迪汽车),并利用真空管将 ECU 与发动机的进气管相连。

四、任务实施

1 实训目的

掌握热线式、热膜式、卡门涡式、进气压力式空气流量传感器的人工检查方法。

说明:实际工作中,用汽车故障诊断仪直接读取数据流,可以使以下人工检查大为简化,某些人工检查的步骤可以省略。

2 设备准备

混动版丰田卡罗拉或雷凌汽车一辆或 8ZR-FXE 发动机台架一台；丰田雷克萨斯汽车一辆或相应发动机台架一台；丰田诊断仪一台；通用工具一套；万用表一只；吹风机一台；发动机防护罩一套；驾驶室卫生防护"三件套"一套。

3 实训步骤

1）实训项目一——热线式空气流量传感器的检查（混动版丰田卡罗拉或雷凌）。

混动版丰田卡罗拉或雷凌用 8ZR-FXE 发动机采用了热线式空气流量传感器（内含进气温度传感器），其电路如图 4-31 所示。

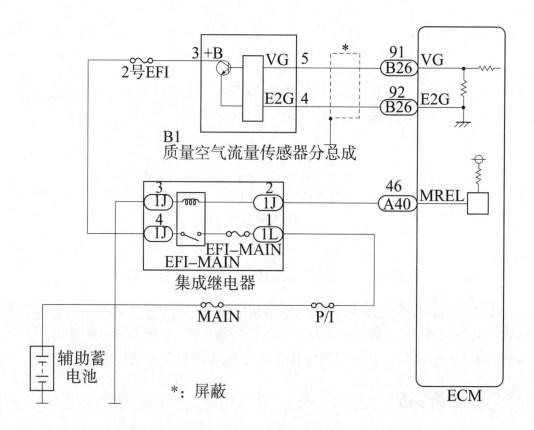

图 4-31 丰田卡罗拉 8ZR-FXE 发动机热线式空气流量传感器电路

(1) 空气流量传感器相关故障代码。

空气流量传感器相关故障代码见表 4-3，出现任何一个故障代码（DTC）时，ECM 都将进入失效保护模式，此模式下，ECM 将根据发动机转速和节气门位置计算点火正时。

空气流量传感器相关故障代码　　　　　表4-3

DTC编号	检测项目	DTC检测条件	故障部位	MIL（故障灯）
P0102	空气流量电路低电位	空气流量传感器电压低于0.2V持续3s	1.空气流量传感器电路断路或短路； 2.空气流量传感器； 3.集成继电器； 4.ECM	点亮
P0103	空气流量电路高电位	空气流量传感器分总成电压高于4.9V持续3s	1.空气流量传感器电路断路或短路； 2.空气流量传感器； 3.集成继电器； 4.ECM	点亮

(2)出现故障代码时的诊断方法。

①确认行驶模式(故障再现与确认)。

将GTS连接到DLC3,将电源开关置于ON(IG)位置,并打开GTS,清除DTC(即使未存储DTC,也应执行清除DTC程序),将电源开关置于OFF位置并至少等待30s,将电源开关置于ON(IG)位置,并打开GTS,等待5s或更长时间,进入菜单Powertrain/Engine and ECT/Trouble Codes,读取待定DTC。

如果输出待定DTC,则系统发生故障;如果未输出待定DTC,则执行以下程序：

进入菜单Powertrain/Engine and ECT/Utility/All Readiness,输入DTC:P0102或P0103,检查DTC判断结果。结果判断的处理方法参见上一节有关内容。

②使用检测仪(GTS)就车检查(读取静态数据)。

进行下列程序前,先检查与此系统相关电路的保险丝。

将GTS连接到DLC3,将电源开关置于ON(IG)位置,打开GTS,进入菜单

Powertrain/Engine and ECT/Data List/MAF，按下"执行"按钮，等待30s，然后根据GTS上的显示读取空气流量传感器数据(MAF)，标准值为：≤0.58gm/s[检测条件：发动机不运转；将电源开关置于ON(IG)位置后30s]。

如果读数约为0gm/s，则故障为空气流量传感器电源电路(+B)断路或VG电路断路或短路；

如果读数≥271.0gm/s，则故障为E2G电路断路。

出现以上两种异常情况，可参照图4-31对相应的电路进行检查(略)。

如果正常，则进行下一步。

③检查空气流量传感器动态数据(读取动态数据)。

启动发动机，并改变发动机转速，MAF应该随转速的变化而变化，且转速越高，MAF越大。

如果符合要求，则用GTS清除故障代码，并确认故障代码是否再次出现，如再次出现，则更换ECM。

如果MAF不变，则进行下一步。

④检查空气流量传感器(拆检元件)。

拆下空气流量传感器，目视检查空气流量传感器的白金热丝(加热器)和温度传感器(热敏电阻)上是否有异物，如图4-32所示。

正常时无异物。如有异物，则更换空气流量传感器。如无异物，但MAF始终不随发动机转速变化，则更换空气流量传感器。

⑤测量进气温度传感器电阻(拆检元件)。

空气流量传感器外形及插脚如图4-33所示。用万用表测量1(THA)脚与2(E2)脚之间的电阻，标准值见表4-4。如果结果不符合规定，则更换空气流量传感器。

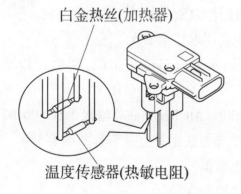

图4-32 目视检查空气流量传感器

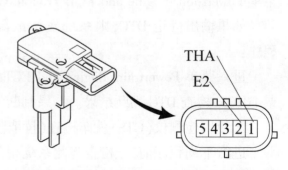

图4-33 空气流量传感器外形及插脚

进气温度传感器电阻　　　　　　　　　　表 4-4

测量插脚	条　件	标　准　值
THA—E2	-20℃	13.6~18.4kΩ
	20℃	2.21~2.69kΩ
	60℃	0.49~0.67kΩ

2）实训项目二——丰田卡门涡式空气流量传感器的检查

丰田卡门涡式空气流量传感器工作电路如图 4-34 所示。其中 THA 端子为进气温度传感器信号端子。

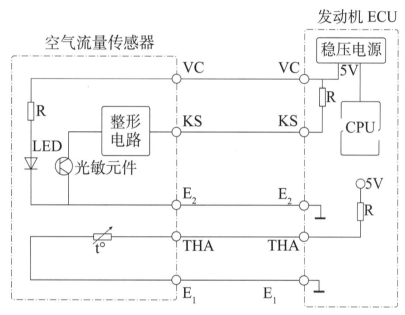

图 4-34　丰田卡门涡式空气流量传感器工作电路

（1）检查传感器供电电压。

断开传感器连接器，接通点火开关，用万用表则传感器线束侧 VC 端子—车身搭铁之间的电压，应为 4.5~5V，否则，检查 VC 端子与 ECU 相应端子之间的线路，如线路正常，则更换 ECU。

（2）检查传感器信号参考电压。

用万用表测传感器线束侧 KS、THA 端子—车身搭铁之间的电压，应为 4.5~5V，否则，检查 KS、THA 端子与 ECU 相应端子之间的线路，如线路正常，则更换 ECU。

（3）检查传感器搭铁情况。

断开点火开关，用万用表测传感器线束侧 E1、E2 端子—车身搭铁之间的电阻，应小于 1Ω，否则，检查 E1、E2 端子与 ECU 相应端子之间的线路，如线路正常，则更换 ECU。

(4) 检查进气温度传感器电阻值。

用万用表测传感器连接器端子 THA—端子 E2 之间的电阻,如图 4-35 所示,测量标准见表 4-5,否则,更换传感器。

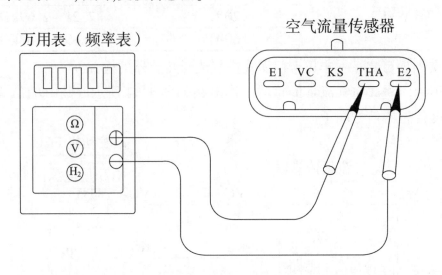

图 4-35　丰田车型卡门涡流式空气流量传感器的检测

进气温度传感器参数表　　　　　　　　表 4-5

检测对象	测量端子	检测条件(℃)	标准参数(Ω)
进气温度传感器电阻值	THA—E2	-20	10000~20000
		0	4000~7000
		+20	2000~3000
		+40	900~1300
		+60	400~700

(5) 检查传感器空气流量信号。

拆下空气流量传感器,连接其连接器,接通点火开关,用吹风机向传感器空气入口吹气,同时用万用表测传感器"KS"端子与"E1"端子之间的脉冲信号(可用大头针等引出信号),应该有脉冲信号输出,而且吹气速度越高,脉冲信号的频率也越高,否则更换传感器。

(6) 检查进气温度传感器信号。

用万用表测传感器"THA"端子与"E2"端子之间的电压(可用大头针等引出信号),进气温度为 20~60℃时,电压值应为 0.5~3.0V,否则更换传感器或更换 ECU。

3）实训项目三——进气压力传感器的检查（混动版卡罗拉或雷凌）

混动版卡罗拉或雷凌用 8ZR-FXE 发动机的进气压力传感器（又称：歧管绝对压力传感器）电路如图 4-36 所示。该传感器的输出信号如图 4-37 所示。

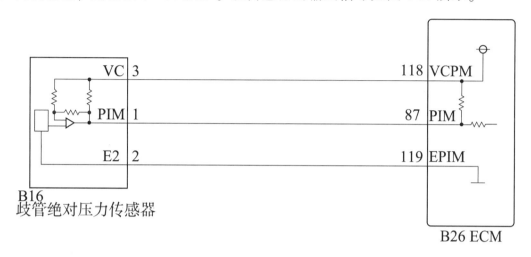

图 4-36　8ZR-FXE 发动机的进气压力传感器电路

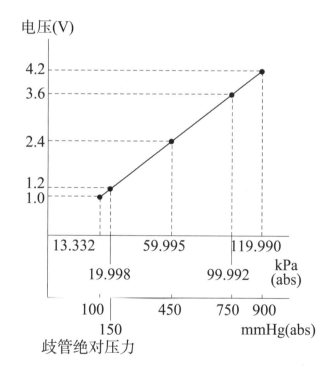

图 4-37　进气压力传感器的输出信号

(1) 进气压力传感器相关故障代码。

进气压力传感器相关故障代码见表 4-6。

进气压力传感器相关故障代码   表 4-6

DTC编号	检测项目	DTC检测条件	故障部位	MIL（故障灯）
P0107	进气压力/大气压力电路低输入	进气压力传感器的输出电压低于0.5V持续0.5s	1.进气压力传感器电路断路或短路； 2.进气压力传感器； 3.ECM	点亮
P0108	进气压力/大气压力电路高输入	进气压力传感器的输出电压高于4.5V持续0.5s	1.进气压力传感器电路断路或短路； 2.进气压力传感器； 3.ECM	点亮

（2）出现故障代码时的诊断方法。

①确认行驶模式（故障再现与确认）。

将 GTS 连接到 DLC3，将电源开关置于 ON(IG) 位置，并打开 GTS，清除 DTC（即使未存储 DTC，也应执行清除 DTC 程序），将电源开关置于 OFF 位置并至少等待 30s，将电源开关置于 ON(IG) 位置，并打开 GTS，将发动机置于检查模式（保养模式），起动发动机并等待 5s 或更长时间，进入菜单 Powertrain/Engine and ECT/Trouble Codes，读取待定 DTC。

如果输出待定 DTC，则系统发生故障；如果未输出待定 DTC，则执行以下程序：

进入菜单 Powertrain/Engine and ECT/Utility/All Readiness，输入 DTC：P0107 或 P0108，检查 DTC 判断结果（参见上一节有关内容）。

②使用检测仪（GTS）就车检查（读取静态数据）。

将 GTS 连接到 DLC3，将电源开关置于 ON(IG) 位置，打开 GTS，进入菜单 Powertrain/Engine and ECT/Data List/All Data/MAP，按下"执行"按钮，等待 30s，然后根据 GTS 上的显示读取进气压力传感器数据（MAP）：

正常：与实际大气压力值相同（标准大气压力为 101kPa。海拔每升高 100m，压力降低 1kPa。另外，压力也随天气有所变化）。

如果显示压力为 0kPa，则说明 PIM 电路对搭铁短路，或 PIM 电路对 E2 电路短路，或 VC 电路断路。

如果显示压力为 ≥130kPa，则说明 VC 电路至 PIM 电路短路，或 PIM 电路断路，或 E2 电路断路。

出现以上两种异常情况，可参照图 4-37 对相应的电路进行检查（略）。

③检查进气压力传感器插脚电压(确保供电)。

断开进气压力传感器连接器,其插脚如图 4-38 所示。

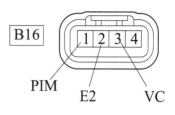

图 4-38　进气压力传感器连接器插脚

将电源开关置于 ON(IG)位置,用万用表测量连接器插脚电压,相关数据如下:

B16-3(VC)—B16-2(E2):4.75～5.25V;

B16-1(PIM)—B16-2(E2):3.0～5.0V。

如果正常,则更换进气压力传感器,并用 GTS 再次读取故障代码。如果仍然出现故障代码(P0107 或 P0108),则更换 ECM。

如果异常,则进行下一步。

④检查线束和连接器(进气压力传感器—ECM)(检查线路)。

断开进气压力传感器连接器,断开 ECM 连接器(图 2-25),用万用表测量相关插脚之间的电阻,相关数据如下:

B16-3(VC)—B26-118(VCPM):<1Ω;

B16-2(E2)—B26-119(EPIM):<1Ω;

B16-1(PIM)—B26-87(PIM):<1Ω;

B16-3(VC)或 B26-118(VCPM)—车身搭铁:≥10kΩ;

B16-1(PIM)或 B26-87(PIM)—车身搭铁:≥10kΩ。

如果正常,则更换 ECM;如果异常,则维修或更换线束或连接器。

4　实训要求

①清楚空气流量传感器检查的基本流程,确保思路清晰。

②操作仔细、规范,以免造成相关元件损坏。

③养成使用发动机舱防护罩、驾驶室卫生防护"三件套"的职业习惯。

④养成工具、零件、油液"三不落地"的汽车维修操作习惯。

子任务三　节气门位置传感器的检查

学习目标

1. 掌握节气门位置传感器的位置、作用、类型、结构及工作原理;
2. 掌握节气门位置传感器、加速踏板位置传感器的检查方法。

一、任务引入

节气门位置传感器(TPS)安装在节气门轴的一端,如图4-39所示,用于检测节气门的开度及其变化,ECU则利用其信号对喷油量、点火正时、怠速等进行修正控制,以实现某些特定的控制功能。例如:加速及大负荷运转时对混合气进行适度加浓、怠速时维持转速稳定、强制怠速(挂挡下坡、急减速等)时进行断油控制等。可见,该传感器发生故障时,可能会带来发动机加速不良、最大功率不足、怠速不稳等方面的问题。

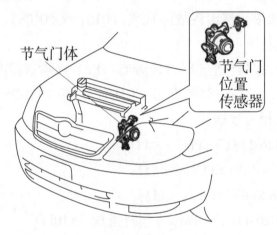

图4-39 节气门位置传感器(TPS)的安装位置

另外,节气门位置传感器还是自动变速器换挡控制的主要传感器之一,对自动换挡影响重大,发生故障时可能会引起不能换挡、换挡冲击等方面的问题。

二、任务分析

节气门位置传感器按结构大致可分为触点开关式、滑线电阻式、复合式和霍尔效应式四种,其中触点开关式输出的是简单的开关信号,可以用于判断发动机的怠速、大负荷等几个简单的工况点;滑线电阻式输出的是连续的电压信号,可以用于判断发动机负荷的连续变化情况;组合式则同时输出开关信号和连续的电压信号,既可以判断简单的工况点,又可以判断负荷的连续变化。

三、相关知识

1 触点开关式节气门位置传感器(TPS)结构及工作原理

这种节气门位置传感器主要由节气门轴、怠速触点(IDL)、大负荷触点(又称功率触点 PSW)及随节气门轴转动的凸轮等组成,其结构、电路及所产生的信号如图 4-40 所示。

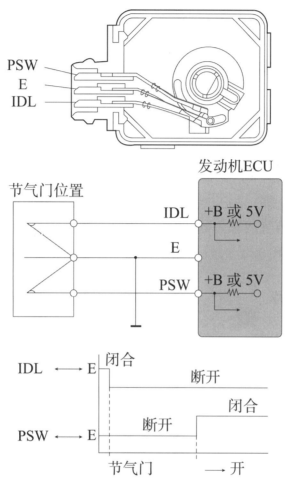

图 4-40　触点开关式节气门位置传感器的结构、电路及信号

ECU 通过线路分别向这两个触点输出 5V 的参考电压信号,触点闭合时,该线路被搭铁,信号参考电压变为 0V,ECU 接收到低电平信号"0";触点张开时,线路没有被搭铁,信号参考电压维持为 5V,ECU 接收到高电平信号"1"。

当 IDL 信号和 PSW 信号分别为"1""0"时,ECU 判定节气门处于怠速位置,因而对发动机进行怠速方面的控制,包括:正常冷却液温度低怠速、低冷却液温度高怠速、开空调高怠速、强制怠速断油等。

当 IDL 信号和 PSW 信号分别为"0""1"时,ECU 判定发动机处于大负荷状态,因而对发动机进行大负荷加浓控制,即适当增大喷油量,以提高发动机的功率。

当 IDL 信号和 PSW 信号分别为"0""0"时,ECU 判定发动机处于部分负荷状态,因而根据其他传感器信号确定喷油量和点火正时,以确保发动机的经济性和排放性能。

另外,还有一种编码式节气门位置传感器,共有 IDL、L1、L2、L3 等 4 个触点,通过这些触点张开与闭合的不同组合,将节气门的开度分成 8 个开度范围,从而形成电控自动变速器的 8 个换挡区域。

② 复合式节气门位置传感器结构及工作原理

这种节气门位置传感器包括滑线电阻式传感器和怠速触点两个部分,主要由滑线电阻、滑动触点、节气门轴、怠速触点及传感器壳体等组成,结构、电路原理及输出的信号如图 4-41 所示,滑线电阻集成在传感器底板上,一端由 ECU 提供 5V 工作电源(VC 脚),另一端通过 ECU 搭铁;滑线电阻的滑臂与信号输出端子 VTA 相连,并随节气门轴一同转动;怠速触点的一端由 ECU 提供 5V(或 12V)的信号参考电压(IDL 端子),另一端也通过 ECU 搭铁。

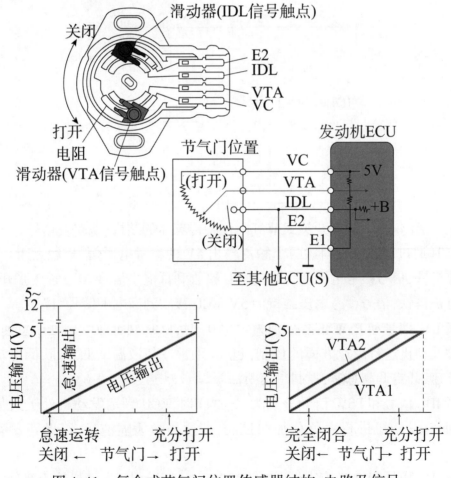

图 4-41 复合式节气门位置传感器结构、电路及信号

节气门开度变化时,滑臂上的触点在滑线电阻上滑动,从而从滑线电阻上获得分压电压,并作为节气门开度信号输送给 ECU。

由于该传感器可以检测到节气门开度的连续变化情况,因而 ECU 可以实现更多的控制功能,例如:加速加浓控制、空气流量信号替代控制(即空气流量传感器发生故障时,利用节气门位置和发动机转速计算进气量)等。

传感器中的怠速触点专门用于判断发动机的怠速状态,部分汽车则取消了怠速触点,通过滑线电阻式传感器信号的阈值来判断怠速状态,从而简化了节气门位置传感器的结构。

3 霍尔效应式节气门位置传感器结构及工作原理

霍尔效应式节气门位置传感器由霍尔元件(霍尔 IC)和磁铁组成,其中,磁铁安装在节气门轴上,并可以绕霍尔元件转动,如图 4-42 所示。

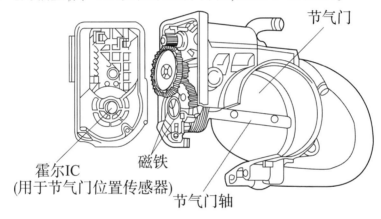

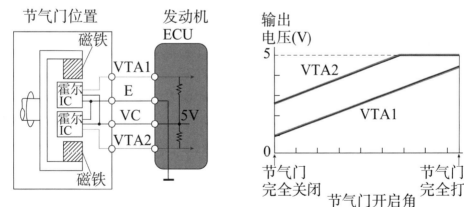

图 4-42　霍尔效应式节气门位置传感器

当节气门开度变化时,磁铁随之转动,从而改变了与霍尔元件之间的相对位置,因而霍尔元件中的磁通量发生变化,所产生的霍尔电压也随之变化,IC 电路将霍尔电压放大后即可作为节气门开度信号输送给 ECU。

该传感器不仅能精确地检测节气门的开度,还采用了无接触方式,并简化了结构,所以不易发生故障。为了确保其工作的可靠性,一般会输出两套信号:VTA1 和 VTA2,其中 VTA1 用于检测节气门开度,VTA2 用于检测 VTA1 的故障。

4 加速踏板位置传感器结构及工作原理

许多现代汽车发动机都采用了全电子节气门,此时,在驾驶人的脚下还需要另外增设一个加速踏板位置传感器,发动机 ECU 利用该传感器的信号来控制全电子节气门的开度。

加速踏板位置传感器有两种,分别为滑线电阻式和霍尔效应式。为了确保其工作的可靠性,此传感器往往有两个不同特性的输出信号。

滑线电阻式加速踏板位置传感器如图 4-43 所示,其结构和工作原理与滑线电阻式节气门位置传感器相同。

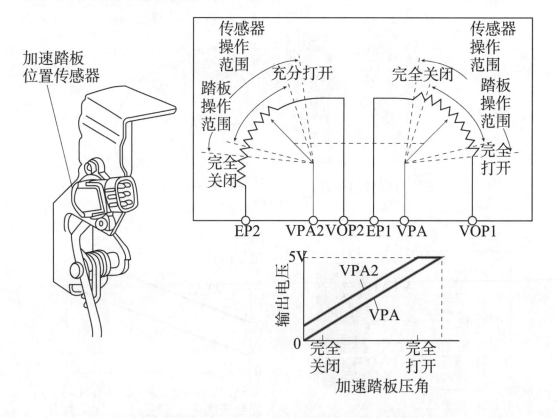

图 4-43 滑线电阻式加速踏板位置传感器

提示:因在安装该传感器时,需要极精密的位置调整,所以,不得拆下该传感器。当该传感器出现故障时,须更换加速踏板总成。

霍尔效应式加速踏板位置传感器如图 4-44 所示,其结构和工作原理与霍尔效应式节气门位置传感器相同。为确保较好的工作可靠性,两套信号系统都有各自独立的电路。

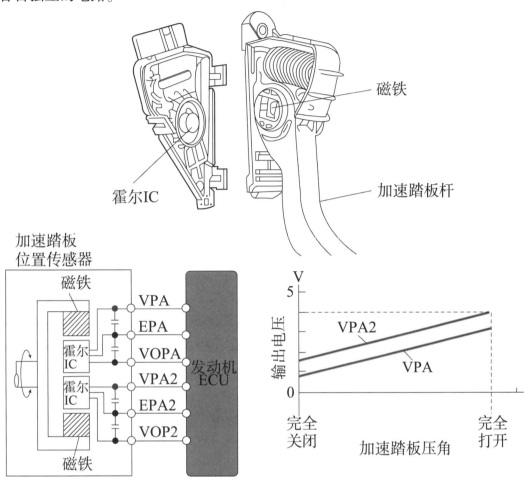

图 4-44 霍尔效应式加速踏板位置传感器

四、任务实施

1 实训目的

①掌握各种节气门位置传感器的检查方法。
②掌握加速踏板位置传感器的检查方法。

2 设备准备

混动版丰田卡罗拉或雷凌整车一辆或 8ZR-FXE 发动机一台;通用工具一套;万用表一只;丰田故障诊断仪一台;厚薄规一只;发动机舱防护罩一套;驾驶室卫生防护"三件套"一套。

3 实训步骤

混动版丰田卡罗拉 8ZR-FXE 发动机采用了霍尔效应式节气门位置传感器，其中有 2 个信号电路 VTA1 和 VTA2。VTA1 用于检测节气门开度，VTA2 用于检测 VTA1 的故障。传感器电路如图 4-45 所示，其输出信号如图 4-46 所示。

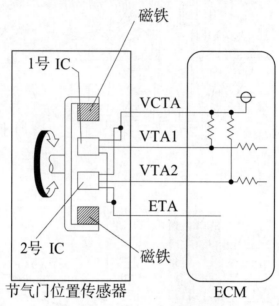

图 4-45　丰田卡罗拉 8ZR-FXE 发动机节气门位置传感器电路

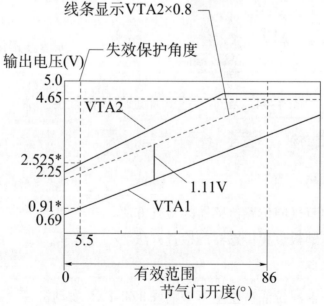

图 4-46　8ZR-FXE 发动机节气门位置传感器输出信号
*—失效保护点

VTA1 传输的节气门开度以百分比形式表示：10%～22% 对应于节气门全关；64%～96% 对应于节气门全开；失效保护角度为 5.5°，对应的节气门开度为 18.2%。

VTA2 与 VTA1 之间的关系为：VTA2×0.8≈VTA1+1.1V。

失效保护：ECM 内部存储有节气门位置传感器方面的故障代码（DTC），或与电子节气门控制系统（ETCS）故障有关的其他故障代码时，ECM 进入失效保护模式。在该模式下，ECM 切断流向节气门执行器的电流，且节气门在复位弹簧的作用下恢复到 5.5°节气门开度。ECM 使发动机停止运转，仅可使用电驱动力系统行驶车辆。此时，如果平稳而缓慢地踩下加速踏板，车辆可以缓慢行驶。失效保护模式持续运行，直至检测到通过条件且将电源开关置于 OFF 位置。

（1）与节气门位置传感器有关的故障代码（DTC 见表 4-7）。

与节气门位置传感器有关的故障代码 表 4-7

DTC 编号	检测项目	DTC 检测条件	故障部位	MIL（故障灯）
P0120	节气门位置传感器"A"电路	VTA1 的输出电压快速波动，并超出上下故障阈值持续 2s 或更长时间	1. 节气门位置传感器； 2. ECM	点亮
P0121	节气门位置传感器"A"电路范围/性能	VTA1 和 VTA2 之间的电压差低于 0.8V 或高于 1.6V 持续 2s	1. 节气门位置传感器； 2. 节气门位置传感器电路； 3. ECM	点亮
P0122	节气门位置传感器"A"电路低输入	VTA1 的输出电压为 0.2V 或更低持续 2s 或更长时间	1. 节气门位置传感器； 2. VTA1 电路短路； 3. VCTA 电路断路； 4. ECM	点亮

续上表

DTC 编号	检测项目	DTC 检测条件	故障部位	MIL（故障灯）
P0123	节气门位置传感器"A"电路高输入	VTA1 的输出电压为 4.54V 或更高持续 2s 或更长时间	1. 节气门位置传感器； 2. VTA1 电路断路； 3. ETA 电路断路； 4. VCTA 和 VTA1 电路之间短路； 5. ECM	点亮
P0220	节气门位置传感器"B"电路	VTA2 的输出电压快速波动，并超出上下故障阈值持续 2s 或更长时间	1. 节气门位置传感器； 2. ECM	点亮
P0222	节气门位置传感器"B"电路低输入	VTA2 的输出电压为 1.75V 或更低持续 2s 或更长时间	1. 节气门位置传感器； 2. VTA2 电路短路； 3. VCTA 电路断路； 4. ECM	点亮

续上表

DTC 编号	检测项目	DTC 检测条件	故障部位	MIL（故障灯）
P0223	节气门位置传感器"B"电路高输入	VTA2 的输出电压为 4.8V 或更高，且 VTA1 在 0.2V 和 2.02V 之间持续 2s 或更长时间	1. 节气门位置传感器； 2. VTA2 电路断路； 3. ETA 电路断路； 4. VTCA 和 VTA2 电路之间短路； 5. ECM	点亮
P2135	节气门位置传感器"A"/"B"电压相关性	满足以下任一条件： 1. VTA1 和 VTA2 输出电压之间的差值为 0.02V 或更低持续 0.5s 或更长时间； 2. VTA1 的输出电压为 0.2V 或更低，且 VTA2 的输出电压为 1.75V 或更低持续 0.4s 或更长时间	1. VTA1 和 VTA2 电路之间短路； 2. 节气门位置传感器； 3. ECM	点亮

(2) 节气门位置传感器检查。

节气门位置传感器与 ECM 之间的连接电路如图 4-47 所示。

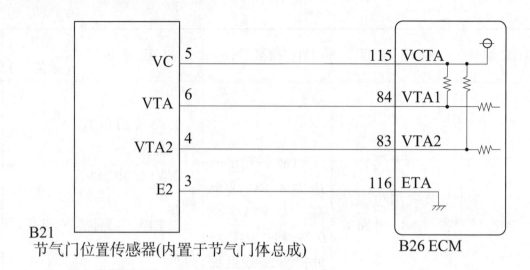

图 4-47 节气门位置传感器与 ECM 之间的连接电路

①确认行驶模式(故障再现与确认)。

操作步骤如图 4-48 所示,将 GTS 连接到 DLC3,将电源开关置于 ON(IG)位置,并打开 GTS,清除 DTC(即使未存储 DTC,也应执行清除 DTC 程序),将电源开关置于 OFF 位置并至少等待 30s,将电源开关置于 ON(IG)位置,并打开 GTS(图 4-48[A]阶段),将发动机置于检查模式(保养模式)。

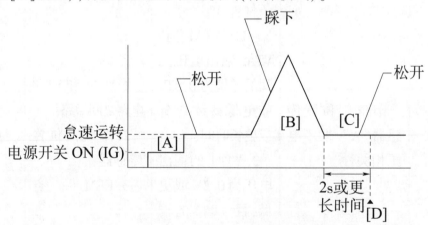

图 4-48 确认行驶模式操作图

起动发动机,车辆静止的情况下,完全踩下并松开加速踏板(图 4-48[B]阶段)。使发动机怠速运转 2s 或更长时间(图 4-48[C]阶段),进入菜单 Powertrain/Engine and ECT/Trouble Codes(图 4-48[D]位置),读取待定 DTC:

如果输出待定 DTC,则系统发生故障;如果未输出待定 DTC,则执行以下程序:

进入菜单 Powertrain/Engine and ECT/Utility/All Readiness，输入 DTC：P0120、P0121、P0122、P0123、P0220、P0222、P0223 或 P2135，检查 DTC 判断结果。

如果显示"INCOMPLETE"或"N/A"，则再次执行图 4-48 的阶段［B］至阶段［D］；

如果显示"NORMAL"，则表示"DTC 判断完成，系统正常"；

如果显示"ABNORMAL"，则表示"DTC 判断完成，系统异常"，则进行下一步。

②检查线束和连接器（节气门位置传感器—ECM）。

断开节气门体总成连接器插脚如图 4-49 所示，断开 ECM 连接器（图 2-25），用万用表测量相关插脚之间的电阻，相关数据如下：

B21-5（VC）—B26-115（VCTA）：<1Ω；

B21-6（VTA）—B26-84（VTA1）：<1Ω；

B21-4（VTA2）—B26-83（VTA2）：<1Ω；

B21-3（E2）—B26-116（ETA）：<1Ω；

B21-5（VC）或 B26-115（VCTA）—车身搭铁：≥10kΩ；

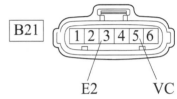

图 4-49　节气门体总成连接器插脚

B21-6（VTA）或 B26-84（VTA1）—车身搭铁：≥10kΩ；

B21-4（VTA2）或 B26-83（VTA2）—车身搭铁：≥10kΩ。

如果异常，则维修或更换线束或连接器；如果正常，则进行下一步。

③检查 ECM（VC 电压）。

断开节气门体总成连接器，连接 ECM 连接器，将电源开关置于 ON（IG）位置，用万用表测量 B21-5（VC）—B21-3（E2）之间的电压，标准值为 4.5～5.5V。

如果异常，则更换 ECM；

如果正常，则更换节气门体总成，并检查是否再次输出节气门位置传感器方面的故障代码，如果仍然输出故障代码，则更换 ECM。

4　实训要求

①每一步检查都应对照电路图，做到思路清晰、明了。

②操作认真仔细，以免造成设备损坏。

③养成使用发动机舱防护罩、驾驶室卫生防护"三件套"的职业习惯。

④养成工具、零件、油液"三不落地"的汽车维修操作习惯。

子任务四　冷却液温度与进气温度传感器的检查

学习目标

1. 了解冷却液温度与进气温度传感器的作用及对发动机工作的影响；
2. 掌握冷却液温度与进气温度传感器的结构与工作原理；
3. 掌握冷却液温度与进气温度传感器的检查方法。

一、任务引入

冷却液温度传感器(CTS)一般安装在发动机水套或出水管上，用于检测发动机冷却液的温度，ECU利用其信号对喷油量、点火正时等进行修正控制，以实现某些特定的控制功能，例如：发动机冷起动时，提供特浓混合气，以确保顺利起动；冷却液温度较低时，适当提高发动机的怠速，并适当延迟点火，以缩短暖机时间，从而减少磨损，并提供较浓混合气，以维持发动机稳定运转；冷却液温度较低时，不允许自动变速器升入超速挡，以避免发动机在冷态下低速大负荷运转而造成过度磨损，同时也不允许锁止离合器结合，以便利用自动变速器油温使发动机快速升温；冷却液温度较高时，增大冷却风扇的转速；冷却液温度过高时，暂时停止空调的工作等。

可见，冷却液温度传感器信号除了影响发动机的工作状态外，还影响自动变速器、汽车空调等的工作状态，其故障往往会带来发动机起动、怠速、油耗、冷却及自动变速器换挡、空调制冷等诸多方面的问题。

进气温度传感器(ATS)一般安装在发动机进气管上，或与空气流量传感器制为一体，用于测量发动机的进气温度，ECU利用其信号除了可以将进气的体积流量换算为质量流量外，还可以实现某些特定的控制功能。例如，进气温度较低时，适当增大喷油量(因低温时汽油的蒸发性较差，不利于形成混合气)，以确保发动机能够稳定运转(特别是怠速时)。

二、任务分析

各种汽车上所用的冷却液温度、进气温度传感器的结构和工作原理都大同小异,一般都采用了负温度系数(NTC)热敏电阻,因此检查方法也没有多大差别,一般都可以用万用表直接测量其电阻随温度的变化情况,另外还需要测量该传感器与ECU之间的线路连接情况。

三、相关知识

1 温度传感器的基本结构及工作原理

下面仅以冷却液温度传感器为例加以说明。

冷却液温度传感器的结构如图4-50(左上)所示,主要由负温度系数热敏电阻、金属引线和壳体等组成。所谓负温度系数是指其电阻值随温度的上升而减小。

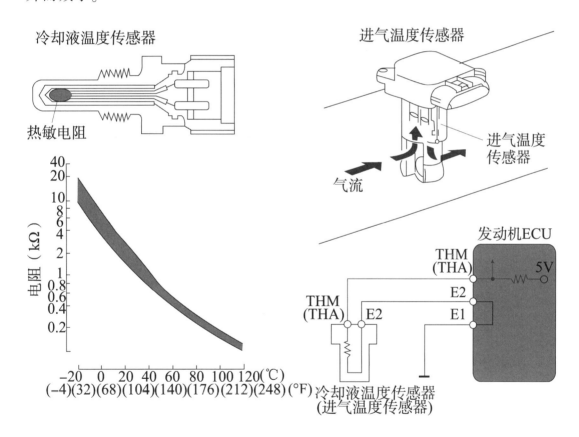

图4-50 冷却液温度与进气温度传感器

传感器的壳体上制作有螺纹,以便于在发动机上的安装。连接器有单端子式和双端子式两种,发动机电控系统一般采用双端子式。仪表板上冷却液温度表所用的冷却液温度传感器则一般为单端子式,其壳体为传感器的搭铁极。

传感器的主要部件是负温度系数热敏电阻,位于传感器的金属管壳内,其电阻值与温度的关系如图 4-50(左下)所示。

传感器的工作电路如图 4-50(右下)所示,传感器的热敏电阻通过导线与 ECU 相连,并与 ECU 内部的分压电阻串联,形成分压电路。ECU 向该分压电路提供稳定的工作电压(一般为 5V),热敏电阻所获得的分压值即为测得的温度信号。

温度升高时,热敏电阻的电阻值减小,其上的分压值降低;反之,温度降低时,其上的分压值升高。ECU 根据该分压值的大小,即可判断被测对象的温度。

2 温度传感器的失效保护模式

当温度传感器的信号超出正常范围时,ECU 即判定传感器发生了故障,在储存相应故障代码的同时,进入失效保护模式,以维持发动机继续运转。

冷却液温度传感器和进气温度传感器故障时,失效保护模式的假定温度分别为 80℃ 和 20℃ 左右(不同车系可能会有所不同)。

早期汽车冷却液温度传感器失效保护模式的假定温度为 40℃ 或 60℃ 左右,这种低温假设会造成失效保护模式下排放污染的过度增大,但可以确保低温顺利起动;现代汽车的高温假设(80℃)可以改善失效保护模式下排放性能,但低温起动性能会变差。

四、任务实施

1 实训目的

掌握冷却液温度传感器、进气温度传感器的检查方法。

2 设备准备

混动版丰田卡罗拉车型一辆或 8ZR-FXE 发动机台架一台;丰田检测仪(GTS)一台;万用表一只;通用工具一套;短接线一根;烧杯或加热容器及加热器一套;热吹风机一只;温度计一只;发动机舱防护罩一套;驾驶室卫生防护"三件套"一套。

3 实训步骤

1)丰田卡罗拉 8ZR-FXE 发动机进气温度传感器的检查

进气温度传感器电路如图 4-51 所示,其性能参数如图 4-52 所示。

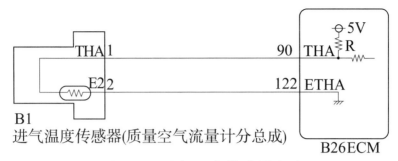

图 4-51 进气温度传感器电路

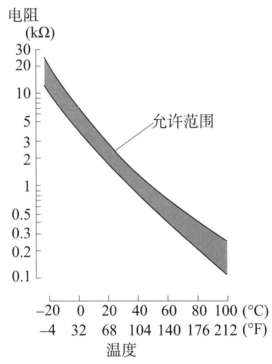

图 4-52 进气温度传感器性能参数

（1）进气温度传感器、冷却液温度传感器相关故障代码（DTC 见表 4-8）。

进气温度传感器、冷却液温度传感器相关故障代码　　表 4-8

DTC 编号	检测项目	DTC 检测条件	故障部位	MIL（故障灯）
P0112	进气温度电路低输入	进气温度传感器电路短路持续 0.5s	1. 进气温度传感器电路短路；2. 进气温度传感器；3. ECM	点亮

续上表

DTC编号	检测项目	DTC检测条件	故障部位	MIL（故障灯）
P0113	进气温度电路高输入	进气温度传感器电路断路持续0.5s	1. 进气温度传感器电路断路； 2. 进气温度传感器； 3. ECM	点亮
P0115	冷却液温度电路	冷却液温度传感器电路断路或短路持续0.5s	1. 冷却液温度传感器电路断路或短路； 2. 冷却液温度传感器； 3. ECM	点亮
P0116	冷却液温度电路范围/性能	满足以下任一条件时： 1. 发动机冷机起动后的暖机期间，冷却液温度传感器输出的变化低于下限值； 2. 在发动机暖机后停止和下一次发动机冷机起动期间，冷却液温度传感器输出的变化低于下限值	节温器发动机冷却液温度传感器	点亮

续上表

DTC 编号	检测项目	DTC 检测条件	故障部位	MIL（故障灯）
P0117	冷却液温度电路低输入	冷却液温度传感器电路短路持续0.5s	1.冷却液温度传感器电路短路； 2.冷却液温度传感器； 3.ECM	点亮
P0118	冷却液温度电路高输入	冷却液温度传感器电路断路持续0.5s	1.冷却液温度传感器电路断路； 2.冷却液温度传感器； 3.ECM	点亮

如果传感器输出电压高于4.91V持续0.5s或更长时间,则ECM判定进气温度传感器电路断路,并存储DTC P0113;如果输出电压低于0.18V持续0.5s或更长时间,则ECM判定传感器电路内存在短路,并存储DTC P0112。

ECM存储故障代码P0112或P0113时,将进入失效保护模式,该模式下,ECM设定进气温度为20℃。

(2)进气温度传感器检查(DTC P0112或P0113)。

①确认行驶模式(故障再现与确认)。

将GTS连接到DLC3,将电源开关置于ON(IG)位置,并打开GTS,清除DTC(即使未存储DTC,也应执行清除DTC程序),将电源开关置于OFF位置并至少等待30s,将电源开关置于ON(IG)位置,并打开GTS,等待0.5s或更长时间,进入菜单Powertrain/Engine and ECT/Trouble Codes,读取待定DTC。

如果输出待定DTC,则系统发生故障;如果未输出待定DTC,则执行以下程序：

进入菜单Powertrain/Engine and ECT/Utility/All Readiness,输入DTC：P0112或P0113,检查DTC判断结果(参见上一节有关内容)。

②使用GTS读取进气值(读取静态数据)。

将GTS连接到DLC3,将电源开关置于ON(IG)位置,打开GTS,进入菜单Powertrain/Engine and ECT/Data List/Intake Air,按下"执行"按钮,读取GTS上显示的值:

正常:与实际进气温度相同。此时仍然有故障代码,则检查是否存在间歇性故障。

如果显示-40℃,则使用GTS检查线束是否断路(步骤③);

如果显示140℃,则使用GTS检查线束是否短路(步骤④)。

③使用GTS检查线束是否断路。

断开空气流量传感器连接器,短接空气流量传感器线束侧连接器1(THA)脚和2(E2)脚,如图4-53所示。

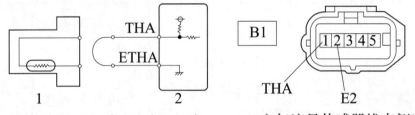

a)短接1(THA)脚和2(E2)脚　　b)空气流量传感器线束侧连接器

图4-53　空气流量传感器线束侧连接器

将GTS连接到DLC3,将电源开关置于ON(IG)位置,打开GTS,进入菜单Powertrain/Engine and ECT/Data List/All Data/Intake Air,按下"执行按钮",读取GTS上显示的值。标准值:140℃。

如果正常,则更换空气流量传感器总成;如果异常,则检查线束和连接器(空气流量传感器-ECM),操作方法如下:

断开空气流量传感器连接器,断开ECM连接器,用万用表测量相关插脚之间的电阻,相关数据如下:

B1-1(THA)—B26-90(THA):<1Ω;

B1-2(E2)—B26-122(ETHA):<1Ω。

如果正常,则更换ECM;如果异常,则维修或更换线束或连接器。

④使用GTS检查线束是否短路。

断开空气流量传感器连接器,如图4-54所示。将GTS连接到DLC3,将电源开关置于ON(IG)位置,打开GTS,进入菜单Powertrain/Engine and ECT/Data List/All Data/Intake Air,按下"执行"按钮,读取GTS上显示的值,标准值:-40℃。

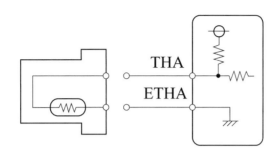

图4-54　断开空气流量传感器连接器

如果正常,则更换空气流量传感器总成;如果异常,则检查线束和连接器(空气流量传感器分-ECM),操作方法为,断开空气流量传感器连接器,断开ECM连接器,用万用表测量相关插脚之间的电阻,相关数据如下:B1-1(THA)或B26-90(THA)—车身搭铁:≥10kΩ。如果正常,则更换ECM;如果异常,则维修或更换线束或连接器。

2)丰田卡罗拉8ZR-FXE发动机冷却液温度传感器的检查(DTC P0115、P0117或P0118)

冷却液温度传感器电路如图4-55所示,其相关故障代码见表4-9。如果传感器输出电压高于4.91V持续0.5s或更长时间,则ECM判定发动机冷却液温度传感器电路断路,并存储DTC P0118;如果输出电压低于0.14V持续0.5s或更长时间,则ECM判定传感器电路存在短路,并存储DTC P0117。

图4-55　冷却液温度传感器电路

注意:如果存储DTC P0117,则检查并确认发动机没有过热(发动机过热可能会导致存储DTC P0117)。

ECM存储故障代码P0115、P0117或P0118时,将进入失效保护模式,该模式下,ECM设定发动机冷却液温度为80℃。

冷起动监视功能:发动机冷起动时,如果冷却液温度传感器输出的变化在完全暖机前一直低于下限值,则判定冷却液温度传感器存在故障。如果在2个连续驾驶循环内检测到此情况,则 MIL 点亮,并存储 DTC116;

保温监视功能:ECM 对比发动机完全暖机后停止时和发动机在下一循环(自发动机停止经过5h或更长时间时)起动时的冷却液温度。如果冷却液温度传感器输出的变化低于下限值,则判定冷却液温度传感器存在故障。如果在2个连续驾驶循环内检测到此情况,则 MIL 点亮并存储 DTC116。

ECM 输出 DTC P0115、P0117 或 P0118 时的检查方法如下(DTC116 检查的"确认行驶模式"较为复杂,且需要高速驾驶车辆,这里从略):

(1)确认行驶模式(故障再现与确认)。

操作方法同进气温度传感器检查(DTC P0112 或 P0113)。

(2)使用 GTS 读取温度值(读取数据值)。

将 GTS 连接到 DLC3,将电源开关置于 ON(IG)位置,打开 GTS,进入菜单 Powertrain/Engine and ECT/Data List/All Data/Coolant Temp,按下"执行"按钮,读取 GTS 上显示的值,标准值:发动机暖机时在75℃和100℃之间。

如果正常,则检查是否存在间歇性故障。如果显示结果与实际温度明显不符,则单独检查冷却液温度传感器[步骤(7)];

如果显示 -40℃,则使用 GTS 检查线束是否断路[步骤(3)];

如果显示140℃,则使用 GTS 检查线束是否短路[步骤(5)]。

(3)使用 GTS 检查线束是否断路。

断开冷却液温度传感器连接器,短接冷却液温度传感器线束侧连接器的1脚和2脚,如图4-56所示。

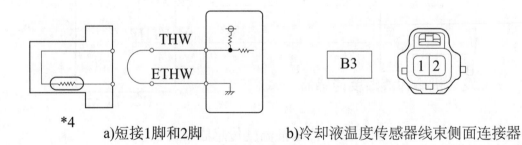

a)短接1脚和2脚　　　b)冷却液温度传感器线束侧面连接器

图 4-56　冷却液温度传感器线束侧连接器

将 GTS 连接到 DLC3,将电源开关置于 ON(IG)位置,打开 GTS,进入菜单 Powertrain/Engine and ECT/Data List/All Data/Coolant Temp,按下"执行"按钮,读取 GTS 上显示的值,标准值:140℃。

如果正常,则更换冷却液温度传感器;如果异常,则进行下一步。

(4)检查线束和连接器(冷却液温度传感器-ECM)。

断开冷却液温度传感器连接器,断开 ECM 连接器,用万用表测量相关插脚之间的电阻,相关数据如下:

B3-2—B26-93(THW):<1Ω;

B3-1—B26-94(ETHW):<1Ω。

如果正常,则更换 ECM;如果异常,则维修或更换线束或连接器。

(5)使用 GTS 检查线束是否短路。

断开冷却液温度传感器连接器,如图 4-57 所示。

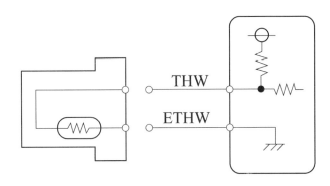

图 4-57　断开冷却液温度传感器连接器

将 GTS 连接到 DLC3,将电源开关置于 ON(IG)位置,打开 GTS,进入菜单 Powertrain/Engine and ECT/Data List/All Data/Coolant Temp,按下"执行"按钮,读取 GTS 上显示的值,标准值:-40℃。

如果正常,则更换冷却液温度传感器;如果异常,则进行下一步。

(6)检查线束和连接器(冷却液温度传感器-ECM)。

断开冷却液温度传感器连接器,断开 ECM 连接器,用万用表测量相关插脚之间的电阻,相关数据如下:

B3-2 或 B26-93(THW)—车身搭铁:≥10kΩ。

如果正常,则更换 ECM;如果异常,则维修或更换线束或连接器。

(7)单独检查冷却液温度传感器。

拆下冷却液温度传感器,将其感应头浸入热水中,并用温度计监测水温,同时,用万用表测量冷却液温度传感器电阻(注意不要使水接触到插脚。检查后,擦去传感器上的水),如图 4-58 所示,标准电阻值如下:

水温 20℃时:2.32～2.59kΩ;水温 80℃时:0.310～0.326kΩ。

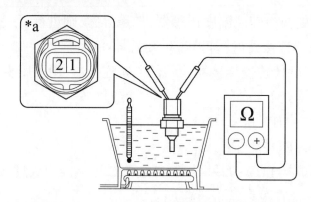

图4-58 单独检查冷却液温度传感器

如果不符合规定,则更换发动机冷却液温度传感器。

4 实训要求

①认真思考每一步操作的理由,并与电路图进行对照。

②操作仔细、认真、规范,避免损坏设备。

③养成使用发动机舱防护罩、驾驶室卫生防护"三件套"的职业习惯。

④养成工具、零件、油液"三不落地"的汽车维修操作习惯。

子任务五 爆震传感器的检查

学习目标

1. 了解爆震传感器的作用及对发动机工作的影响;
2. 掌握爆震传感器的结构与工作原理;
3. 爆震传感器的检查方法。

一、任务引入

爆震是汽油机燃烧室中末端混合气自燃所引起的一种不正常燃烧现象,它不但会产生尖锐的敲缸声,还会使发动机的活塞、连杆、曲轴等机件受到过度的冲击,并引起发动机过热等现象,从而大大缩短发动机的工作寿命。

爆震传感器装在发动机缸体或缸盖上(图4-59),用于检测这种不正常燃烧现象,一旦检测到爆震现象的发生,ECU就会逐步延迟点火,直至爆震消除;爆震消除一段时间后,如果再没有发生爆震,ECU又会逐步恢复原来的点火正时,即对点火正时进行闭环控制。因此,爆震传感器是 ECU 进行点火正时闭环控制的专用传感器。

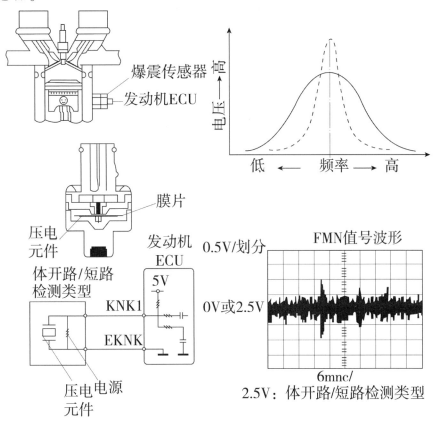

图 4-59 爆震传感器

该传感器发生故障时,上述闭环控制失效,为了避免爆震对发动机造成的伤害,ECU 会在储存相应故障代码的同时,将各缸的点火正时均延迟一定值(丰田车延迟 8°;大众车延迟 15°),此时,发动机的动力性和经济性均会有所下降。

二、任务分析

汽车上常见的爆震传感器有压电式和磁致伸缩式两种类型,虽然工作原理有所不同,但检测爆震的方法却基本一样,都是通过检测发动机缸体或缸盖的振动状态来判断是否发生爆震。

三、相关知识

1 爆震的检测方法

由于爆震会对发动机的机体产生异常冲击,引起发动机机体的不正常振动,因此，只要能够检测到这种不正常的振动现象，就可以检测到发动机的爆震。

目前，检测发动机爆震的方法有三种：一是检测发动机燃烧室内压力的变化；二是检测混合气燃烧噪声的变化；三是检测发动机缸体振动状态的变化。

第一种方法测量精度较高，但传感器安装困难，且耐久性较差；第二种方法为非接触式测量法，传感器的耐久性较好，但测量精度和灵敏度较低，实际应用较少；第三种方法的突出优点是传感器安装方便，且输出电压较高，因此在现代汽车发动机上被广泛采用。

2 压电式爆震传感器的结构与工作原理

压电式爆震传感器在汽车上的应用最为广泛，其结构如图4-60所示，主要由套筒、压电元件、惯性配重、塑料壳体等组成。

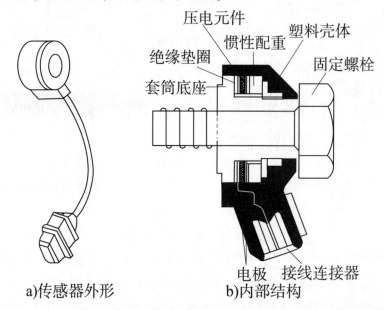

图4-60 压电式爆震传感器的结构

压电元件制成垫圈形状，在其两个侧面上制作有金属垫圈作为电极，并用导线引到接线连接器上。惯性配重用于传递发动机机体振动所产生的惯性力，其与压电元件之间、压电元件与传感器套筒之间均装有绝缘垫圈。传感器接线连接器上有三根引线，其中两根为信号线，一根为屏蔽线。

压电效应：某些晶体（如石英）薄片在受到压力作用之后，其两极之间就会产生电压，而且电压与所受压力的大小成正比，这种现象被称为压电效应，产生压电效应的晶体薄片也被称为压电元件。

压电式爆震传感器就是根据压电效应原理制成的。

爆震传感器安装在发动机机体上,当发动机机体产生振动时,传感器的惯性配重随之振动,其惯性力作用在压电元件上,使压电元件产生相应的电压,电压的幅值和频率随振动状态的变化而变化。图4-61为不同转速时爆震传感器的信号波形。

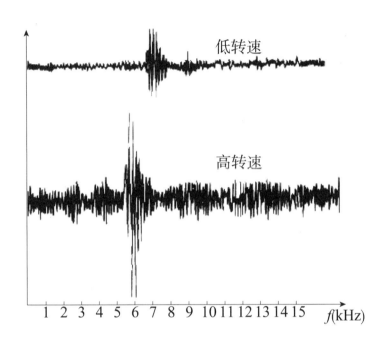

图4-61　不同转速时爆震传感器的信号波形

当发动机发生爆震时,传感器信号电压的幅值和频率都会发生异常变化,ECU则可以通过这种幅值的异常或频率的异常来判断发动机的爆震情况,当发生爆震的频率超过一定程度时,ECU即可开始进行点火正时的闭环调整。

注意:要严格按照生产厂家所规定的拧紧力矩来安装传感器,否则会影响传感器的正常工作。大众车系爆震传感器的标准拧紧力矩为20N·m。

3 磁致伸缩式爆震传感器的结构与工作原理

这种传感器应用于通用、日产等少部分汽车上,其结构如图4-62所示,主要由感应线圈、磁致伸缩杆、永磁铁和壳体等组成,其伸缩杆用高镍合金制成,伸缩杆的一端安装有永磁铁,另一端安放在弹性部件上。感应线圈绕制在伸缩杆的周围,其两端作为信号输出端与发动机ECU相连。

发动机机体产生振动时,传感器的伸缩杆随之振动,感应线圈中的磁通量随之发生变化,因而产生相应的交变电动势,该交变电动势即为传感器的输出信号。

发生爆震时,发动机机体的振动频率达到 6~9kHz,与传感器伸缩杆的固有频率一致,因而发生共振,传感器信号电压的幅值大幅增大,如图 4-63 所示,ECU 通过该信号电压的阈值即可判断爆震的发生情况。

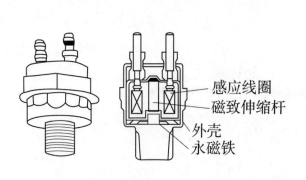

图 4-62 磁致伸缩式爆震传感器结构　　图 4-63 爆震传感器信号波形

四、任务实施

1 实训目的

掌握爆震传感器的检查方法。

2 设备准备

混动版丰田卡罗拉车型一辆或 8ZR-FXE 发动机台架一台;丰田检测仪(GTS)一台;万用表一只;通用工具一套;发动机舱防护罩一套;驾驶室卫生防护"三件套"一套。

3 实训步骤

注意:为了确保爆震传感器输出信号的正常,务必保证传感器的拧紧力矩准确无误。

1)混动版丰田卡罗拉爆震传感器的检查

混动版丰田卡罗拉采用了压电式爆震传感器,可以检测频率约为 5~15kHz 之间的振动,信号波形如图 4-64 所示(测试条件:发动机暖机后,转速 2500r/min)。其工作电路如图 4-65 所示。

(1)爆震传感器相关故障代码(DTC;表 4-9)。

ECM 存储故障代码 P0327 或 P0328 时,将进入失效保护模式,该模式下,点火正时推迟至其最大延迟时间。

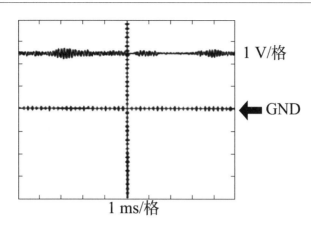

图4-64　丰田卡罗拉爆震传感器信号波形

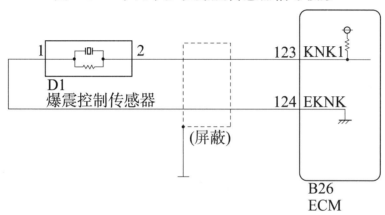

图4-65　丰田卡罗拉爆震传感器工作电路

丰田卡罗拉爆震传感器相关故障代码　　表4-9

DTC编号	检测项目	DTC检测条件	故障部位	MIL（故障灯）
P0327	1号爆震传感器电路低输入	爆震传感器的输出电压低于0.5V持续1s或更长时间	1. 爆震传感器电路短路；2. 爆震传感器；3. ECM	点亮
P0328	1号爆震传感器电路高输入	爆震传感器的输出电压高于4.5V持续1s或更长时间	1. 爆震传感器电路断路；2. 爆震控制传感器；3. ECM	点亮

(2)爆震传感器及线路的检查。

①确认行驶模式(故障再现与确认)。

将GTS连接到DLC3,将电源开关置于ON(IG)位置,并打开GTS,清除DTC(即使未存储DTC,也应执行清除DTC程序),将电源开关置于OFF位置并至少等待30s,将电源开关置于ON(IG)位置,并打开GTS,将发动机置于检查模式(保养模式),起动发动机并等待5min,进入菜单Powertrain/Engine and ECT/Trouble Codes,读取待定DTC。

如果输出待定DTC,则系统发生故障;如果未输出待定DTC,则执行以下程序:

进入菜单Powertrain/Engine and ECT/Utility/All Readiness,输入DTC:P0327或P0328,检查DTC判断结果。

如果判断结果显示INCOMPLETE或N/A,则使发动机急速运转5min并再次检查DTC判断结果;

如果判断结果显示NORMAL,则系统正常;

如果判断结果显示ABNORMAL,则系统存在故障,则进行下一步。

②使用GTS读取爆震反馈值。

将GTS连接到DLC3,将电源开关置于ON(IG)位置,打开GTS,将发动机置于检查模式(保养模式),起动发动机,暖机后进入菜单Powertrain/Engine and ECT/Data List/All Data/Knock Feedback Value,按下"执行"按钮,驾驶车辆时读取爆震反馈值(通过高负载运转发动机,如:激活空调系统和高速空转发动机,可以确认爆震反馈值的变化):

如果未出现故障,则爆震反馈值会发生改变,此时,检查是否存在间歇性故障;

如果出现故障,则爆震反馈值不变,此时,进行下一步。

③检查插脚电压(爆震传感器电源)。

断开爆震传感器连接器(图4-66),将电源开关置于ON(IG)位置,测量相关插脚之间的电压,相关数据如下:

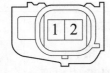

图4-66 爆震传感器线束连接器

D1-2—D1-1:4.5~5.5V。

如果异常,则检查线束和连接器(爆震传感器-ECM)(步骤⑤);如果正常,则进行下一步。

④爆震传感器的检查。

用万用表测量爆震传感器两插脚之间的电阻,如图4-67所示,标准值应该为120~280kΩ。如果不符合规定,则更换爆震控制传感器;如果正常,则更换ECM。

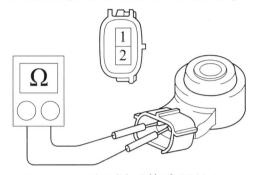

图4-67 测量爆震传感器的电阻

⑤检查线束和连接器(爆震传感器-ECM)。

断开爆震传感器连接器,断开ECM连接器(图2-25),用万用表测量相关插脚之间的电阻,相关数据如下:

D1-2—B26-123(KNK1):<1Ω;

D1-1—B26-124(EKNK):<1Ω;

D1-2或B26-123(KNK1)—车身搭铁:≥10kΩ。

如果异常,则维修或更换线束或连接器;如果正常,则更换ECM。

2)大众汽车爆震传感器的检测

特别说明:大众汽车爆震传感器电路及连接器如图4-68所示。

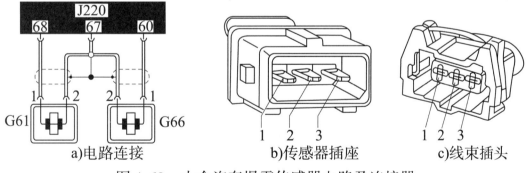

a)电路连接　　b)传感器插座　　c)线束插头

图4-68 大众汽车爆震传感器电路及连接器

(1)测传感器的电阻。

断开爆震传感器的连接器,用万用表测传感器相关端子之间的电阻,测量结果应该符合表4-10的规定,否则,更换爆震传感器。

(2)检查爆震传感器与ECU之间的线路。

断开ECU连接器,用万用表测传感器连接器与ECU连接器相应端子之间的电阻,测量结果应该符合表4-10的规定,否则,维修或更换线束或连接器。

大众汽车爆震传感器测量标准　　　　　表 4-10

检测项目	检测条件	检测部位	标　准　值
爆震传感器的电阻	断开点火开关、断开传感器连接器	端子1—端子2 端子1—端子3 端子2—端子3	>1MΩ
传感器信号正极线	断开ECU连接器、断开传感器连接器	ECU连接器端子60—传感器连接器端子1 ECU连接器端子68—传感器连接器端子1	<0.5Ω
传感器信号负极线	断开ECU连接器、断开传感器连接器	ECU连接器端子67—传感器连接器端子2	<0.5Ω
传感器屏蔽线	断开ECU连接器、断开传感器连接器	发动机搭铁点（ECU旁边）—传感器连接器端子3	<0.5Ω

4　实训要求

①认真思考每一步操作的理由，并与电路图进行对照。
②操作仔细、认真、规范，避免损坏设备。
③养成使用发动机舱防护罩、驾驶室卫生防护"三件套"的职业习惯。
④养成工具、零件、油液"三不落地"的汽车维修操作习惯。

子任务六　氧传感器的检查

学习目标

1. 了解氧传感器的作用及对发动机工作的影响；
2. 掌握氧传感器的类型、结构、工作原理及检查方法。

学习任务四　传感器检查

一、任务引入

氧传感器装在发动机的排气管上（图4-69），通过检测废气中残余氧气含量的方法来判断混合气的浓度，以便ECU对喷油量实施"闭环调节"：残余氧气较少时，说明混合气偏浓，ECU通过减少喷油量使混合气变稀；反之，残余氧气较多时，ECU又使混合气变浓，周而复始，最终确保混合气的浓度维持在理想值附近。

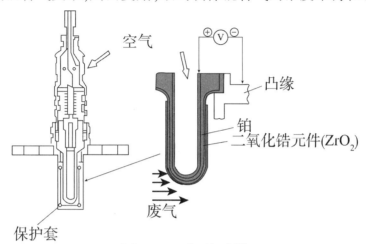

图4-69　氧传感器

氧传感器发生故障时，该"闭环调节"功能失效，混合气浓度偏离理想值，从而造成发动机的性能恶化，此时，ECU会储存相应的故障代码，仪表板上的发动机故障灯也会点亮。

二、任务分析

氧传感器一般根据电化学原理工作，有氧化锆（ZrO_2）式和氧化钛（TiO_2）式等两种类型，其中氧化锆式又分为加热型与非加热型两种，氧化钛式一般都为加热型。

三、相关知识

1　氧化锆式氧传感器的结构与工作原理

氧化锆式氧传感器主要由锆管、加热元件、电极引线、钢质护管、钢质壳体、防水护套等组成，其结构如图4-70所示。

高温下，部分氧分子发生电离，形成氧离子。这些氧离子可以渗过某些固体电解质（二氧化锆、氧化钛等）。当这些电解质两个表面之间的氧离子浓度不同时，浓度高处的氧离子就会向浓度低的一侧扩散，如果在固体电解质两个表面之间设置电极,就可以得到电动势。氧化锆式氧传感器就是根据这个原理制成的,其电解质材料为锆管(即二氧化锆),如图4-71所示,锆管内侧与氧离子浓度较高的大气相通,外侧与氧离子浓度较低的废气相通,锆管的内、外侧之间存在氧离子浓度差,因而会产生一定的电动势,该电动势即为传感器的输出信号。

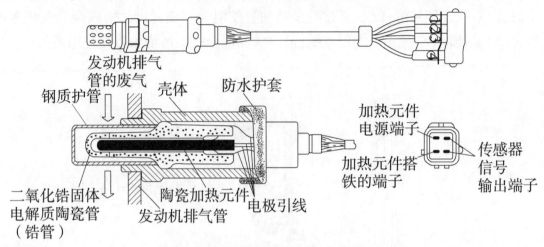

图 4-70　氧化锆式氧传感器结构

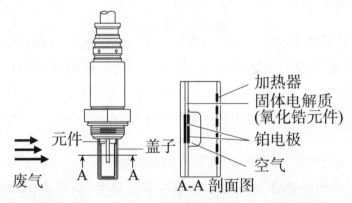

图 4-71　氧化锆式氧传感器工作原理

氧化锆式氧传感器的工作特性如图 4-72 所示,当供给发动机的可燃混合气较浓时,废气中氧离子含量较少,锆管内、外表面之间的氧离子浓度差较大,两个电极之间的电动势也较大,约为 0.9V;反之,当可燃混合气较稀时,两个电极之间的电动势也较小,约为 0.1V。

在锆管外表面涂有一层金属铂,在其催化作用下,废气中的 CO(一氧化碳)与氧离子发生反应变为 CO_2(二氧化碳),从而消耗了一部分氧离子,提高了锆管内、外侧之间的氧浓度差,使氧传感器的灵敏度大为提高。如图 4-72a)所示,有催化剂铂时,电动势将按曲线 1 跃变;没有催化剂铂时,电动势将按曲线 3 连续变化。

另外,氧化锆式氧传感器的温度须达到300℃以上才能正常工作,如图4-72b)所示,为此,有些传感器的内部设有加热器。加热器一般用陶瓷加热元件制成,加热温度设定为300℃,并直接由汽车电源供电。

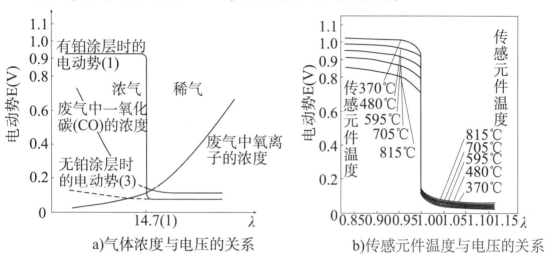

图4-72 氧化锆式氧传感器工作特性

2 氧化钛式氧传感器的结构与工作原理

氧化钛式氧传感器的外形与氧化锆式的相似,其结构如图4-73所示,主要由二氧化钛传感元件、加热元件、电极引线和钢质壳体等组成。

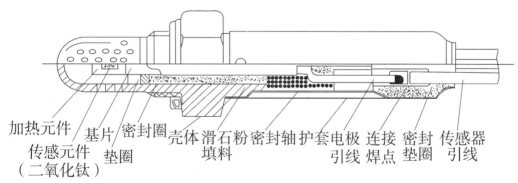

图4-73 氧化钛式氧传感器结构

与氧化锆式氧传感器不同的是,该传感器不需要与大气压进行比较,因此对传感元件的密封性与防水性要求较低,使用玻璃或滑石粉等材料密封即可达到使用要求。此外,在电极引线与护套之间设置有硅橡胶密封衬垫,以防止水汽浸入传感器内部而腐蚀电极。该传感器传感元件的外表面同样涂有一层金属铂,以提高其工作灵敏度。

二氧化钛属于 N 型半导体材料,其电阻值随氧离子浓度的变化而变化,因此,氧化钛式氧传感器相当于一个可变电阻,其电阻值与混合气浓度(过量空气系数)的关系如图 4-74 所示,混合气稀时,二氧化钛呈现低阻状态;混合气浓时,二氧化钛呈现高阻状态;在理论混合气附近(过量空气系数 λ 约为 1),电阻值产生突变。

氧化钛式氧传感器的工作电路如图 4-75 所示,ECU 内部的稳压电路向氧传感器提供一个稳定的工作电压(一般为 5V),分压电阻串接在传感器电路中,氧化钛作为可变电阻,其上的分压即可作为氧传感器的信号电压输入 ECU。混合气稀时,二氧化钛阻值小,信号电压也小;混合气浓时,二氧化钛阻值高,信号电压也大。

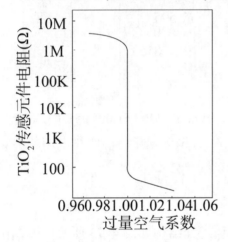
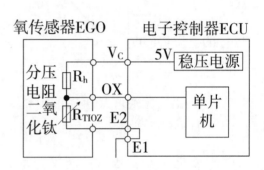

图 4-74 氧化钛式氧传感器的特性　　图 4-75 氧化钛式氧传感器的工作电路

氧化钛式氧传感器的温度高于 600℃ 才能正常工作,因此,该传感器的内部也设有加热器,并由汽车电源直接加热。

3 氧传感器的加热控制电路

一般情况下,发动机 ECU 会根据进气量和发动机转速来控制氧传感器加热器的工作电流,其控制电路如图 4-76 所示。

当发动机负荷较低时,其排气温度也低,ECU 将增大加热器的工作电流;反之,负荷较高时,则减小加热器的工作电流,从而始终保持传感器良好的工作状态。

4 氧传感器的使用

由于废气中的污物会附着在氧传感器的表面,导致氧传感器逐渐失效,此外,氧传感器线束连接器处用于防水的硅橡胶也会逐渐污染内侧电极,因此,氧传感器需要定期更换,更换周期一般为 80000km。另外,当汽油中含铅时,催化剂铂也会失效,因此,装有氧传感器的汽车禁止使用含铅汽油。

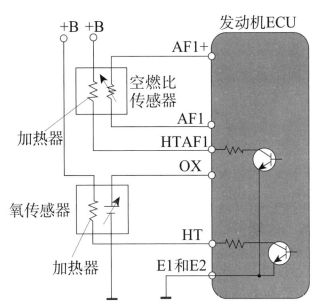

图 4-76　氧传感器的加热控制电路

5　喷油量"闭环调节"的条件

喷油量的"闭环调节"可以使混合气的浓度维持在理论混合气附近,但并不是所有的工况都需要理论混合气。例如:在发动机起动、暖机、加速、大负荷等工况,需要对混合气适当加浓,以便使发动机能够顺利起动、平稳暖机、迅速加速、大负荷时输出较大功率;强制怠速工况(即节气门在怠速位置,但转速远高于怠速的工况,例如:汽车急减速、挂挡下坡等)时,需要彻底切断燃料供给。在这些工况下,ECU 会暂时终止使用氧传感器的信号,转而利用 ECU 内部的记忆值或计算值来控制喷油量,即对喷油量实施"开环调节"。

另外,在氧传感器发生故障或未达到工作温度(300℃或600℃)时,以及在电控系统其他部分发生故障,系统被迫转入"应急运转"状态时,ECU 也会对喷油量实施"开环调节"。

只有在冷却液温度正常、平稳怠速、中小负荷、氧传感器正常且达到工作温度、系统没有转入"应急运转"状态等条件下,ECU 才对喷油量实施"闭环调节"。此外,在氧传感器信号正常的情况下,汽油蒸汽回收系统才会工作。

6　三元催化器的故障监测功能

为了减少尾气排放,现代汽车排气管中大多装有三元催化器。所谓三元催化器,就是在排气管中设置一个蜂窝状的废气通道,通道体的表面涂有铂、铑、钯三种稀有金属作为催化剂。当废气中的 CO(一氧化碳)、HC(碳氢化合物)、NO_x(氮氧化合物)等有毒气体经过这些催化剂时,会与废气中的残余氧气进一步发生反应,从而转化为 CO_2(二氧化碳)、H_2O(水)和 N_2(氮气)等无毒气体。

在理论混合气浓度附近,三元催化器的工作效率最高。因此,从确保三元催化器高效工作的角度出发,也要求氧传感器能够正常工作。

随着使用时间的延长,由于表面污染作用及稀有金属的老化作用,三元催化器的工作效率会逐渐下降,汽车尾气有害排放会逐渐升高,这在汽车尾气排放法规比较严格的国家是不允许的。为了解决这个问题,有些汽车的三元催化器前端和后端各装一个氧传感器,前端的为主氧传感器,用于喷油量的"闭环调节",后端的为副氧传感器,用于对三元催化器的工作状态进行监测。

监测原理如下:三元催化器在正常工作时,对废气中的残余氧气具有一定的"吞吐"作用。残余氧气较多时,三元催化器吸附一定的氧气;残余氧气较少时,三元催化器又释放一定的氧气,因此,三元催化器前端和后端残余氧气浓度的变化存在着一定的差别,前端浓度随着"闭环调节"的作用变化较快(10秒内约变化8次以上),后端浓度则变化较慢,因此,ECU只要对比主、副氧传感器的信号,就可以判断三元催化器的工作状态:当两个氧传感器的信号差别较大时,说明三元催化器工作正常;而当两个氧传感器的信号差别较小时,则说明三元催化器已经失效。

当 ECU 判定三元催化器失效时,会储存相应的故障代码,并点亮仪表板上的发动机故障报警灯。

7 氧传感器信号、"闭环调节"状态及三元催化器工作情况的检测

为了便于检测主、副氧传感器的信号,丰田汽车的诊断连接器(诊断座)上设有 OX1、OX2 端子,分别与主、副氧传感器的信号线相连,因此,用万用表直接测量 OX1、OX2 端子与 E1 端子(搭铁端子)之间的电压,即可测量主、副氧传感器的信号。

另外,诊断连接器上还设有 VF1、VF2 端子,分别与 ECU 的相应端子相连,其中 VF1 端子上的电压反映了喷油量"闭环调节"的情况,5V、2.5V 和 0V 分别代表增大喷油量、不调节喷油量和减小喷油量;VF2 端子上的电压反映了副氧传感器的信号状态,5V、2.5V 和 0V 分别代表副氧传感器的信号为 0V、0.45V 和 0.9V。因此,直接测量 VF1、VF2 端子与 E1 端子(搭铁端子)之间的电压,即可判断喷油量"闭环调节"的情况及三元催化器的工作情况。

8 空燃比传感器(A/F 传感器)

空燃比传感器是一种新型的氧传感器,其工作范围不仅仅限于理论混合气附近,在较宽的范围内均可产生几乎与混合气浓度成正比的电压信号,如图 4-77a)所示,因而大大提高了 ECU 对混合气浓度的调节范围和调节精度,即

使在加速加浓、大负荷加浓等工况下也可以实现喷油量的"闭环调节"。

该传感器的工作电路如图4-77b)所示,由于其工作原理的特殊性,该传感器的输出信号不能用万用表测量,需要使用汽车故障诊断仪,通过读取相关数据来判断其工作情况。

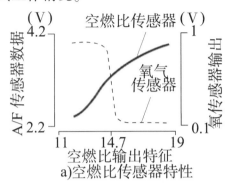 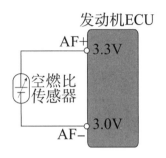

a)空燃比传感器特性　　　　b)空燃比传感器工作电路

图4-77　空燃比传感器特性及工作电路

空燃比传感器也配有加热器,但该加热器的工作电流比普通氧传感器的大得多。

四、任务实施

1 实训目的

掌握氧传感器的检查方法。

2 设备准备

混动版丰田卡罗拉车型一辆或8ZR-FXE发动机台架一台;丰田检测仪(GTS)一台;万用表一只;通用工具一套;发动机舱防护罩一套;驾驶室卫生防护"三件套"一套。

3 实训步骤

混动版卡罗拉8ZR-FXE发动机采用了两个氧传感器,分别安装于三元催化器(TWC)之前和之后,TWC之前的为空燃比传感器(A/F传感器;主氧传感器),TWC之后的为加热型氧传感器(副氧传感器)。ECM主要利用空燃比传感器信号来调节空燃比(主空燃比控制),使其接近理论值。TWC之后的加热型氧传感器信号既可以用来监测TWC的工作状态,又可以作为辅助信号,用于进一步提高空燃比的调节精度(辅助空燃比控制)。

为了确保废气温度低时,空燃比传感器仍然能够产生有用的电压信号,空燃比传感器也带有加热器。

加热型氧传感器与加热器集成在一起,即使在进气量较小时(废气温度较低),也能检测出氧的浓度。混合气变稀时,废气中的氧浓度增大,加热型氧传感器输出低电压(低于0.45V);混合气变浓时,废气中氧浓度减小,加热型氧传感器输出高电压(高于0.45V);混合气浓度接近理论值时,加热型氧传感器的输出电压会急剧变化。该传感器的结构原理及性能曲线如图4-78所示。

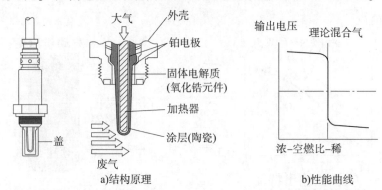

图4-78 加热型氧传感器的结构原理及性能曲线

空燃比传感器和加热型氧传感器的工作电路如图4-79所示。

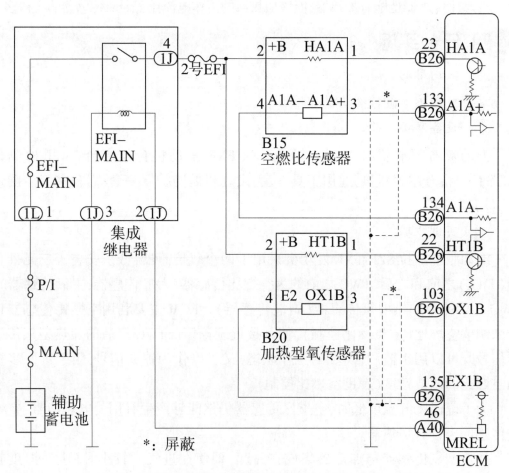

图4-79 空燃比传感器和加热型氧传感器的工作电路

(1)氧传感器相关故障代码(DTC;表4-11)。

丰田混动版卡罗拉氧传感器相关故障代码(DTC) 表4-11

DTC编号	检测项目	DTC检测条件	故障部位	故障灯
P0031	氧传感器电路高电压(B1 S2)	电压过高(短路):主动空燃比控制期间,在一定时间内满足以下条件: (a)加热型氧传感器输出电压高于0.59V; (b)目标空燃比过稀	1.加热型氧传感器(S2)电路; 2.加热型氧传感器(S2); 3.空燃比传感器(S1); 4.ECM	点亮
P0032	A/F传感器加热器控制电路高电位(B1 S1)	空燃比传感器加热器电流达到上限	1.空燃比传感器(S1)加热器电路短路; 2.空燃比传感器(S1); 3.集成继电器; 4.ECM	点亮
P101D	A/F传感器加热器电路性能(B1 S1)卡在ON位置	加热器不工作时,空燃比传感器加热器电流大于规定值	1.空燃比传感器(S1)加热器电路短路; 2.ECM	点亮
P0037	氧传感器加热器控制电路低电位(B1 S2)	加热器工作时,加热型氧传感器加热器电流等于或小于规定值	1.加热型氧传感器(S2)加热器电路断路; 2.加热型氧传感器(S2); 3.集成继电器; 4.ECM	点亮

续上表

DTC 编号	检测项目	DTC 检测条件	故障部位	故障灯
P0038	氧传感器加热器控制电路高电位(B1 S2)	加热型氧传感器加热器电流达到高限	1.加热型氧传感器(S2)加热器电路短路; 2.加热型氧传感器(S2); 3.集成继电器; 4.ECM	点亮
P102D	氧传感器加热器电路性能(B1 S2)卡在ON位置	加热器不工作时,加热型氧传感器加热器电流大于规定值	ECM	点亮
P0136	A/F 传感器电路(B1 S2)	异常电压输出:主动空燃比控制期间,在一定时间内满足以下条件: (a)加热型氧传感器电压未升高至 0.59V 或更高; (b)加热型氧传感器电压未降至0.21V以下	1.加热型氧传感器(S2)电路; 2.加热型氧传感器(S2); 3.空燃比传感器(S1); 4.排气系统漏气; 5.燃油压力; 6.喷油器总成; 7.PCV 阀和软管; 8.进气系统	点亮
P0137	氧传感器电路低电压(B1 S2)	电压过低(断路):主动空燃比控制期间,在一定时间内满足以下条件:	1.加热型氧传感器(S2)电路; 2.加热型氧传感器(S2);	点亮

续上表

DTC 编号	检测项目	DTC 检测条件	故障部位	故障灯
P0137	氧传感器电路低电压(B1 S2)	(a)加热型氧传感器输出电压低于0.21V；(b)目标空燃比过浓	3.空燃比传感器(S1)；4.排气系统漏气	点亮
P0138	氧传感器电路高电压(B1 S2)	电压过高（短路）：主动空燃比控制期间，在一定时间内满足以下条件：(a)加热型氧传感器输出电压高于0.59V；(b)目标空燃比过稀	1.加热型氧传感器(S2)电路；2.加热型氧传感器(S2)；3.空燃比传感器(S1)；4.ECM	点亮
P2195	A/F 传感器信号始终偏稀(B1 S1)	满足以下任一条件 A 或 B：A.条件(a)和(b)持续 5s 或更长时间：(a)空燃比传感器电压高于3.8V；(b)加热型氧传感器电压为0.21V或更高；B.进行燃油切断操作(车辆减速过程中)时,空燃比传感器电流为2.2mA或更大持续3s	1.空燃比传感器(S1)电路断路或短路；2.空燃比传感器(S1)；3.进气系统；4.燃油压力；5.喷油器总成；6.ECM	点亮

续上表

DTC 编号	检测项目	DTC 检测条件	故障部位	故障灯
P2196	A/F 传感器信号始终偏浓（B1 S1）	满足以下任一条件 A 或 B： A. 条件(a)和(b)持续 5s 或更长时间： （a）空燃比传感器电压低于 2.8V； （b）加热型氧传感器电压低于 0.59V； B. 执行燃油切断操作时(车辆减速过程中)，空燃比传感器电流小于 0.7mA 持续 3s	1. 空燃比传感器(S1)电路断路或短路； 2. 空燃比传感器(S1)； 3. 进气系统燃油压力； 4. 喷油器总成； 5. ECM	点亮
P2237	A/F 传感器泵浦电流电路/断路(A/F 传感器)（B1 S1）	发动机运转时,空燃比传感器的端子 A1A+ 和 A1A- 之间的电路断路	1. 空燃比传感器（S1）电路断路； 2. 空燃比传感器(S1)； 3. ECM	点亮
P2238	氧传感器泵浦电流电路低电位（A/F 传感器）（B1 S1）	情况 1：条件(a)或(b)持续 5.0s 或更长时间： （a）端子A1A+ 电压为 0.5V 或更低；	1. 空燃比传感器(S1)电路断路或短路； 2. 空燃比传感器(S1)； 3. ECM	点亮

续上表

DTC 编号	检测项目	DTC 检测条件	故障部位	故障灯
P2238	氧传感器泵浦电流电路低电位（A/F 传感器）（B1 S1）	（b）端子 A1A＋和 A1A－之间的电压差为 0.1V 或更低；情况 2：空燃比传感器导纳小于 0.00741/Ω	1. 空燃比传感器(S1)电路断路或短路；2. 空燃比传感器(S1)；3. ECM	点亮
P2239	氧传感器泵浦电流电路高电位（A/F 传感器）（B1 S1）	A1A＋电压高于 4.5V	1. 空燃比传感器(S1)电路断路或短路；2. 空燃比传感器(S1)；3. ECM	点亮
P2252	氧传感器参考搭铁电路低电位（A/F 传感器）（B1 S1）	A1A－电压为 0.5V 或更低	1. 空燃比传感器(S1)电路断路或短路；2. 空燃比传感器(S1)；3. ECM	点亮
P2253	氧传感器参考搭铁电路高电位（A/F 传感器）（B1 S1）	A1A－电压高于 4.5V	1. 空燃比传感器(S1)电路断路或短路；2. 空燃比传感器(S1)；3. ECM	点亮

续上表

DTC 编号	检测项目	DTC 检测条件	故障部位	故障灯
P2A00	A/F 传感器电路响应慢（B1 S1）	空燃比传感器响应速度恶化程度的计算值小于阈值	1. 空燃比传感器(S1)； 2. 进气系统； 3. 喷油器总成； 4. 燃油泵； 5. 燃油管路； 6. ECM	点亮

（2）出现故障代码（DTC）P0031、P0032、P101D 时的检查方法。

说明：存储这些 DTC 中的任何一个，ECM 都将进入失效保护模式，该模式下，ECM 将关闭空燃比传感器加热器。尽管 DTC 内容提及氧传感器，但这些 DTC 往往与空燃比传感器有关。空燃比传感器加热器电路使用电路 +B 侧的继电器（图 4-79），ECM 提供脉宽调制控制电路，用占空比的方式调节通过加热器的电流，其加热器中的电流超出正常工作范围时，ECM 将视为传感器加热器故障并存储相应的 DTC，存储 DTC 的条件为：

P0031：加热器输出占空比≥30%；

P0032：加热器输出占空比≥0%；

P101D：加热器输出占空比<60%。

①确认行驶模式（图 4-80）。

将 GTS 连接到 DLC3，将电源开关置于 ON(IG) 位置，并打开 GTS，清除 DTC（即使未存储 DTC，也应执行清除 DTC 程序），将电源开关置于 OFF 位置并至少等待 30s，将电源开关置于 ON(IG) 位置，并打开 GTS（图 4-80[A]），将发动机置于检查模式（保养模式），起动发动机并怠速运转 5min 或更长时间（图 4-80[B]），车辆静止时，踩下加速踏板并保持发动机转速 2500r/min 维持 1min（图 4-80[C]；充电控制期间，发动机转速设定为怠速，因此，踩下加速踏板时，发动机转速未增加。在这种情况下，在充电控制完成后，执行步骤[C]和[D]），怠速运转发动机 5min 或更长时间（图 4-80[D]），进入菜单 Powertrain/Engine and ECT/Trouble Codes（图 4-80[E]），读取待定 DTC：

如果输出待定 DTC，则系统确实发生了故障；如果未输出待定 DTC，则执行以下程序：

进入菜单 Powertrain/Engine and ECT/Utility/All Readiness，输入 DTC：P0031、P0032 或 P101D，检查 DTC 判断结果：

如果结果显示"INCOMPLETE"或"N/A"，则再次执行图 4-80 中的步骤[B]至[E]；

如果结果显示"NORMAL"，则系统正常；

如果结果显示"ABNORMAL"，则进行下一步。

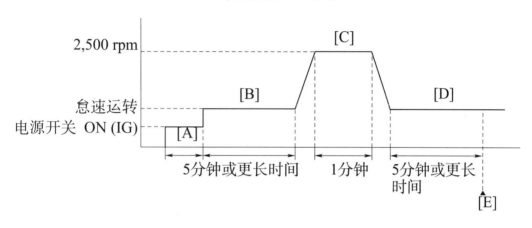

图 4-80　确认行驶模式操作方法

②检查空燃比传感器（加热器电阻）。

断开空燃比传感器连接器（图 4-81），用万用表测量传感器相关插脚之间的电阻，相关数据如下：

1（HA1A）—2（+B）：1.6~3.2Ω（20℃）；

1（HA1A）—4（A1A-）：≥10kΩ。

如果不符合规定，则更换空燃比传感器；如果符合规定，则进行下一步。

③检查插脚电压（空燃比传感器电源）。

图 4-81　空燃比传感器连接器

断开空燃比传感器连接器，将电源开关置于 ON（IG）位置，用万用表测量线束侧连接器 B15-2（+B）与车身搭铁之间的电压，应该为 11~14V。

如果异常，则维修或更换线束或连接器（空燃比传感器-EFI-MAIN 继电器）；如果正常，则进行下一步。

④检查线束和连接器（空燃比传感器-ECM）。

断开空燃比传感器连接器，断开 ECM 连接器（图 2-25），用万用表测量相关

插脚之间的电阻,相关数据如下:

B15-1(HA1A)—B26-23(HA1A):<1Ω;

B15-1(HA1A)或 B26-23(HA1A)-车身搭铁:≥10kΩ。

如果异常,则维修或更换线束或连接器;如果正常,则进行下一步。

⑤检查是否再次输出 DTC(DTC P0031、P0032 或 P101D)。

将 GTS 连接到 DLC3,将电源开关置于 ON(IG)位置,打开 GTS,清除 DTC,将电源开关置于 OFF 位置并至少等待 30s,将电源开关置于 ON(IG)位置,打开 GTS,按确认行驶模式中所述驾驶车辆,进入菜单 Powertrain/Engine and ECT/Trouble Codes,读取 DTC:

如果未输出 DTC,则检查是否存在间歇性故障;如果输出 DTC P0031、P0032 或 P101D,则更换 ECM。

4 实训要求

①认真思考每一步操作的理由,并与电路图进行对照。
②操作仔细、认真、规范,避免损坏设备。
③养成使用发动机舱防护罩、驾驶室卫生防护"三件套"的职业习惯。
④养成工具、零件、油液"三不落地"的汽车维修操作习惯。

小结

曲轴位置与转速传感器用于检测曲轴的位置和转速,根据其工作原理,有磁感应式、霍尔效应式、光电效应式、磁阻效应式等多种类型,其数量一般也不是一个,而是一套,在不同发动机上的安装位置及数量也不尽相同。磁感应式传感器的检测内容主要包括:感应线圈电阻值的检测、传感器间隙的检测、传感器输出信号的检测、传感器线路导通情况的检测等。霍尔效应式和光电效应式传感器的检测内容主要包括:工作电源的检测、信号参考电压的检测、传感器搭铁情况的检测、传感器输出信号波形的检测等。另外,还需要检测曲轴上传感器信号与凸轮轴上传感器信号的对应情况,从而判断凸轮轴正时皮带的安装是否有错位。

空气流量传感器用于检测发动机的进气量,有热线式、热膜式、卡门涡式和进气压力式等多种类型,所产生的信号也有电压型和频率型两种。进气温度传感器往往也设置于该传感器的内部。热线式、热膜式空气流量传感器都是利用换热原理制成的,大多输出电压信号,电压信号的高低反映了进气流量的大小;

卡门涡式传感器是利用卡门涡流现象制成的，输出的信号一般为方波频率信号，频率的大小代表了空气流量的大小；进气压力传感器属于间接测量式空气流量传感器，即通过测量进气歧管内的绝对压力来计算发动机的进气量，所输出的信号有电压型和方波频率型两种。空气流量传感器的检查内容主要包括：传感器供电电压的检查、信号电压（或频率）的检查、传感器与 ECU 之间线路的检查、传感器搭铁情况的检查、传感器信号参考电压的检查等。

节气门位置传感器（TPS）用于检测节气门的开度及其变化，ECU 利用其信号对喷油量、点火正时、怠速等进行修正控制，另外，节气门位置传感器还是自动变速器换挡控制的主要传感器之一，对自动换挡影响重大。节气门位置传感器按结构大致可分为触点开关式、滑线电阻式、复合式和霍尔效应式四种。采用全电子节气门的发动机还需要另外增设一个加速踏板位置传感器，发动机 ECU 利用该传感器的信号来控制全电子节气门的开度。节气门位置传感器及加速踏板位置传感器的检查内容主要包括：信号参考电压和搭铁情况的检查、传感器触点情况的检查、传感器电源电压的检查、滑线电阻器的检查、传感器线束及连接器的检查等。

冷却液温度传感器（CTS）用于检测发动机冷却液的温度，进气温度传感器（ATS）用于测量发动机的进气温度。两种传感器的结构和工作原理都大同小异，一般都采用了负温度系数（NTC）热敏电阻。当冷却液温度传感器和进气温度传感器的信号超出正常范围时，ECU 会在储存相应故障代码的同时，进入失效保护模式，以维持发动机继续运转。两种传感器的检查方法也没有多大差别，一般都可以用万用表直接测量其电阻随温度的变化情况，另外还需要测量传感器与 ECU 之间的线路连接情况。

爆震传感器用来检测发动机的爆震情况，ECU 利用其信号来对点火正时进行闭环控制。爆震传感器一般都通过检测发动机缸体或缸盖的振动状态来判断发动机的爆震情况，根据工作原理的不同，有压电式和磁致伸缩式两种类型。爆震传感器的检查内容一般包括：读取爆震传感器的反馈数据、检查 ECU 提供的工作电压、检查爆震传感器与 ECU 之间的线路情况、测量传感器的电阻等。

氧传感器用来检测废气中残余氧气含量，从而判断混合气的浓度，以便 ECU 对喷油量实施"闭环调节"。有些汽车装有主、副两个氧传感器，主氧传感器用于喷油量的"闭环调节"，副氧传感器则用于三元催化器工作状态的监测。

氧传感器有氧化锆（ZrO_2）式和氧化钛（TiO_2）式两种类型，其中氧化锆式又分为加热型与非加热型两种，氧化钛式一般都为加热型。

空燃比传感器也是一种氧传感器,但其工作范围更宽,因而可以提高ECU对混合气浓度的调节范围和调节精度。

氧传感器的检查内容包括:加热控制电路的检查、氧传感器信号的检查、"闭环调节"功能的检查等。

复习思考题

一、判断题

1. 霍尔效应式、光电效应式、磁阻效应式传感器输出的是方波信号。（   ）
2. 丰田汽车发动机依靠Ne信号和G信号的组合来判断各缸的上止点。（   ）
3. 大众汽车发动机的相位传感器用于检测发动机的转速。（   ）
4. 所有空气流量传感器输出的都是模拟电压信号。（   ）
5. 空气流量传感器往往与进气温度传感器制为一体。（   ）
6. 一般情况下,利用万用表检测节气门位置传感器连接器相应端子之间的电阻值,即可判断其故障。（   ）
7. 触点开关式节气门位置传感器输出的是简单的开关信号,可以用于判断发动机的怠速、大负荷等几个简单的工况点。（   ）
8. 冷却液温度传感器由发动机ECU提供5V工作电压,因此工作时的信号电压始终为5V。（   ）
9. 冷却液温度传感器和进气温度传感器的安装位置大不相同,因此其结构和工作原理也都不大相同。（   ）
10. 爆震传感器信号不会对喷油量产生影响。（   ）
11. 所有爆震传感器的结构和工作原理都大同小异。（   ）
12. 氧传感器是实施喷油量"闭环调节"的专用传感器,其信号不会影响点火正时。（   ）
13. 有些汽车采用主、副两个氧传感器,其副氧传感器为后备氧传感器,目的是提高发动机工作的可靠性。（   ）

二、选择题

1. 电控发动机常用的曲轴位置与转速传感器类型为(   )。
   A. 光电效应式　　　　　　　　B. 磁感应式
   C. 霍尔效应式　　　　　　　　D. 磁阻效应式

2. 可以测量电阻的传感器是( )。
   A. 光电效应式　　　　　　　B. 磁感应式
   C. 霍尔效应式　　　　　　　D. 磁阻效应式
3. 需要测量供电电源的传感器是( )。
   A. 光电效应式　　　　　　　B. 磁感应式
   C. 霍尔效应式　　　　　　　D. 磁阻效应式
4. ECU利用节气门位置传感器的信号来判别发动机的工况及其变化,从而进行( )控制。
   A. 怠速加浓　　　　　　　　B. 加速加浓
   C. 大负荷加浓　　　　　　　D. 怠速转速稳定
5. 在检测节气门位置传感器电源电压时,在接通点火开关的条件下,电压约为( )。
   A. 5V　　　　　　　　　　　B. 4.5V
   C. 15V　　　　　　　　　　 D. 12V
6. 节气门中等开度时:IDL端子和PSW端子与搭铁端子之间的电阻值都应为( )。
   A. 无穷大　　　B. 0Ω　　　C. 12Ω　　　D. 15Ω
7. 冷却液温度传感器信号不但能够影响发动机的工作性能,而且还能影响( )等的正常工作。
   A. 自动变速器　　B. 汽车空调　　C. 灯光仪表　　D. ABS
8. 以下哪种故障现象可能与冷却液温度传感器信号关系不大?( )
   A. 起动困难　　　B. 油耗过大　　C. 动力不足　　D. 怠速不稳
9. 检测发动机爆震的方法主要包括( )、( )、( )。
   A. 检测发动机燃烧室压力的变化　　B. 检测混合气燃烧噪声的变化
   C. 检测发动机缸体振动状态的变化　　D. 检测发动机功率的变化
10. 按结构和工作原理的不同,爆震传感器可分为( )、( )两种。
    A. 压电式　　　　　　　　　B. 磁致伸缩式
    C. 光电效应式　　　　　　　D. 霍尔效应式
11. 爆震传感器中压电元件所承受的压力增大时,所产生的电压将( )。
    A. 增大　　　　B. 减小　　　　C. 不变

三、简答题

1. 对照图4-14说明丰田卡罗拉8ZR-FXE发动机曲轴位置与凸轮轴位置传

感器的检测步骤。

2. 凸轮轴正时皮带安装错位，可以利用示波器通过对照曲轴与凸轮轴传感器信号波形的方法检测出来，为什么？

3. 结合图4-30，说明丰田卡罗拉车型空气流量传感器的检查步骤。

4. 如果可以用汽车故障诊断仪读取数据流，在上述各项目的实训步骤中，哪些步骤可以省略？

5. 对照图4-47，说明丰田卡罗拉8ZR-FXE发动机节气门位置传感器的检查流程。

6. 说明丰田卡罗拉8ZR-FXE发动机加速踏板位置传感器的检查流程。

7. 冷却液温度传感器失效保护模式采用低温假设，会造成排放污染的过度增大，但可以确保低温顺利起动，为什么？

8. 在丰田卡罗拉车型冷却液温度传感器检查中，短接传感器连接器两个插脚后，读取的冷却液温度数据应为140℃或以上，请结合冷却液温度传感器的工作原理说明理由。

9. 在发动机运转过程中，如果没有发生爆震，爆震传感器是否同样会产生信号？为什么？

10. 在拆下爆震传感器的情况下，能否利用示波器单独检测爆震传感器的信号？如果能，怎么操作？请结合爆震传感器工作原理说明理由。

11. 如何利用诊断连接器（诊断座）上OX1、OX2、VF1、VF2端子的电压检查丰田汽车氧传感器的工作状态？

学习任务五
喷油器及其控制电路的检测与维修

> **学习目标**
>
> 1. 了解燃油喷射系统的组成与工作原理;
> 2. 掌握喷油器的结构、种类与工作原理;
> 3. 掌握喷油器控制电路的类型与工作原理;
> 4. 掌握喷油器的清洗、检测与故障诊断方法;
> 5. 掌握喷油器控制电路的检测与故障诊断方法。

一、任务引入

喷油器安装在各缸的进气歧管处,在 ECU 的控制下定时、定量地以雾状向各缸进气门喷射燃油。喷油开始时刻一般在进气门开启之前,喷油量由喷油持续时间决定,而喷油持续时间则由 ECU 根据发动机的进气量、转速、冷却液温度、节气门开度、氧等传感器的信号进行控制。

当喷油器发生阻塞、不能开启、喷出的燃油不能形成雾状时,一般都会造成发动机运转不稳甚至不能运转;当喷油器发生滴漏等故障时,还会造成油耗过大甚至排气冒黑烟等现象。

喷油器控制电路的短路、断路故障也时有发生,并由此引发喷油器不能喷油或接续喷油,造成发动机不能起动、运转不稳或排气严重冒黑烟等现象。

可见,对喷油器及其控制电路进行检测与维修是电控发动机维修的一项重要内容。

二、任务分析

喷油器内部断路、短路故障一般可以通过测量其电阻的方法进行判断,但阻塞、滴漏、喷出的燃油不能形成雾状等情况则需要在专门的喷油器清洗检测试验台上进行检测与修复。喷油器控制电路方面的故障则需要用万用表、试灯等工具进行检测。

三、相关知识

1 燃油喷射系统的类型

根据对发动机进气量检测方式的不同,燃油喷射系统可分为两种类型:L型(空气流量型或直接测量型)燃油喷射和D型(歧管压力型或间接测量型)燃油喷射。

L型燃油喷射:采用空气流量传感器(空气流量计)直接测量进气歧管中流入的空气量,如图5-1a)所示。特点是测量精度较高,动态响应较好,但传感器尺寸较大,成本较高。

D型燃油喷射:采用进气歧管压力传感器测量进气歧管压力,再结合发动机转速、进气温度等,通过计算确定进气歧管中流入的空气量,如图5-1b)所示。特点是测量精度和动态响应略差,但传感器尺寸较小,成本较低。

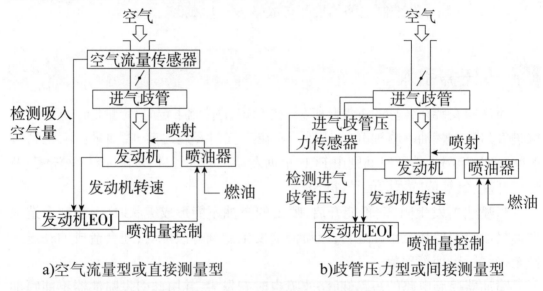

a)空气流量型或直接测量型　　　b)歧管压力型或间接测量型

图5-1　燃油喷射系统的类型

2 燃油喷射的方式

按照燃油的喷射位置,喷射方式大致分为三种类型:单点喷射(由1~2个喷油器向进气总管喷射)、多点缸外喷射(从进气道向各个进气门附近喷射)、多点缸内喷射(向各缸内部喷射)。

按照各喷油器的工作特点,喷射方式也大致分为三种类型:独立喷射、分组喷射和同时喷射。

独立喷射:按照各缸工作顺序(或点火顺序)依次独立喷射(图5-2上),例如按照1-3-4-2的点火顺序进行喷射。每个喷油器的喷油起始点:缸外喷射时,一一般为进气门开启之前;缸内喷射时,一般为进气过程之中。每次的喷油量为相应汽缸一个工作循环所需的燃油量。

分组喷射(组群喷射):将2~3个喷油器作为一组,同组内的喷油器同时喷射(图5-2中),例如1、3缸喷油器同时喷射;2、4缸喷油器同时喷射。分组喷射方式仅适用于缸外喷射,喷油起始点一般为同组汽缸中某个汽缸的进气门开启之前,每个喷油器每次的喷油量为相应汽缸一个工作循环所需的燃油量。

同时喷射:所有喷油器同时喷射(图5-2下)。同时喷射方式仅适用于缸外喷射,在这种情况下,曲轴每转一圈,各喷油器同时喷一次油,即每个工作循环所需的喷油量分两次喷入发动机。

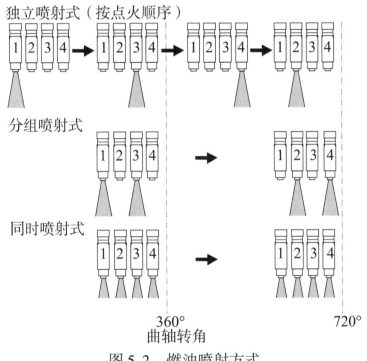

图5-2 燃油喷射方式

3 燃油喷射时间控制

由于喷油器前后压力差维持恒定,发动机ECU只需要控制喷射时间即可控制喷油量,喷射时间越长,喷油量越大。

喷射时间由两部分组成:喷射时间 = 基本喷射时间 + 校正喷射时间。

基本喷射时间:由发动机的进气量和转速确定,进气量越大、转速越低,基本喷射时间越长。

校正喷射时间:包括起动加浓校正、预热加浓校正、空燃比反馈校正、加速加浓校正、燃油切断控制、功率加浓校正、其他校正等,如图5-3所示。

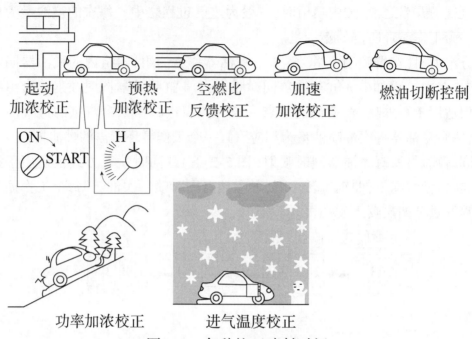

图 5-3　各种校正喷射时间

(1) 起动加浓校正。

由于起动时发动机的转速和进气量变化较大,难以用转速和进气量来确定喷油量,因此,起动时的燃油喷射时间一般由冷却液温度来决定。

冷却液温度由冷却液温度传感器来检测。冷却液温度越低,燃油的雾化性越差,喷射时间越长,从而得到越浓的混合气,如图5-4上所示。

发动机ECU一般设定有这样的功能:当发动机转速大于或等于400r/min时,才能起动发动机,即喷油器才开始喷油。

另外,当发动机负荷突然增加而导致转速突然降至400r/min以下时,ECU还具有滞后起动作用来阻止重新起动发动机,除非发动机转速降至200r/min,如图5-4下所示。

维修提示:如果冷却液温度传感器失灵,可能引起发动机起动困难。

(2) 预热加浓校正。

在冷机时,由于燃油不容易雾化,喷油量需要适当增加,从而获得较浓混合气,因此,发动机ECU将增加燃油喷射时间。随着冷却液温度的升高,燃油喷射时间的增加量逐步减少,如图5-5所示。

最大校正量是常温下的两倍。

维修提示:如果冷却液温度传感器失灵,可能引起发动机预热期间运转不良。

学习任务五　喷油器及其控制电路的检测与维修

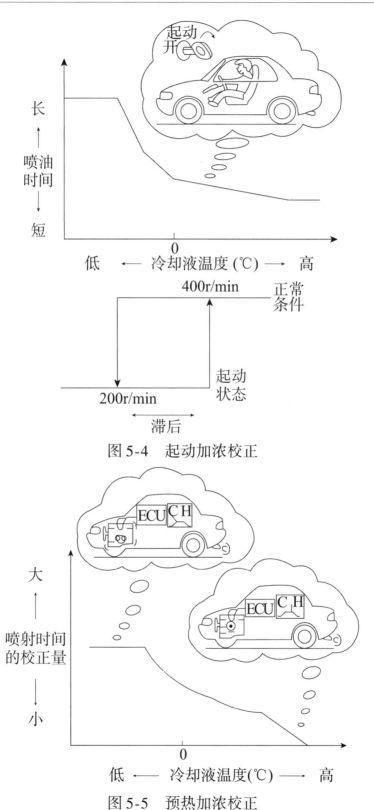

图 5-4　起动加浓校正

图 5-5　预热加浓校正

(3) 空燃比反馈校正。

空燃比为混合气中空气与燃料的质量之比。空燃比越大,表明混合气越稀;空燃比越小,表明混合气越浓。空气与燃料都正好完全燃烧时的空燃比称为理论空燃比(约为14.8)。

当发动机的工况没有较大的波动时,例如发动机预热后的怠速或汽车以恒定速度行驶,ECU将根据发动机的进气量和转速来供给燃油量,空燃比应该接近理论的空燃比值。

但是,在发动机实际工况中,由于受各种因素的影响(例如磨损、阻塞、传感器信号偏差等),有可能出现实际空燃比稍微偏离理论值的情况,因此,多数发动机都利用氧传感器来对空燃比进行校正。

如果从氧传感器的信号中断定空燃比高于理论值,则说明混合气偏稀,ECU将增加喷射时间,从而使混合气变浓;如果从氧传感器的信号中断定空燃比低于理论值,则说明混合气偏浓,ECU将减少喷射时间,从而使混合气变稀。如此循环,确保空燃比保持在理论值附近(这被称为闭环控制),如图5-6所示。

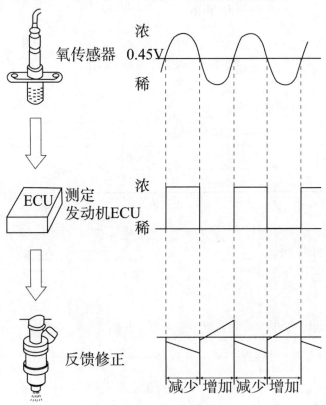

图 5-6　空燃比反馈校正

为防止催化器过热和保证发动机运转良好,空燃比反馈校正在以下情况下停止工作(即进行开环控制):

① 发动机起动时。
② 起动后加浓时。
③ 功率加浓时。
④ 当冷却液温度低于预定值时。
⑤ 当燃油切断时。
⑥ 当氧传感器持续无信号超过一定时间时。

对于没有氧传感器的汽车,则可使用可变电阻来进行空燃比校正(CO 排放校正),方法为:使发动机怠速运转,且冷却液温度正常,把电阻向右侧转,则混合气浓度变大,向左侧转,则混合气浓度变小,如图 5-7 所示。

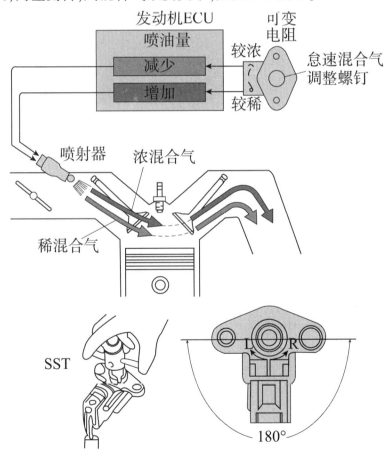

图 5-7 使用可变电阻进行空燃比校正(CO 排放校正)

对于配备了氧传感器的汽车,则取消了可变电阻,因为这些汽车可根据氧传感器信号自动调节空燃比。

(4) 加速加浓校正。

在汽车突然加速时,特别是在突然加速的开始阶段,由于燃料供应的增加滞后于进气量的增加,造成混合气瞬时变稀,有可能引起发动机暂时熄火或燃烧不良,使汽车产生加速不良现象(汽车明显"后坐"或颠簸)。

为了避免出现这个问题,在汽车突然加速时,发动机 ECU 会瞬时延长燃料喷射时间,增加喷油量,以防止混合气瞬时偏稀。

加速加浓校正的多少取决于节气门开度的变化速度:节气门开启越快,加浓校正越多,在加速开始阶段较多,到上限值后又会逐渐减少,如图 5-8 所示。

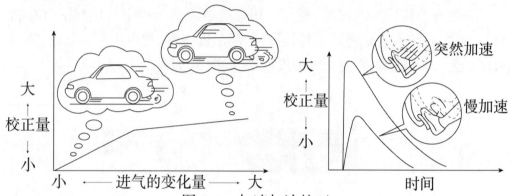

图 5-8 加速加浓校正

提示:如果节气门位置传感器失灵,可能引起发动机加速不良,特别是急加速不良。

(5) 燃油切断控制。

在减速过程中,为了减少有害气体的排放和增强发动机的制动效果,ECU 将根据减速的具体条件停止燃油喷射。

ECU 对减速状态的判断取决于节气门的开度和发动机转速:当节气门关闭且发动机转速较高(超过预定值)时,ECU 就判定汽车在减速,并进行燃油切断控制,停止燃油喷射;当发动机转速低于另一个预定值或者节气门开启时,将重新开始燃油喷射。

燃油切断控制的起始转速和终止转速还受冷却液温度的影响:当冷却液温度较低时,燃油切断转速和燃油重新喷射的转速将会增加,反之则降低,如图 5-9 所示。

此外,当打开空调开关时,为防止发动机转速下降或失速,燃油切断控制的起始转速和终止转速也会增加。

某些车型上,在制动过程中(停车灯开关闭合时),燃油切断控制的起始转速和终止转速会下降。

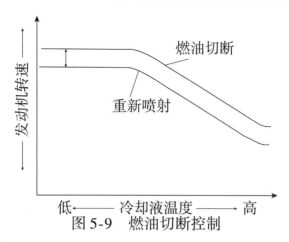

图 5-9　燃油切断控制

(6) 功率加浓校正。

在高负荷情况下,比如当汽车爬陡峭的山路时,发动机需要发出较大的功率,此时混合气稍浓一些则比较有利,为此,ECU 将适当增大喷油量。

ECU 对"高负荷"的判断依靠的是节气门的开度、发动机的转速和进气量。

进气量越多或发动机转速越高,功率加浓校正量越大;当节气门的开度大于预定值时,该校正量还会再增加。

功率加浓校正量最大值大约为 10%~30%。

(7) 进气温度校正。

由于空气密度随空气温度的变化而变化,因此,需要根据进气温度对喷油量进行校正,即根据进入汽缸中的空气温度来增加或减少燃料的量。

进气温度由进气温度传感器进行检测。发动机 ECU 将空气温度设定为标准值 20℃。当进气温度低于标准值时,空气密度增加,校正量也随之增加。进气温度高于标准值时,空气密度降低,校正量也随之减少,如图 5-10 所示。

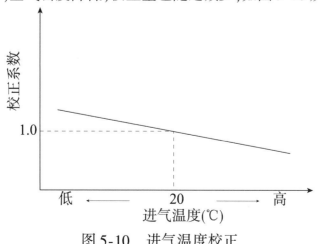

图 5-10　进气温度校正

进气温度校正仅用于采用体积流量型空气流量传感器的 L 型电控发动机和 D 型电控发动机。进气温度校正量最大值大约接近 10%。

对热线式空气流量传感器而言,由于其输出的信号直接为质量流量信号,其中已经包含了空气密度的影响,因此,不需进行进气温度校正。

(8)电压校正。

由于发动机 ECU 把喷射信号传给喷油器的时间和喷油器实际喷射燃料的时间之间存在一定的时间延迟[图 5-11a)],若蓄电池电压大幅降低,该时间延迟会增大,从而造成燃料的喷射时间缩短,喷油量减少,混合气变稀。

为了解决这个问题,发动机 ECU 设置了电压校正功能,根据蓄电池电压的降低而延长喷射时间以进行调节,如图 5-11b)所示。

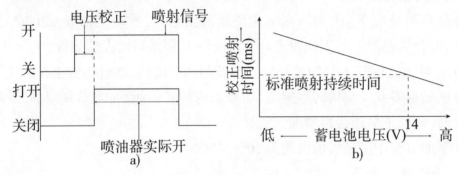

图 5-11 电压校正

4 喷油器的基本结构、类型及工作原理

喷油器实际上是一个电磁阀,其喷嘴对着进气门(多点缸外喷射),其尾部接燃油分配管。当发动机 ECU 以电脉冲的形式发出喷油指令后,喷油器内部的电磁线圈通电而产生磁性,使其喷孔开启,从而将燃油喷入发动机,如图 5-12 所示。当 ECU 的喷油指令结束后,喷孔又在复位弹簧作用下关闭,喷油过程立即停止。喷孔开启的持续时间(即喷油量)由 ECU 所发出的电脉冲的宽度决定。

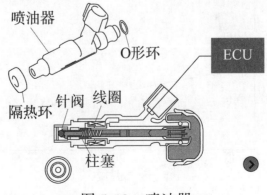

图 5-12 喷油器

喷油器的喷孔有孔式、轴针式、片阀式等多种类型,按照喷孔的数量,有单孔、双孔和多孔等类型。按照喷油器内部电磁线圈的电阻值来分,则有低阻值喷油器和高阻值喷油器两种类型,低阻值喷油器的电阻值一般为 2~3Ω,高阻值喷油器的电阻值一般为 13~17Ω。

喷油器头部装有橡胶隔热环,起隔热和密封作用(防止漏气);与燃油分配管连接的尾部则装有 O 形密封圈,用来防止漏油。喷油器尾部的内部制有滤网,用于对燃油进行喷射前的过滤。

5 喷油器的控制电路

1)喷油器的驱动方式

喷油器的驱动方式有两种:电压驱动方式和电流驱动方式。低阻值喷油器可以用电压驱动,也可以用电流驱动;高阻值喷油器只能用电压驱动。

(1)电压驱动方式。

电压驱动方式控制电路如图 5-13 所示。采用低阻值喷油器时,驱动电路中串联有附加电阻,见图 5-13a),采用高阻值喷油器时,驱动电路中则不需要串联附加电阻,见图 5-13b)。串接附加电阻的目的是为了防止由于低阻值喷油器电路的电阻过小、工作电流过大而造成喷油器烧坏。

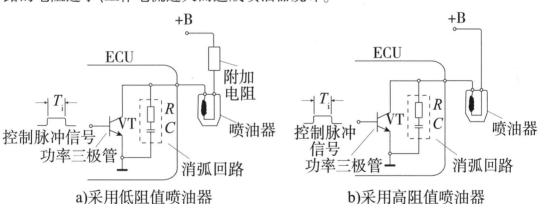

a)采用低阻值喷油器　　　　　b)采用高阻值喷油器

图 5-13　喷油器电压驱动电路

电压驱动式控制电路的工作原理很简单,电源电路向喷油器提供电源电压(12~14V),ECU 通过脉冲信号来控制功率三极管的导通与截止,从而控制喷油器电路的通、断。脉冲信号的宽度决定了喷油器电路的导通时间,即决定了喷油时间和喷油量。

由于喷油器电路被切断时,其电磁线圈会产生感应电动势,容易造成功率三极管被击穿,因此,电路中一般都设有消弧回路。

提示:功率三极管可能出现短路和断路两种情况:短路时,喷油器会连续喷油,发动机会冒黑烟或"淹死"火花塞而使某缸不工作;断路时,喷油器不喷油,发动机会因某缸不工作而运转不平稳。

附加电阻的连接方式有多种,所有喷油器可以共用一个附加电阻,也可以如图 5-14 所示那样独立配或分组配。

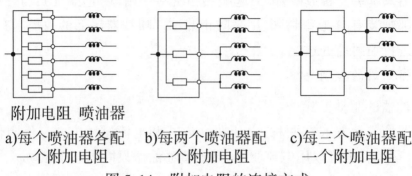

附加电阻 喷油器

a)每个喷油器各配　b)每两个喷油器配　c)每三个喷油器配
　一个附加电阻　　　一个附加电阻　　　一个附加电阻

图 5-14　附加电阻的连接方式

(2)电流驱动方式。

电流驱动方式控制电路如图 5-15 所示。由于采用了低阻值喷油器,其电磁线圈的电感较小,电路中又没有配附加电阻,所以在电路接通后,电流上升很快,可以有效缩短喷油器打开的滞后时间,从而提高了喷油器的动态效应。但是,由于电路中的电阻较小,电流会过大从而烧坏喷油器及 ECU 内部的功率三极管,为此,在电路中设有电流检测电阻(反馈电阻),其上的电压降反映了喷油器的工作电流。该电压降反馈到电流控制回路中,再由电流控制回路对功率三极管的导通程度进行反馈控制,从而控制了喷油器的工作电流,防止了因电流过大而烧坏喷油器。

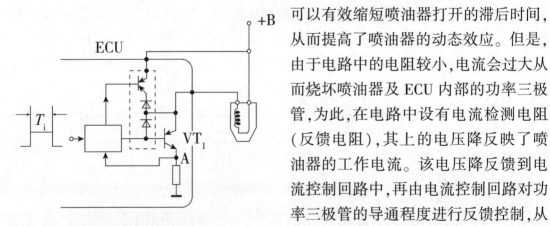

图 5-15　喷油器电流驱动电路

2)喷油器的控制电路

发动机工作时,各种传感器将检测到的信息送往 ECU,ECU 经运算判断后输出控制信号,控制功率三极管的导通与截止。当功率三极管导通时,即接通喷油器电路,喷油器打开而开始喷油。当功率三极管截止时,切断喷油器电路,喷油器关闭而停止喷油,如图 5-16 所示。但是,由于各缸的燃油有独立喷射、分组喷射和同时喷射三种喷射方式,相应的控制电路也存在一定的差别。

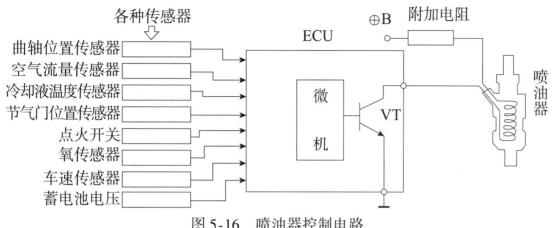

图 5-16　喷油器控制电路

（1）独立喷射式。

由于各缸喷油器按照发动机的工作顺序进行独立喷射，控制各喷油器的功率三极管也相互独立，ECU 中功率三极管及控制回路的数量等于喷油器的数量，如图 5-17 所示。在这种情况下，一个功率三极管或控制回路发生故障，只会影响一个汽缸的工作。

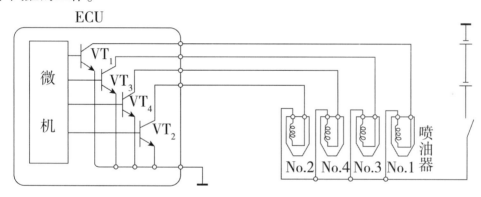

图 5-17　独立喷射式喷油器控制电路

（2）分组喷射式。

由于各缸喷油器进行分组喷射，同组内的喷油器同时喷射燃油，因此，同组内的喷油器可以由同一个功率三极管进行控制，ECU 内功率三极管的数量等于喷油器分组的数量，如图 5-18 所示。在这种情况下，一个功率三极管发生故障，将会影响同一组内所有汽缸的工作。

（3）同时喷射式。

由于所有喷油器同时喷油，因此，所有喷油器可以由同一个功率三极管进行控制，ECU 内只需要设置一个功率三极管即可，如图 5-19 所示。在这种情况下，该功率三极管发生故障，将会影响所有汽缸的工作。

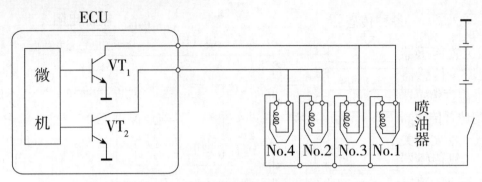

图 5-18　分组喷射式喷油器控制电路

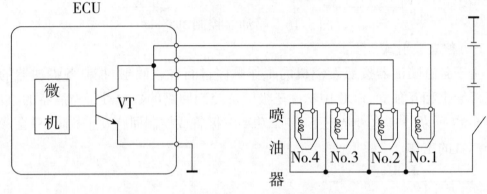

图 5-19　同时喷射式喷油器控制电路

四、任务实施

1　实训目的

①掌握喷油器的检查、检测、清洗技能。
②掌握喷油器控制电路的检查技能。

2　设备准备

喷油器4只；喷油器清洗检测实验台一台；混动版丰田卡罗拉一辆或电控发动机台架一台；丰田检测仪（GTS）一台；丰田汽车燃油系统维修工具一套；万用表一只；普通工具一套；发动机舱防护罩一套；驾驶室卫生防护"三件套"一套。

3　实训步骤

1）喷油器的检查与诊断

（1）测喷油器的电阻值。

拔下喷油器插头，用万用表测喷油器两插脚之间的电阻值，应符合维修手册的要求（低阻值喷油器的电阻值一般为 $2\sim3\Omega$，高阻值喷油器的电阻值一般为 $13\sim17\Omega$）。如不符合要求，则更换喷油器。

（2）检查喷油器的工作情况。

起动发动机，并用手触摸喷油器外表，应能感受到喷油器因开闭而产生的振动，用触杆式听诊器还能听到喷油器工作的声音。

如果感受不到喷油器的振动，或听不到喷油器工作的声音，则可以用人工通电的方法进行测试。方法为：拔下喷油器电插头，将喷油器的一个插脚接12V电源（对于低阻值喷油器，电路中应串联一个10Ω左右的电阻，或从喷油器原插头中获取电源），另一个插脚间断碰触搭铁，应能够听到喷油器发出的"咔嗒"声，否则，更换喷油器。

如果用人工通电的方法进行测试时，喷油器正常，但起动发动机时，喷油器不工作，则说明喷油器控制电路存在故障，应进行喷油器控制电路检查。

2）喷油器的清洗

喷油器的清洗有离车清洗和就车清洗两种方式。

（1）离车清洗。

将各喷油器从发动机上拆下来，并装在喷油器清洗检测实验台上，按照清洗检测实验台的操作说明进行清洗与检测。

该方法的优点是可以清楚地看到喷雾的形状，可以检测各喷油器的喷油量及喷油量的均匀性，还可以检测喷油器的滴漏情况，清洗的效果比较直观。

该方法的缺点是需要从发动机上拆下喷油器，且只能对喷油器本身进行清洗，不能清洗燃料供给系统的油路污物。

喷油器清洗检测实验台的外形如图5-20所示。由于喷油器的内部有滤芯，为了保证清洗效果，最好采用先反向清洗，再正向清洗的方式进行清洗。

维修提示：喷油器的O形圈不可重复使用。安装O形圈时，应先将其涂上汽油。把喷油器向输油管上安装时，小心不要损坏O形圈。把喷油器安装到输油管上后，用手转动喷油器。若喷油器旋转不平滑，则说明O形圈已经损坏。

（2）就车清洗。

专用的就车清洗机内装有加了除炭剂的燃油和电动燃油泵，可将清洗机的连接管与发动机燃油总管上的油压检测口及油压调节器回油管连接，如图5-21所示。同时断开汽车上的燃油泵电路（拔下燃油泵熔断丝即可），然后接通清洗机的电动燃油泵电路，起动发动机并以2000r/min左右的转速保持运转，约10min即可完成清洗。

这种方法的优点是不需要拆卸喷油器，且可以同时清洗油路污物；缺点是清洗效果不够直观，只能通过发动机的运转状况是否改善来进行判断。

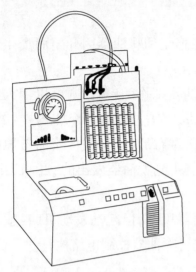
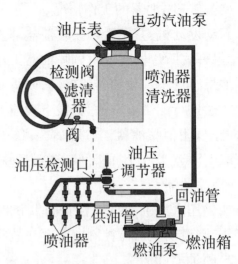

图 5-20　喷油器清洗检测试验台　　图 5-21　就车清洗机及其连接方法

另外还有一种就车清洗方法：不用清洗机，直接在油箱中加入清洗剂，在汽车使用一段时间后即可完成油路的整体清洗。不过，由于清洗剂的存在，会破坏发动机汽缸的润滑油膜而增加发动机的磨损，因此，最好在油箱中油量较少时再使用该方法。

3）喷油器控制电路的检查

（1）喷油器电源供给情况检查。

拔下喷油器电插头，接通点火开关，用万用表测插头中电源脚的搭铁电压，应为 12V。否则，检查电源电路。

（2）喷油器与 ECU 的连接情况检查。

用万用表测喷油器插头中控制插脚与 ECU 相应插脚之间的连接情况，应该导通，否则，查找断路点。

用万用表测喷油器插头中控制插脚与搭铁之间的电阻，应该不通，否则说明控制线路与搭铁之间有短路故障或 ECU 内部功率三极管发生短路故障，这种短路会造成喷油器连续喷油，引起发动机冒黑烟、运转不稳或不能起动等。

短路点的确定：拆下发动机 ECU 插头，再次用万用表测喷油器插头中控制插脚与搭铁之间的电阻，如果仍然导通，则说明短路点在控制线路中；如果不再导通，则说明 ECU 内部功率三极管短路，应更换发动机 ECU。

4）喷油量的检查

喷油器的喷油量随发动机工况的变化而变化，可以用解码仪读数据流功能（第九章中将介绍）读取喷油脉宽的变化，从而判断喷油量的变化。

学习任务五　喷油器及其控制电路的检测与维修

这种操作主要用于判断传感器方面的故障,例如冷却液温度变化时,喷油脉宽却没有发生变化,则说明冷却液温度传感器存在故障;人为改变进气压力传感器的压力,喷油脉宽没有发生变化,则说明进气压力传感器可能存在故障。

4 混动版丰田卡罗拉 8ZR-FXE 发动机喷油器控制电路检查

混动版丰田卡罗拉 8ZR-FXE 发动机喷油器控制电路如图 5-22 所示。如果喷油器不工作,可以按照以下步骤进行检查。

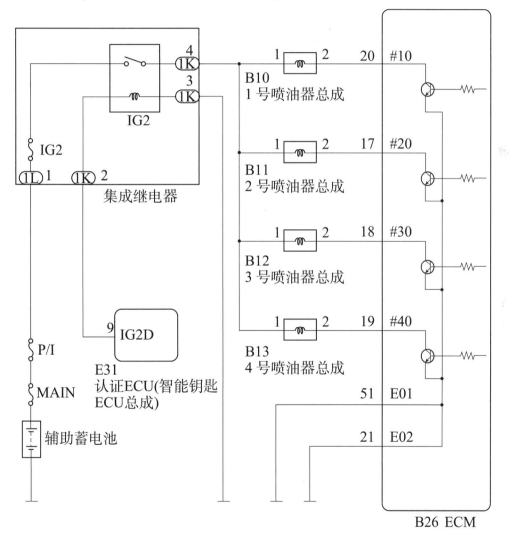

图 5-22　混动版丰田卡罗拉 8ZR-FXE 发动机喷油器控制电路

1)检查喷油器供电情况

断开喷油器总成连接器(图 5-23),将电源开关置于 ON(IG)位置,用万用表测量 B10-1、B11-1、B12-1、B13-1—车身搭铁之间的电压,均

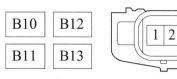

图 5-23　喷油器总成连接器

应为11~14V。

如果异常,则进行步骤4);如果正常,则进行下一步。

2)检查喷油器总成

(1)测量喷油器电阻值。

测量喷油器两插脚之间的电阻,电阻值应该为:11.6~12.4Ω(20℃)。

如果不正常,则更换喷油器总成。如果正常,则进行下一步。

(2)检查喷油器工作情况。

①检查喷油器的喷油量。

注意:在通风良好的区域进行检查,且附近不要有明火。

用软管箍带(SST)将燃油管连接器(SST)连接到软管(SST)上,然后将其连接到燃油管(车辆侧)上,如图5-24所示。

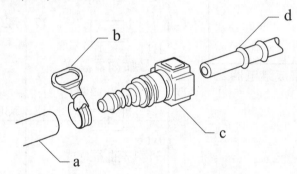

图5-24 连接燃油管连接器

a-SST(软管);b-SST(软管箍带);c-SST(燃油管连接器);d-燃油管(车辆侧)

小心:由于燃油管连接器(SST)O形圈用于密封燃油管连接器(SST)和燃油管(车辆侧)之间的连接部位,所以应确保其未损坏且无异物黏附。

在新O形圈上涂抹一薄层汽油,并将其安装到喷油器总成上,将SST(适配工具)和SST(软管)连接到喷油器总成上,并用SST(卡夹)固定喷油器总成和接头,将乙烯管安装到喷油器总成上(注意:乙烯管尺寸要合适,以防止燃油喷出),如图5-25所示。

用SST(束带)将SST(卡夹)和SST(适配工具)系在一起,如图5-26所示。

小心:由于SST(束带)无法完全防止SST(卡夹)松动,因此,使用时避免零件遭受任何冲击。使用SST(束带)前,确保其无磨损、损坏或破裂。如果有任何异常,则更换SST(束带)。

检查并确认SST(卡夹)和SST(适配工具)不会轻易分离。将喷油器总成放入量筒,操作燃油泵总成,方法如下:

将 GTS 连接到 DLC3,将电源开关置于 ON(IG)位置,并打开 GTS,进入菜单 Powertrain/Engine and ECT/Active Test/Control the Fuel Pump/Speed,按下"执行"按钮(燃油泵开始运转),检查并确认能听到燃油箱总成中燃油流动的声音。

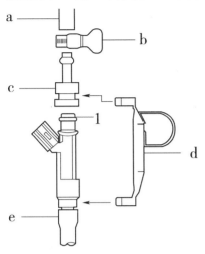
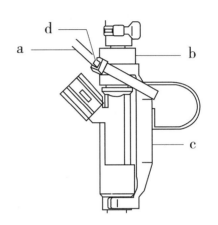

图 5-25　连接喷油器总成
1-O 形圈;a-SST(软管);b-SST(软管箍带);c-SST(适配工具);d-SST(卡夹);e-乙烯管

图 5-26　将卡夹和适配工具系在一起
a-SST(束带);b-SST(适配工具);c-SST(卡夹);d-锁止

将 SST(EFI 检查线 H)连接到喷油器总成和辅助蓄电池上 15s,并用量筒测量喷油量。测试各喷油器总成 2~3 次,如图 5-27 所示,每 15s,喷油器的喷油量应为 60~73cc,各喷油器总成间的差值应≤13cc。

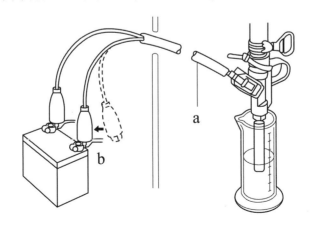

图 5-27　喷油器检查
a-SST(EFI 检查线 H);b-连接

注意：确保SST(EFI检查线H)连接牢固；务必在辅助蓄电池侧而不是在喷油器总成侧进行通电和断电操作。

如果结果不符合规定，则更换喷油器总成。

②检查喷油器是否泄漏。

从辅助蓄电池上断开SST(EFI检查线H)，并检查喷油器总成是否存在燃油泄漏。

标准滴油量：每25min≤1滴。

如果结果不符合规定，则更换喷油器总成。

检查并确认燃油系统没有泄漏，将电源开关置于OFF位置，从DLC3上断开GTS。

以上检查如果发现异常，则更换喷油器总成；如果正常，则进行下一步。

3）检查线束和连接器（喷油器总成-ECM）

断开喷油器总成连接器，断开ECM连接器（图2-25），用万用表测量相关插脚之间的电阻（图5-22），相关数据如下：

B10-2—B26-20(#10)：<1Ω；

B11-2—B26-17(#20)：<1Ω；

B12-2—B26-18(#30)：<1Ω；

B13-2—B26-19(#40)：<1Ω；

B10-2 或 B26-20(#10)—车身搭铁：≥10kΩ；

B11-2 或 B26-17(#20)—车身搭铁：≥10kΩ；

B12-2 或 B26-18(#30)—车身搭铁：≥10kΩ；

B13-2 或 B26-19(#40)——车身搭铁：≥10kΩ。

如果异常，则维修或更换线束或连接器；如果正常，则按照故障症状表检查可疑部位（见第十一章）。

4）检查线束和连接器[喷油器总成-集成继电器(IG2继电器)]

断开喷油器总成连接器，从发动机室1号继电器盒和1号接线盒总成上拆下集成继电器(IG2继电器)，用万用表测量相关插脚之间的电阻（图5-22），相关数据如下：

B10-1—1K-4：<1Ω；

B11-1—1K-4：<1Ω；

B12-1—1K-4：<1Ω；

B13-1—1K-4：<1Ω；

B10-1 或 1K-4—车身搭铁：≥10kΩ；

B11-1 或 1K-4—车身搭铁：≥10kΩ；

B12-1 或 1K-4—车身搭铁：≥10kΩ；

B13-1 或 1K-4—车身搭铁：≥10kΩ。

如果异常，则维修或更换线束或连接器；如果正常，则检查 ECM 电源电路（见第八章）。

5 实训要求

①熟练、规范操作相关仪器设备。

②操作过程仔细、规范，避免伤害相关连接器等零部件。

③能够将故障诊断各操作步骤与电路图联系起来，明确在电路图中的测量位置。

④习惯使用驾驶室卫生防护"三件套"、发动机舱防护罩等汽车防护物品，养成良好职业习惯。

小结

喷油器用于定时、定量地以雾状向各缸进气门喷射燃油。按照各喷油器的工作特点，喷射方式大致分为独立喷射、分组喷射和同时喷射三种类型。

喷射时间由两部分组成：喷射时间 = 基本喷射时间 + 校正喷射时间。

按电磁线圈电阻值的不同，喷油器有低阻值型和高阻值型两种，喷油器的驱动方式也有电压驱动方式和电流驱动方式两种。低阻值喷油器可以用电压驱动，也可以用电流驱动；高阻值喷油器则只能用电压驱动。

喷油器检查与诊断的内容包括：测喷油器的电阻值、检查喷油器的工作情况、喷油量的检查等，喷油器的清洗有离车清洗和就车清洗两种方式。

喷油器控制电路的检查内容包括：喷油器电源供给情况检查、喷油器与 ECU 的连接情况检查等。

复习思考题

一、判断题

1. 高阻值喷油器可以采用电流驱动方式。（　　）

2. 低电阻喷油器既可采用电流驱动方式，又可采用电压驱动方式。（　　）

3. 采用电流驱动方式时，喷油器的喷油滞后期较长。（　　）

4. 喷油器的喷油动作和ECU发出的喷油脉冲信号完全同步。（   ）

5. 为保证喷油器正常工作,应定期清洗喷油器。（   ）

二、选择题

1. 节气门开度较大时,喷油量需要在基本油量的基础上适当加大,增大的这部分油量属于(   )油量。

    A. 怠速加浓校正　　　　　　B. 加速加浓校正

    C. 功率加浓校正　　　　　　D. 电压校正

2. 所有喷油器都由同一个功率三极管控制的喷油方式是(   )。

    A. 独立喷射式　　　　　　　B. 分组喷射式

    C. 同时喷射式　　　　　　　D. 复合喷射式

三、简答题

1. 对照图5-22,说明丰田卡罗拉8ZR-FXE发动机喷油器控制电路检查流程中每一步在电路中的对应位置。

2. 简述燃油切断控制的原因及方法。

3. 低阻值喷油器为什么不能直接接蓄电池电源进行测试?

学习任务六

点火系统故障诊断

> **学习目标**
>
> 1. 了解发动机对点火正时的控制要求;
> 2. 掌握点火系统有关部件的结构与工作原理;
> 3. 掌握点火正时控制方法与点火确认信号的产生;
> 4. 了解各缸独立点火与双缸同时点火基本原理;
> 5. 掌握点火系统故障诊断与排除方法。

一、任务引入

现代汽车广泛采用了无分电器 ECU 控制点火系统,又称为直接点火系统如图 6-1 所示,其中,ECU 不仅要控制点火正时,还要控制点火顺序。由于系统中没有任何可运动的机械装置,因而机械运动与磨损方面的故障被彻底消除。

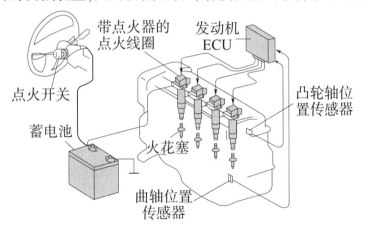

图 6-1 直接点火系统的组成

点火系统常见的故障有点火中断、点火缺失、点火正时不当等,出现这些故障,往往会造成发动机不能运转或运转不良。

二、任务分析

点火系统主要由各种传感器、发动机 ECU、点火器、点火线圈、火花塞等组成,其中任何一个部件不良或故障,都有可能造成发动机运转不良或不能运转。

三、相关知识

1 发动机对点火正时的控制要求

为了使发动机在最理想的状态工作,要求点火正时能够随工况的变化而变化,要求发动机 ECU 总是按照最佳点火正时的要求控制点火正时,为此,发动机 ECU 内都会有类似于图 6-2 所示的点火正时脉谱图。

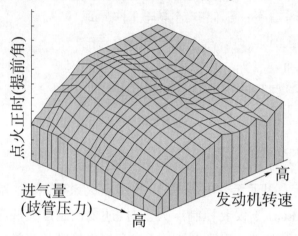

图 6-2　点火正时脉谱图

影响最佳点火正时的因素主要有如下 4 个方面:

1) 发动机的转速

转速升高时,燃烧所占的曲轴转角增大,点火正时应随之提前;反之,转速降低时,点火正时应该随之推后,如图 6-2 所示。

2) 发动机的负荷

负荷增大时,进气量增大,新鲜混合气密度增加,燃烧加快,点火正时应该随之推后;反之,负荷减小时,点火正时应随之提前,如图 6-2 所示。但为了避免怠速不稳,怠速时的点火提前量必须减小甚至为零。

3) 爆震

爆震是由于燃烧过程中末端混合气的自燃造成的。轻微的爆震可以改善燃油经济性和动力性,但过度爆震会产生众多不利影响,比如燃油消耗增大、动力下降、发动机过热等。

点火提前角增大时,产生爆震的倾向也增大,因此,当发动机产生持续爆震时,应逐步减小点火提前角,爆震消除后,再逐步恢复原有点火提前角。在一般情况下,发动机处于爆震与不爆震的临界状态时,动力性能最佳。

4) 发动机水温(冷却液温度)

发动机水温较低时,燃烧较慢,要求点火正时适当提前。

2 发动机 ECU 对点火正时的控制方式

发动机 ECU 对点火正时的控制主要分为两个阶段:起动点火控制和起动后点火控制。

1) 起动点火控制

起动发动机时,由于转速及进气流量极不稳定,ECU 很难通过计算来确定最佳点火正时,因此,往往会以固定的点火正时(初始点火提前角)进行点火,此时的点火提前角一般不超过 10°。

2) 起动后点火控制

即发动机起动后正常运转时的点火控制。此时的点火正时由三个部分组成:

点火正时 = 初始点火正时 + 基本点火正时 + 校正点火正时

基本点火正时:由 ECU 根据发动机负荷和转速参照图 6-2 所示的脉谱图计算而出,但怠速时,基本点火正时仅与转速有关。

有些车型上,ECU 的内部存有两套点火正时脉谱图,以适应不同燃油辛烷值的需要。

校正点火正时主要包括以下几个方面:

(1) 预热校正。

当发动机水温太低时,点火正时需要适当提前,如图 6-3 所示。在极冷的条件下,通过该校正功能可将点火提前大约 15°。

(2) 过热校正。

当发动机水温过高时,为了防止发生爆震或进一步过热,点火正时需要适当推后,如图 6-4 所示。这种校正最多可使点火推后 5°。

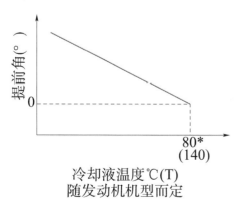

图 6-3 点火正时的预热校正

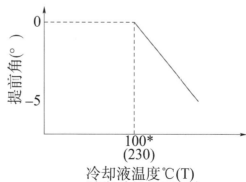

图 6-4 点火正时的过热校正

(3) 怠速稳定性校正。

怠速时,如果发动机的转速偏离了目标值,ECU 将会通过适当调节点火正时的方式稳定转速:如果转速低于目标值,ECU 会使点火适当提前;如果转速高于目标值,ECU 会将点火适当推后,如图 6-5 所示。通过这种校正,点火正时的变化值最大为 ±5°。

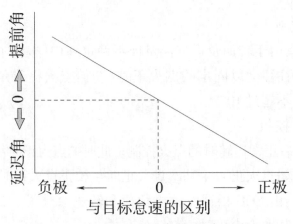

图 6-5　点火正时的怠速稳定性校正

(4) 爆震校正。

发动机出现爆震时,ECU 会根据爆震传感器信号的大小或频率来判断爆震的强度,并对点火正时进行适当延迟。

爆震较强时,点火正时延迟较多;当爆震较弱时,点火时间延迟较少;爆震停止时,点火正时便停止延迟,有时还会将点火正时稍微提前,直到再次发生爆震,然后再重新开始延迟,如图 6-6 所示。通过这种修正,点火正时的延迟最大为 10°。

(5) 其他校正。

扭矩控制校正:配备电控自动变速器的汽车进行自动换挡时,由于发动机瞬时空载而使转速升高,因此会造成一定的换挡冲击。为了减小这种冲击,某些车型的发动机会在换挡时适当延迟点火,以降低发动机的扭矩。

转换校正:当汽车从减速转换为加速时,点火正时需要提前,以便满足加速过程的需要。

巡航控制校正:当汽车以巡航状态行驶时,如果遇到下坡,巡航控制 ECU 会发出一个信号给发动机 ECU,发动机 ECU 则适当延迟点火,以减小发动机的扭矩,从而利于车速的稳定。

驱动防滑控制校正:驱动防滑控制系统工作时,为了降低发动机的扭矩,点火正时适当延迟。

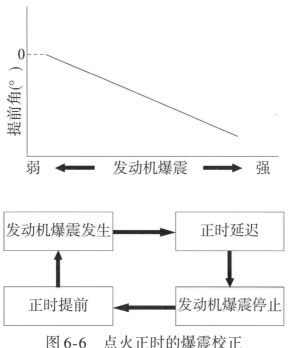

图 6-6 点火正时的爆震校正

最大和最小提前角控制：当 ECU 计算得出的点火正时超出正常范围时，实际点火正时则选为规定的最大或最小值，从而防止发生事故或影响发动机的工作性能。

3 点火系统有关部件的结构与工作原理

1）点火线圈与点火器

点火线圈的初级和次级线圈都环绕在铁芯上，次级线圈的匝数大约是初级线圈的 100 倍。初级线圈的一端连接在点火器上，次级线圈的一端连接在火花塞上。两个线圈各自的另一端则连接在蓄电池上，如图 6-7 所示。

点火器的功率三极管导通时，初级电路接通，有电流通过初级线圈，在线圈周围产生磁力线，该磁力线也穿过次级线圈，如图 6-8 所示。

点火器的功率三极管截止时，初级电流被切断，线圈周围的磁力线消失，次级线圈因互感效应产生约 30kV 的高压电动势（次级电压），该高压电动势被送往火花塞，使火花塞因放电而产生电火花，如图 6-9 所示。

现代汽车上，点火器一般与点火线圈制为一体，主要有两个方面的功能：其一，根据发动机 ECU 发来的控制信号（丰田公司称为 IGT 信号）控制点火线圈初级电流的通断；其二，根据点火线圈工作时的感应电动势，向发动机 ECU 发回相应的点火确认信号（丰田公司称为 IGF 信号），以便发动机 ECU 能够随时监测点火系统的工作情况，发动机 ECU 接收不到该信号时，会判定为点火系统故障，并储存相应的故障代码。

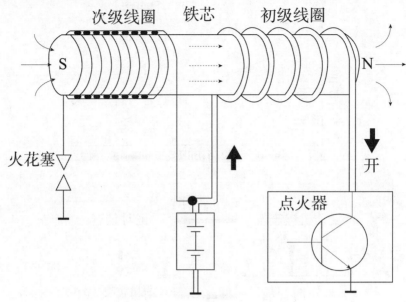

图 6-7　点火线圈工作原理

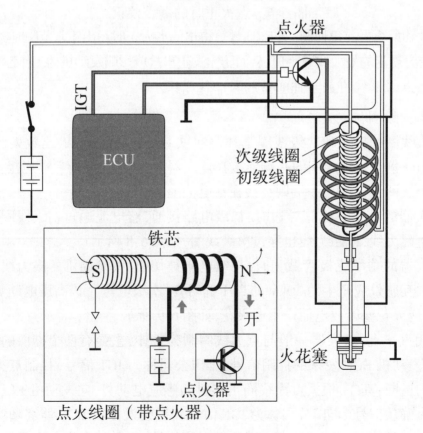

图 6-8　初级电路导通

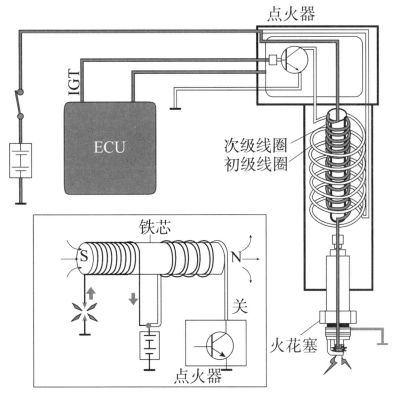

图 6-9　初级电流被切断

另外,点火器往往还具有以下辅助控制功能:

(1)过电压保护功能。

电源电压过高时,点火器停止工作,使发动机停止运转,以保护汽车用电设备的安全。

(2)闭合角控制功能。

转速升高时,闭合角增大,以确保初级电流足够大;转速降低时,闭合角减小,以确保点火线圈不致过热。

所谓闭合角(也称导通角),是指点火线圈初级电路导通期间曲轴转过的角度。

(3)锁止保护功能(又称停转断电保护功能)。

发动机熄火而点火开关仍接通时,点火器电路中的功率三极管缓慢截止,从而缓慢切断初级电路的电流,以防止点火线圈发热烧坏,并避免不必要的电能消耗。

(4) 恒流控制功能。

在正常转速范围内,使点火线圈的初级电流能迅速达到并不超过规定值(一般为 6～7A),以减小转速对次级电压的影响,同时,还可防止因初级电流过大而烧坏点火线圈。

点火线圈有多种形式:各缸独立点火系统的点火线圈只有一个高压接口,并各自独立地安装在火花塞上方,由于点火线圈和火花塞相连,使高压电流流过的距离缩短,因而电压损失和电磁干扰也减少,点火系统的可靠性得到提高。多数车型上,点火线圈与点火器制成一体,形成点火器-点火线圈组件,如图 6-10 所示。

双缸同时点火系统的点火线圈有两个高压接口。各点火线圈一般组合成一体,其点火器也可与点火线圈制成一体,形成点火器-点火线圈组件,并依靠高压线与各火花塞相连,如图 6-11 所示。

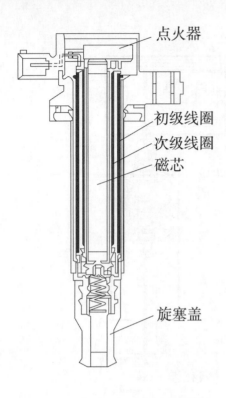

图6-10　各缸独立点火系统点火器-点火线圈组件

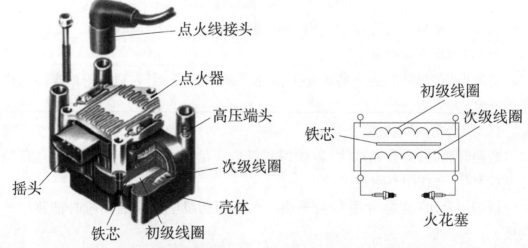

a) 点火器-点火线圈组件结构　　　b) 点火线圈电路示意图

图 6-11　双缸同时点火式点火器-点火线圈组件

2) 火花塞及点火性能

火花塞的结构如图 6-12 所示。影响火花塞的点火性能的因素包括以下几个方面：

(1) 电极形状和放电性能。

圆形电极放电较困难，方形或尖形的电极更容易放电。火花塞的电极越细越尖，越容易产生电火花，但是，这样的火花塞损耗更快，使用寿命较短。为了延长使用寿命，有些火花塞电极上带有白金或铱金，称之为白金或铱金火花塞。

白金火花塞：白金焊在中心电极和侧电极的顶端，中心电极的直径较常规火花塞的要小。

铱金火花塞：铱金焊在中心电极的顶端，但侧电极上仍焊有白金。其中心电极的直径较白金火花塞的更小。

不论哪种火花塞，经过长时间的使用，电极损耗成了圆形之后，都会使放电变得困难。因此，应定期更换火花塞。

如果发动机运转正常，则两次更换之间不需要调整火花塞间隙，也不需要清洗火花塞。

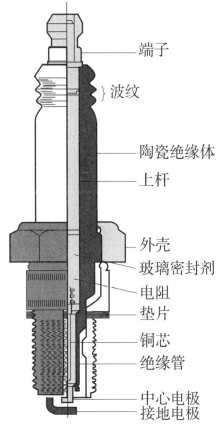

图 6-12　火花塞的结构

提示：火花塞的更换间隔里程：普通型 10000～60000km；白金或铱金电极型 100000～240000km。

火花塞的更换里程可以根据车型、发动机特性、使用地区而变化。

(2) 火花塞间隙。

电极间隙正常值一般为 0.9～1.1mm。火花塞间隙过小时，可能发生熄弧效应；间隙过大时，火花不易跳过该间隙，发动机可能会因此而熄火，所以有时需要调整电极间隙（常规火花塞）。对于白金或铱金火花塞，电极间隙不允许调整，只能更换火花塞。

(3) 火花塞的热值与电极温度。

火花塞的散热量称为热值。能散出较多热量的火花塞，由于其自身温度保持较冷而被称为"冷塞"。散热量较少的火花塞，由于其自身保持较多的热量而被称为"热塞"。

火花塞表面打印有数字和字母的组合代码，用来说明其构造和性能，如图 6-13 所示。

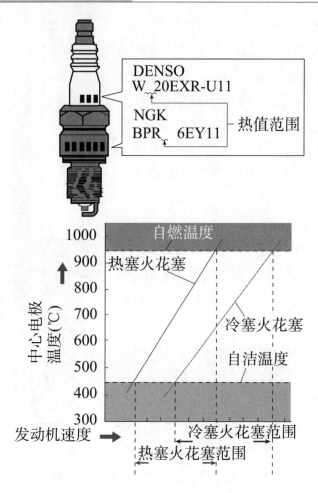

图 6-13 火花塞的热值及代码

代码因生产厂家的不同而稍有不同。通常情况下,数字代表了热值,热值越大,说明它散热越好,火花塞越冷;热值越小,说明它越不容易散热,火花塞越热。

火花塞的热值会直接影响火花塞中心电极的温度,该温度在450℃(自洁温度)~950℃(自燃温度)之间时,火花塞的性能最佳。

自洁温度:当火花塞电极达到一定温度以上时,能自动烧掉聚集在点火区域内的积炭,保持点火区域的清洁,此温度称为自洁温度。最低自洁温度一般为450℃。低于该温度,点火区域就容易积炭,从而导致发动机缺火。

自燃温度:如果火花塞电极温度过高,不用火花就可点燃混合气,此时的温度称为自燃温度。自燃温度一般为950℃左右。达到或高于该温度,则会发生异常点火,导致发动机严重运转不良。

提示：应该根据维修手册的规定选用合适的火花塞。对于特殊车辆(例如赛车)，通常需要采用特定类型的火花塞。使用冷火花塞时，如果发动机长期低速、低负荷运转，则会降低电极温度而使发动机运转不良。使用热火花塞时，如果发动机长期高速、高负荷运转，则会增加电极温度并使电极熔化。

4 点火正时控制方法与点火确认信号的产生

发动机 ECU 根据各种传感器的信号确定点火正时，并将点火控制信号(IGT 信号)传送给点火器，再由点火器控制点火线圈初级电路的通、断，从而控制点火。

点火正时的时间取决于 ECU 所发出的点火控制信号(IGT 信号)的时间，该信号发出提前，点火正时就提前；反之点火正时就推后。

点火控制信号(IGT 信号)的形态如图 6-14 所示。该信号为高电平时，初级电路导通；该信号为低电平时，初级电路被切断，点火线圈产生高压电点火。

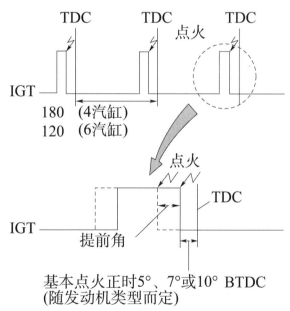

图 6-14 点火控制信号(IGT 信号)的形态

工作中，点火器还会根据点火线圈初级电路的感应电动势向 ECU 反馈点火确认信号(IGF 信号)，以表明点火系统工作正常。如果发动机 ECU 连续 6 次或 8 次接收不到该点火确认信号，就会判定点火系统存在故障，其内部会储存相应的故障代码，同时，为了避免燃油冲刷汽缸的润滑油膜，还会指令喷油器停止工作(失效保护功能)。

点火确认信号(IGF 信号)的产生方法：ECU 向点火器发送一个 5V 左右的信

号参考电压,每点一次火,点火器就将该信号参考电压搭铁一次,使其电平变0V一次,ECU则根据该0V电平来判定点火状态。

有关说明:

1)在有些车型上,没有独立设置点火器,而是由ECU直接控制点火线圈的初级电路,相当于ECU与点火器合为一体,例如部分奥迪汽车。

2)在有些车型上,没有设置点火确认信号,因此,发动机ECU无法判定点火系统的故障,在点火系统发生故障时,ECU不能自动停止喷油,也没有点火方面的故障代码,例如大众车系的多款汽车。

3)某些汽车上的点火器仅仅保留了功率三极管,其他部分的电路及控制功能合并于ECU的内部,如三菱汽车。

5 各缸独立点火与双缸同时点火

根据生产厂家及车型的不同,点火方式有两种:各缸独立点火与双缸同时点火,如图6-15所示。各缸独立点火系统适用于任意汽缸数量的发动机,其点火器及点火线圈的数量等于汽缸数量;双缸同时点火系统仅仅适用于汽缸数量为偶数的发动机,其点火器及点火线圈的数量等于汽缸数量的一半。

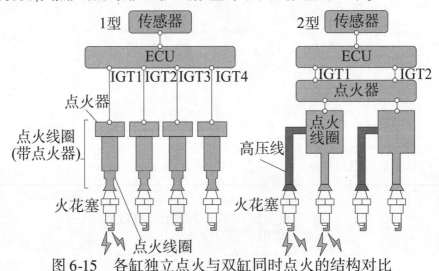

图6-15 各缸独立点火与双缸同时点火的结构对比

1)各缸独立点火

如图6-15所示,每个火花塞都单独配置一个点火线圈,位置一般在火花塞的顶部,所产生的高压电直接送给火花塞,因取消了高压线,避免了高压线方面的故障,而且结构紧凑,安装方便,在现代汽车发动机上的应用日益广泛。

基本控制电路如图6-16所示,该电路中,点火器与点火线圈制为一体。有些车型上,点火器则单独设置,依靠相关线路与各点火线圈及ECU等相连,如

图 6-17 所示。

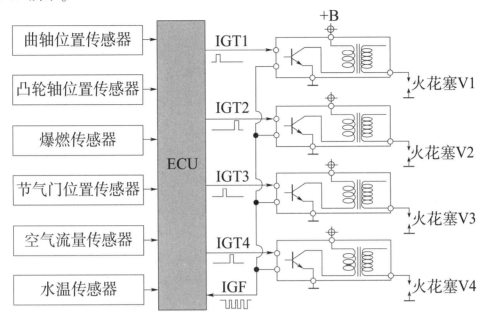

图 6-16　各缸独立式点火系统(点火器与点火线圈制为一体)

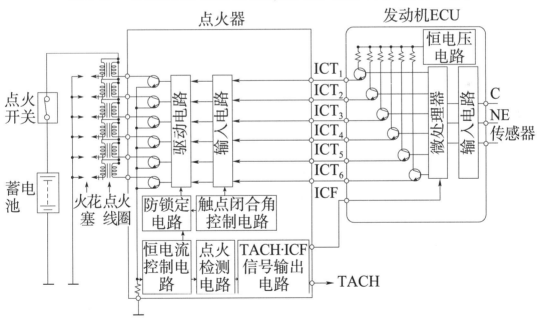

图 6-17　各缸独立式点火系统(点火器单独设置)

各缸独立点火系统中,ECU 按点火顺序向各点火器提供点火控制信号(IGT1、IGT2…),点火器则按同样的顺序控制各点火线圈的工作,各点火器所产生的点火确认信号 IGF 统一送回 ECU,以实现对点火系统工作的监测。

该点火系统各元件在汽车上的布置如图 6-18 所示。

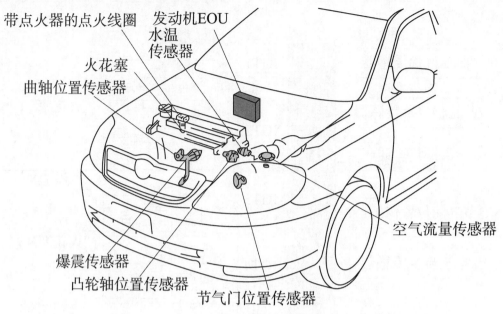

图 6-18　点火系统各元件在汽车上的布置

2) 双缸同时点火

双缸同时点火是指对同时到达上止点的两个汽缸实施同时点火，其中必然有一个缸为压缩上止点，其点火为有效火，另一个缸为排气上止点，其点火为无效火(或称废火)。

该点火系统有点火线圈配电和二极管配电两种方式。

(1) 点火线圈配电。

点火线圈配电双缸同时点火的工作原理如图 6-19 所示，各点火线圈都有两个高压线接头，分别与同时到达上止点的两个汽缸的火花塞相连，这样一来，点火线圈的数量仅为汽缸数的一半，但需要设置高压线。高压电路中一般串联有高压二极管，目的是防止初级电路接通时，次级线圈所产生的感应电动势(1000~2000V)引起误点火。

图 6-20 为丰田公司直列六缸发动机双缸同时点火系统，其同时点火的汽缸分别为：1 缸和 6 缸、2 缸和 5 缸、3 缸和 4 缸，其控制电路如图 6-21 所示，工作原理如下：

ECU 根据各传感器信号共向点火器输出 3 个信号：IGT、IGDA 和 IGDB，其中，IGT 为点火控制信号，主要用于点火正时的控制；IGDA 和 IGDB 为汽缸判别信号，主要用于点火顺序的判断。三个信号之间的关系如图 6-22 所示。

IGDA 和 IGDB 信号各有两种状态，即高电平(用逻辑值 1 表示)和低电平(用逻辑值 0 表示)。当 IGDA 和 IGDB 分别为 0、0 时，点火器的判缸电路就用 IGT 信号来控制功率三极管 V2 的通电和断电,即控制 2 号点火线圈工作,次级线圈所产生的高压电动势经高压线同时送到 2、5 缸火花塞进行点火;同理,当 IGDA 和 IGDB 分别为 1、0 时,3、4 缸同时点火;当 IGDA 和 IGDB 分别为 0、1 时,则 1、6 缸同时点火。

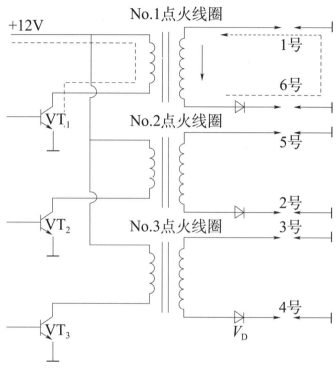

图 6-19　点火线圈配电双缸同时点火工作原理

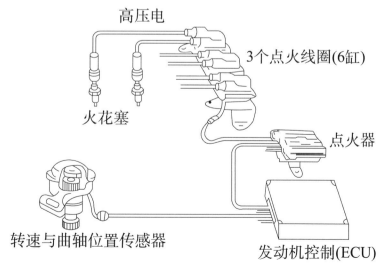

图 6-20　丰田公司双缸同时点火系统

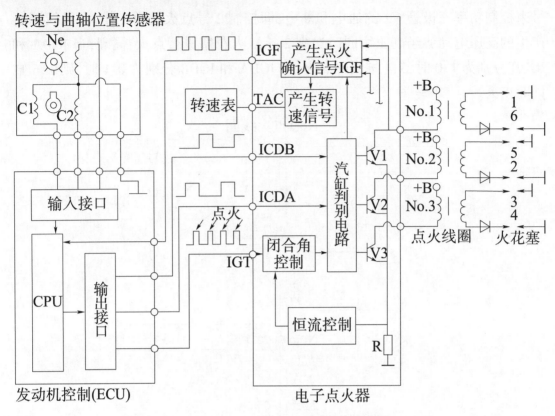

图 6-21 丰田公司双缸同时点火系统电路原理图

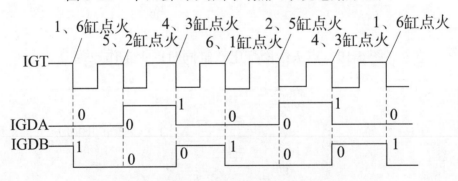

图 6-22 IGT 和 IGDA、IGDB 信号之间的关系

另外，ECU 还接收一个来自点火器的 IGF 信号（点火确认信号），该信号由点火器根据各点火线圈初级电流自感电动势产生的，主要用于 ECU 对点火系统的监测。

如果 ECU 连续 6 次或 8 次接受不到 IGF 信号，就会判定点火系统发生故障，ECU 会在储存 14 号故障代码的同时停止喷油，以防汽油冲刷气缸表面。此外，发动机转速表还可以通过 IGF 信号获取转速信号 TAC。

图 6-23 为奥迪 V6 发动机无分电器点火系统，其同时点火的汽缸分别为：1

缸和6缸、2缸和4缸、3缸和5缸。

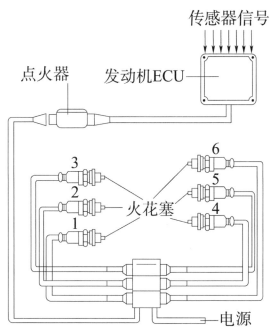

图6-23 奥迪汽车无分电器点火系统

（2）二极管配电。

该系统所用点火线圈及基本电路如图6-24所示,点火线圈的初级线圈有一个中心抽头,将初级线圈分为L1和L2两个部分,中心抽头通电源电路,另外两个抽头分别接点火器的功率三极管;次级线圈的两端分别有两个高压输出端,共形成四个高压输出端,通过四根高压线与四个气缸的火花塞相连,每个高压电路中各串联一个高压二极管。

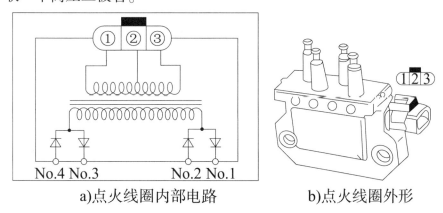

a) 点火线圈内部电路　　b) 点火线圈外形

图6-24 二极管配电用点火线圈及基本电路

当初级线圈 L1 断电时,次级线圈产生左负、右正的高压感应电动势,1、4 缸的高压二极管导通,使 1、4 缸同时点火;当初级线圈 L2 断电时,次级绕组产生左正、右负高压电动势,2、3 缸的高压二极管导通,使 2、3 缸同时点火。

该点火方式的电路控制原理如图 6-25 所示。

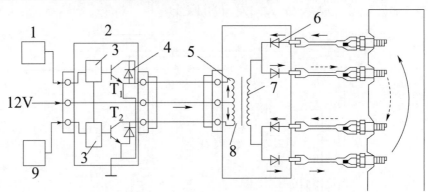

图 6-25　二极管配电点火控制原理

1-1、4 缸触发信号;2-点火器;3-信号放大电路;4-稳压二极管;5-初级绕组 L1;6-高压二极管;7-次级绕组 L3;8-初级绕组 L2;9-2、3 缸触发信号

四、任务实施

1　实训目的

① 能够进行跳火试验。
② 能够根据跳火试验的结果进行故障分析。
③ 能够对点火系统各元件及线路进行检查与故障排除。

2　设备准备

采用双缸同时点火的;混动版丰田卡罗拉(或雷凌)一辆;丰田故障诊断仪(GTS)一台;示波器一台;万用表一只;通用工具一套;1.5V 干电池三节(串联起来);导线 6 根;12V 蓄电池一只;发动机舱防护罩一套;驾驶室卫生防护"三件套"一套。

3　实训步骤

混动版丰田卡罗拉 8ZR-FXE 发动机点火系统如图 6-26 所示,点火控制电路如图 6-27 所示。其中,各点火器与点火线圈制为一体,形成 4 个点火线圈总成。

(1)点火系统相关故障代码(DTC;表 6-1)。

学习任务六　点火系统故障诊断

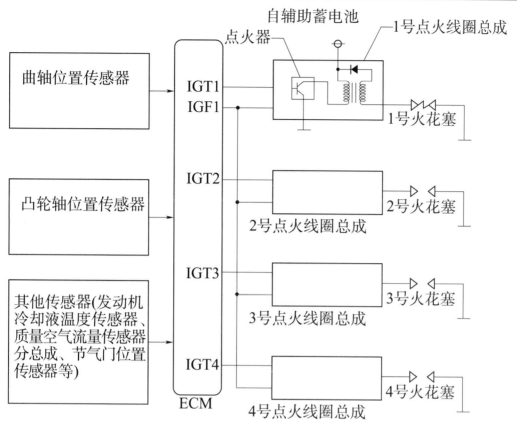

图 6-26　8ZR-FXE 发动机点火系统

8ZR-FXE 发动机点火系统相关故障代码　　　　表 6-1

DTC 编号	检测项目	DTC 检测条件	故障部位	MIL（故障灯）
P0300	检测到任意/多个气缸缺火	多个气缸同时出现缺火，并满足以下任一条件： 1. 发生可能损坏三元催化器的缺火（MIL 立即闪烁）； 2. 发生排放恶化缺火（MIL 点亮）	1. 发动机线束断路或短路； 2. 连接器连接处； 3. 真空软管连接处； 4. 点火系统； 5. 喷油器总成； 6. 燃油压力； 7. 空气流量传感器分总成； 8. 发动机冷却液温度传感器；	点亮或闪烁（检测到催化剂损坏的缺火时闪烁）

171

续上表

DTC编号	检测项目	DTC检测条件	故障部位	MIL（故障灯）
P0300	检测到任意/多个气缸缺火	多个气缸同时出现缺火，并满足以下任一条件：1.发生可能损坏三元催化器的缺火（MIL立即闪烁）；2.发生排放恶化缺火（MIL点亮）	9.压缩压力；10.气门正时；11.PCV阀和软管处；12.PCV软管连接处；13.进气系统；14.ECM	点亮或闪烁（检测到催化剂损坏的缺火时闪烁）
P0301/P0302/P0303/P0304	检测到1/2/3/4号气缸缺火	多个气缸同时出现缺火，并满足以下任一条件：1.发生可能损坏三元催化器的缺火（MIL立即闪烁）；2.发生排放恶化缺火（MIL点亮）	1.发动机线束断路或短路；2.连接器连接处；3.真空软管连接处；4.点火系统；5.喷油器总成；6.燃油压力；7.空气流量传感器分总成；8.发动机冷却液温度传感器；9.压缩压力；10.气门正时；11.PCV阀和软管；12.PCV软管连接处；13.进气系统；14.ECM	点亮或闪烁（检测到催化剂损坏的缺火时闪烁）

续上表

DTC编号	检测项目	DTC检测条件	故障部位	MIL（故障灯）
P0351/P0352/P0353/P0354	点火线圈A/B/C/D 初级/次级电路	发动机运转时,无IGF信号发送至ECM	1.点火系统； 2.点火线圈总成和ECM之间的IGF1或IGT1/2/3/4电路断路或短路； 3.1/2/3/4号点火线圈总成； 4.ECM	点亮

(2)出现故障代码(DTC)P0351/P0352/P0353/P0354时的诊断方法。

故障监视描述:尽管ECM发送了IGT信号,但未接收任何IGF信号,则ECM将此视为点火器故障并存储DTC,如图6-28所示。

①用示波器检查。

发动机怠速运转时,用示波器检查ECM连接器IGT1~4脚和E1之间、IGF1和E1之间的波形,正确的波形如图6-29所示。

如果IGT信号缺失,则重点检查IGT信号电路;如果IGF1信号缺失,则重点检查IGF1信号电路。

②确认行驶模式。

将GTS连接到DLC3,将电源开关置于ON(IG)位置,并打开GTS,清除DTC(即使未存储DTC,也应执行清除DTC程序),将电源开关置于OFF位置并至少等待30s,将电源开关置于ON(IG)位置,并打开GTS,将发动机置于检查模式(保养模式),起动发动机,怠速运转发动机10s或更长时间,进入菜单Powertrain/Engine and ECT/Trouble Codes,读取待定DTC:

如果输出待定DTC,则系统发生故障;如果未输出待定DTC,则执行以下程序:

进入菜单Powertrain/Engine and ECT/Utility/All Readiness,输入DTC:P0351、P0352、P0353或P0354,检查DTC判断结果:

如果判断结果显示INCOMPLETE或N/A,则执行确认行驶模式并再次检查DTC判断结果;

如果判断结果显示NORMAL,则系统正常;

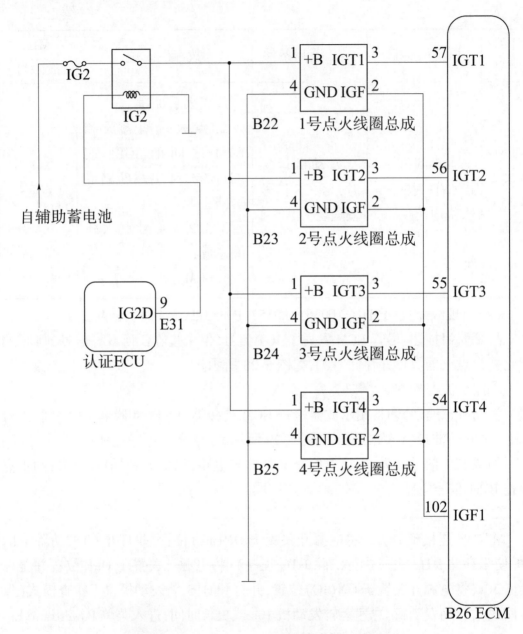

图 6-27　8ZR-FXE 发动机点火控制电路

如果判断结果显示 ABNORMAL，则进行下一步。

③读取输出 DTC（DTC P0351、P0352、P0353 或 P0354）。

将 GTS 连接到 DLC3，将电源开关置于 ON（IG）位置，打开 GTS，清除 DTC，将电源开关置于 OFF 位置并至少等待 30s，互换点火线圈总成（1 号至 4 号气缸之间；注意不要改变连接器的位置），进行模拟测试（运转发动机 2~3min），进入菜单 Powertrain/Engine and ECT/Trouble Codes，读取 DTC：

如果输出不同的点火线圈 DTC,则更换点火线圈总成;如果输出相同 DTC,则进行下一步。

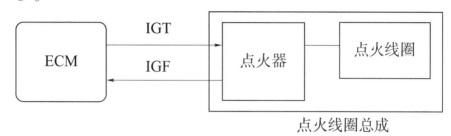

a)信号线路

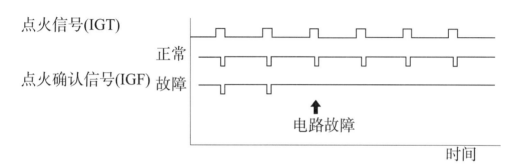

b)信号波形

图 6-28　故障监视方法

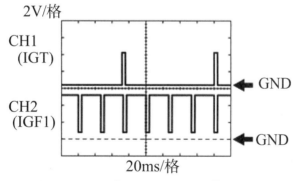

图 6-29　正确的 IGT、IGF1 信号波形

④检查线束和连接器(点火线圈总成-车身搭铁)。

断开点火线圈总成连接器,用万用表测量相关插脚之间的电阻(图 6-29),相关数据如下:

B22-4(GND)—车身搭铁:<1Ω;

B23-4(GND)—车身搭铁:<1Ω;

B24-4(GND)—车身搭铁:<1Ω;

B25-4(GND)—车身搭铁:<1Ω。

如果异常,则维修或更换线束或连接器;如果正常,则进行下一步。

⑤检查点火线圈总成电源。

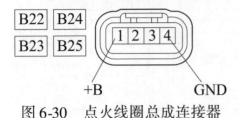

图6-30 点火线圈总成连接器

断开点火线圈总成连接器(图6-30),将电源开关置于 ON(IG)位置,用万用表测量相关插脚之间的电压,相关数据如下:

B22-1(+B)—B22-4(GND):11~14V;
B23-1(+B)—B23-4(GND):11~14V;
B24-1(+B)—B24-4(GND):11~14V;
B25-1(+B)—B25-4(GND):11~14V。

如果异常,则进行步骤⑦;如果正常,则进行下一步。

⑥检查线束和连接器(点火线圈总成-ECM)。

断开点火线圈总成连接器,断开ECM连接器,用万用表测量相关插脚之间的电阻(图6-27),相关数据如下:

B22-2(IGF)—B26-102(IGF1):<1Ω;
B23-2(IGF)—B26-102(IGF1):<1Ω;
B24-2(IGF)—B26-102(IGF1):<1Ω;
B25-2(IGF)—B26-102(IGF1):<1Ω;
B22-3(IGT1)—B26-57(IGT1):<1Ω;
B23-3(IGT2)—B26-56(IGT2):<1Ω;
B24-3(IGT3)—B26-55(IGT3):<1Ω;
B25-3(IGT4)—B26-54(IGT4):<1Ω;
B22-2(IGF)或B26-102(IGF1)—车身搭铁:≥10kΩ;
B23-2(IGF)或B26-102(IGF1)—车身搭铁:≥10kΩ;
B24-2(IGF)或B26-102(IGF1)—车身搭铁:≥10kΩ;
B25-2(IGF)或B26-102(IGF1)—车身搭铁:≥10kΩ;
B22-3(IGT1)或B26-57(IGT1)—车身搭铁:≥10kΩ;
B23-3(IGT2)或B26-56(IGT2)—车身搭铁:≥10kΩ;
B24-3(IGT3)或B26-55(IGT3)—车身搭铁:≥10kΩ;
B25-3(IGT4)或B26-54(IGT4)—车身搭铁:≥10kΩ。

如果正常,则更换ECM;如果异常,则维修或更换线束或连接器。

⑦检查线束和连接器(点火线圈总成-1号集成继电器)。

断开点火线圈总成连接器,从发动机室继电器盒和接线盒总成上拆下1号集

成继电器(图1-4),用万用表测量相关插脚之间的电阻(图6-27),相关数据如下:

B22-1(+B)—1K-4:<1Ω;

B23-1(+B)—1K-4:<1Ω;

B24-1(+B)—1K-4:<1Ω;

B25-1(+B)—1K-4:<1Ω;

B22-1(+B)、B23-1(+B)、B24-1(+B)、B25-1(+B)或1K-4—车身搭铁:≥10kΩ。

如果正常,则更换1号集成继电器;如果异常,则维修或更换线束或连接器。

(3)出现故障代码(DTC)P0300/P0301/P0302/P0303/P0304时的诊断方法。

故障描述:发动机缺火时,高浓度碳氢化合物(HC)进入废气中,会导致废气排放量增加,也可能使二元催化器的温度升高,从而导致其损坏。为了避免排放量的增加以及高温造成的损坏,ECM将监测发动机缺火数。三元催化器的温度达到热衰退点时,ECM会使MIL闪烁。ECM通过凸轮轴位置传感器和曲轴位置传感器监测缺火情况。凸轮轴位置传感器用于识别缺火的气缸,曲轴位置传感器用于测量曲轴转速的变化。曲轴转速变化超出预定阈值时,将统计缺火数。如果缺火数超过了阈值,并可能导致排放控制系统性能恶化,ECM将点亮MIL,并存储DTC。

如果气缸缺火DTC是随机存储的,但未存储DTC P0300,则表示在不同时间、不同气缸中检测到缺火。只有同时检测到多个气缸缺火才会存储DTC P0300。

故障监视描述:检测到可能导致排放恶化的以下任一条件时,ECM点亮MIL,并存储DTC:

A. 共出现4次过度缺火(曲轴每转动1000转约50至80次缺火)。

B. 检测到可能导致三元催化器损坏的以下任一条件时,ECM将使MIL闪烁,并存储DTC:

a. 在发动机高转速下,在每200转曲轴转数内检测到损坏催化剂的缺火够一次;

b. 发动机以正常转速运转时,在曲轴转动每200转内检测到3次缺火,足以损坏催化剂的情况。

①确认行驶模式。

将GTS连接到DLC3,将电源开关置于ON(IG)位置,打开GTS,记录DTC和定格数据,清除 DTC(即使未存储 DTC,也应执行清除 DTC 程序),将发动机置于检查模式(保养模式),在发动机怠速运转状态下,读取各气缸缺火数(1 号至 4 号气缸缺火数)。如果显示了缺火数,则跳过以下确认行驶模式。

以定格数据记录的相同工况(缺火转速和缺火负载)驾驶车辆,并执行数次,另外,再按表 6-2 中所示的时间操作车辆。

确认缺火试验操作表　　　　表 6-2

发动机转速(r/min)	持续时间	发动机转速(r/min)	持续时间
怠速运转	4.5min 或更长时间	2000	2.5min 或更长时间
1000	4.5min 或更长时间	3000	1.5min 或更长时间

通过检查 DTC 和定格数据,检查是否发生缺火。

提示:检查 DTC 和定格数据前,不要将电源开关置于 OFF 位置;ECM 恢复到正常模式(默认)时,存储的 DTC、定格数据和其他数据都将被清除,记录 DTC、定格数据和缺火数,将电源开关置于 OFF 位置并至少等待 30 秒,清除 DTC(即使未存储 DTC,也应执行清除 DTC 程序)。

a. 如果除缺火 DTC 外,还输出了其他 DTC,应首先对其他 DTC 进行故障排除。

b. 如果缺火不再出现,则再现 ECM 中作为定格数据而存储的条件。如果仍无法再现缺火,故障原因可能为下列之一:油箱中燃油不足;使用的燃油不当;火花塞脏污;该故障需要进一步诊断。

c. 维修完成后,再次检查各汽缸缺火数(1 号至 4 号汽缸缺火数)。

d. 完成维修后务必执行确认行驶模式,以确认没有再次存储缺火 DTC。

e. 如果定格数据 Short FT#1(短期燃油修正)或 Long FT#1(长期燃油修正)中的一个超出了 +/-20% 范围,则空燃比可能偏浓(-20% 或更小)或偏稀(20% 或更大)。

f. 如果定格数据中的冷却液温度低于 75℃,则仅在发动机暖机过程中发生过缺火。

g. 极度失衡的驱动轮会导致车身振动,也可能导致存储缺火 DTC。

②检查其他 DTC 输出(除缺火 DTC 外)。

将 GTS 连接到 DLC3,将电源开关置于 ON(IG)位置,打开 GTS,进入菜单

Powertrain/Engine and ECT/Trouble Codes,读取 DTC：

如果输出 DTC P0300、P0301、P0302、P0303、P0304 和/或其他 DTC,则先按照其他 DTC 进行检查；

如果输出 DTC P0300、P0301、P0302、P0303 和/或 P0304,则进行下一步。

③检查 PCV 软管连接情况。

PCV 阀和软管应该连接正确且无损坏。如果异常,则维修或更换 PCV 软管；如果正常,则进行下一步。

④使用 GTS 读取值(缺火转速和缺火负载)。

将 GTS 连接到 DLC3,将电源开关置于 ON(IG)位置,打开 GTS,进入菜单 Powertrain/Engine and ECT/Data List/All Data/Misfire RPM and Misfire Load,按下"执行"按钮后,读取并记录缺火转速(Misfire RPM)和缺火负载值(Misfire Load)。

⑤使用 GTS 读取值(1 号至 4 号气缸缺火数)。

将 GTS 连接到 DLC3,将电源开关置于 ON(IG)位置,打开 GTS,将发动机置于检查模式(保养模式),进入菜单 Powertrain/Engine and ECT/Data List/All Data/Cylinder#1(to#4)Misfire Count,按下"执行"按钮后,起动发动机并使发动机怠速运转,读取 GTS 上显示的值(1 号至 4 气缸缺火数)。如果任一汽缸均不显示缺火数,则执行程序[A]和[B],然后再次检查缺火数。

a. 按照上述程序使用 GTS 读取值(缺火转速和缺火负载)中记录的缺火转速和缺火负载值驾驶车辆；

b. 读取 GTS 上显示的 1 号至 4 号汽缸缺火数或 DTC。

如果结果是 3 个或更多个汽缸有相等的缺火数,则检查发动机进气系统；如果结果是只在 1 个或 2 个汽缸中出现缺火,则进行下一步。

⑥检查火花塞[见(4)火花塞检查]。

⑦检查汽缸压缩压力(略)。

⑧检查喷油器插脚电压(#10、#20、#30 和/或#40)。

断开 ECM 连接器(图 6-31),将电源开关置于 ON(IG)位置,用万用表测量相关插脚之间的电压(图 5-22;#10、#20、#30、#40 为喷油器控制插脚,B26-51 为 ECM 搭铁插脚),相关数据如下：

B26-20(#10)—B26-51(E01):11~14V；

B26-17(#20)—B26-51(E01):11~14V；

B26-18(#30)—B26-51(E01):11~14V；

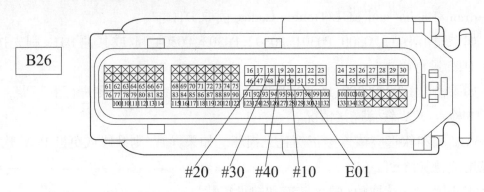

图6-31　ECM连接器及喷油器控制相关插脚

B26-19(#40)—B26-51(E01):11~14V。

如果异常,则检查喷油器电路(略);如果正常,则检查喷油器总成、进气系统、燃油压力(略),如果均正常,则进行下一步。

⑨使用GTS读取冷却液温度。

将GTS连接到DLC3,将电源开关置于ON(IG)位置,打开GTS,进入菜单Powertrain/Engine and ECT/Data List/All Data/Coolant Temp,按下"执行"按钮,发动机冷机和暖机时,读取数据表两次:

发动机冷机时,数据应与环境温度相同;发动机暖机后,数据应在75~100℃之间。

如果异常,则更换发动机冷却液温度传感器;如果正常,则进行下一步。

⑩使用GTS读取值(MAF)。

将GTS连接到DLC3,将电源开关置于ON(IG)位置,打开GTS,将发动机置于检查模式(保养模式),进入菜单Powertrain/Engine and ECT/Data List/All Data/MAF、Coolant Temp and Engine Speed,按下"执行"按钮后,使发动机怠速运转直至冷却液温度达到75℃或更高,发动机转速为2500r/min时,读取MAF值,应在4.5gm/s~8.5gm/s之间。

提示:充电控制期间,发动机转速设定为怠速。因此,踩下加速踏板时,发动机转速未增加。在这种情况下,在完成充电控制后再读取数据表。

如果正常,则检查发动机机械系统;如果异常,则检查线束和连接器(空气流量传感器连接器连接情况)。

诊断过程完成后,应检查是否再次输出DTC(缺火DTC),如果仍然输出DTC,则更换ECM。

(4)火花塞检查。

①执行火花测试(跳火试验)。

拆下4个点火线圈总成和4个火花塞,断开4个喷油器连接器(该步骤很重要,可以防止跳火试验时喷油器喷油而造成燃油冲刷汽缸表面润滑油膜),将发动机置于检查模式(保养模式),将火花塞安装到点火线圈总成上,然后连接点火线圈总成连接器。

将火花塞搭铁,起动发动机,检查各火花塞是否产生火花(注意:检查时确保火花塞搭铁良好;起动发动机的时间不要超过2秒;如果点火线圈总成或火花塞曾受过敲击或掉落等,则将其更换)。

如果没有产生火花,则执行下列程序:

连接4个喷油器连接器,安装4个火花塞和4个点火线圈总成,检查DTC,清除DTC。

②检查点火线圈总成和火花测试。

检查点火线圈总成连接器的连接是否牢固,如果牢固,则进行更换点火线圈总成火花测试,方法如下:

将原点火线圈总成更换为确认正常的点火线圈总成,再次进行火花测试:如果正常,则更换点火线圈总成;如果异常,则进行更换火花塞火花测试,方法如下:

将原火花塞更换为确认正常的火花塞,再次进行火花测试:如果正常,则更换火花塞;如果异常,则检查点火系统电路,具体方法见前述内容"(2)出现故障代码(DTC)P0351/P0352/P0353/P0354时的诊断方法"。

连接4个喷油器连接器,安装4个火花塞和4个点火线圈总成,检查DTC,清除DTC。

③检查火花塞。

注意:小心不要损坏火花塞的铱尖或铂尖;由于铱尖易损坏,应目视检查;不要尝试调节旧火花塞的电极间隙;如果火花塞受油等脏污严重,则将其更换;如果火花塞彻底损坏,则将其更换;如果火花塞受到敲击或掉落,则将其更换;在将新火花塞安装到发动机上之前,不要拆下火花塞端部的护盖。

如图6-32所示,使用兆欧表测量火花塞的绝缘电阻,应该≥10MΩ。如果结果不符合规定,则用火花塞清洁器清洁火花塞,并再次测量绝缘电阻。如果仍然不符合规定,则更换火花塞。

如果没有兆欧表,则可用下述检查方法代替:

将发动机置于检查模式(保养模式),起动发动机(输出以下任一DTC时,不要进行此步骤:P0300、P0301、P0302、P0303、P0304,即检测到气缸缺火),将发动机迅速加速至2500rpm,重复操作5次,拆下火花塞,目视检查火花塞:

如果电极干燥,则火花塞正常工作;如果电极潮湿,则进行下一步。

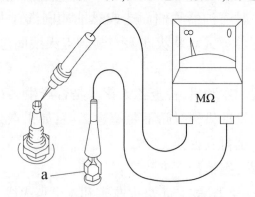

图6-32 火花塞绝缘性检查
a-车身搭铁

检查火花塞的螺纹和绝缘垫是否损坏,如果有任何损坏,则更换火花塞。

检查火花塞电极间隙(不要尝试调节旧火花塞的电极间隙),如图6-33所示,旧火花塞的最大电极间隙:1.3mm。

如果火花塞电极间隙大于最大值,则更换火花塞。新火花塞的标准电极间隙:1.0~1.1mm。

清洁火花塞:如果电极上有湿碳的痕迹,则用火花塞清洁器清洁电极并进行干燥,如图6-34所示。

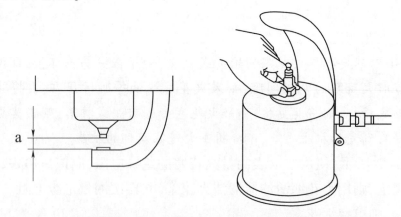

图6-33 火花塞电极间隙　　图6-34 火花塞清洁器

火花塞清洁器标准气压:588kPa;标准时长:20s或更短时间。

提示:火花塞电极上没有机油时,仅使用火花塞清洁器。如果电极上有机油痕迹,则在使用火花塞清洁器之前用汽油洗掉机油。

4 实训要求

①故障诊断的思路要清晰。

②操作仔细认真,避免造成设备损坏。

③养成安全防护、使用发动机舱防护罩、驾驶室卫生防护"三件套"的职业习惯。

④养成工具、零件、油液"三不落地"的汽车维修操作习惯。

小结

影响最佳点火正时的因素主要有:发动机的转速、发动机的负荷、爆震、发动机水温等。

发动机ECU对点火正时的控制主要分两个阶段,即起动点火控制和起动后点火控制。发动机起动时,ECU往往会以固定的点火正时(初始点火提前角)进行点火,起动后的点火正时由三个部分组成,点火正时=初始点火正时+基本点火正时+校正点火正时。

点火系统主要由各种传感器、发动机ECU、点火器、点火线圈、火花塞、高压线等组成。发动机ECU根据各种传感器的信号确定点火正时,并通过点火控制信号(IGT信号)控制点火器,再由点火器控制点火线圈的工作。点火正时方面的信息由IGT信号传递,点火系统的监测信息则由点火确认信号(IGF信号)来传递。

影响火花塞点火性能的因素主要包括:电极形状、火花塞间隙、火花塞的热值与电极温度等。

点火系统的分电方式有二极管分电、点火线圈分电两种,点火方式也有双缸同时点火、各缸独立点火两种。

各缸独立式点火系统中,每个火花塞都单独配置了一个点火线圈,电双缸同时点火系统中,点火线圈的数量为汽缸数的一半,二极管分电双缸同时点火系统只有一个点火线圈,点火线圈内部有4个用于分电的高压二极管。

丰田车系中,ECU共向点火器输出三个信号:IGT、IGDA和IGDB,其中,IGT主要用于点火正时的控制;IGDA和IGDB主要用于点火顺序的判断。另外,ECU还接收一个来自点火器的点火确认信号(IGF信号)。

点火系统检查的内容主要包括:点火线圈总成供电电压及电源线路的检查、IGF信号线路的检查、IGT信号线路的检查、点火线圈总成搭铁电路的检查等。

复习思考题

一、判断题

1. 点火提前角随着发动机的转速提高而增大。（　）
2. 点火提前角随着发动机负荷的增大而增大。（　）
3. 发动机ECU是通过IGT信号控制点火正时的。（　）
4. IGF信号仅用来进行故障监测，该信号中断，发动机不会熄火。（　）
5. IGDA、IGDB信号用来控制点火顺序。（　）
6. 发动机发生缺火故障，只与点火系统有关，没有必要检查喷油、进气、压缩压力等。（　）
7. 如果故障代码显示："发动机运转时，无IGF信号发送至ECM"，那么故障只与点火系统有关，没有必要检查喷油、进气、压缩压力等。（　）
8. 点火系统发生故障，不会对三元催化器造成伤害。（　）

二、选择题

1. 点火正时由以下哪个信号决定？（　）。
   A. IGF信号　　B. IGT信号　　C. IGDA信号　　D. IGDB信号
2. 在讨论点火系统时，甲说：六缸发动机一定要有六个点火线圈；乙说：六缸发动机可能需要六个点火线圈，也可能只需要三个。你认为（　）。
   A. 甲对　　B. 乙对　　C. 甲乙都对　　D. 甲乙都不对
3. 发动机发生缺火故障时，可能的故障原因包括：（　）。
   A. 点火系统　　B. 喷油器总成　　C. 燃油压力　　D. 压缩压力
4. 如果故障代码显示"发动机运转时，无IGF信号发送至ECM"，可能的故障原因包括：（　）。
   A. IGT电路断路或短路　　B. IGF电路断路或短路
   C. 点火线圈总成故障　　D. ECM故障

三、简答题

1. 什么是火花塞的热值？火花塞热值选择不当，可能会产生什么后果？为什么？
2. IGF信号线路断路，会出现什么故障现象？为什么？如何检查IGF信号？
3. IGT信号起什么作用？如何检查IGT信号？
4. 发动机ECU是如何通过IGDA、IGDB信号实现点火顺序控制的？

学习任务七

怠速控制系统的测试、诊断与维修

学习目标

1. 了解发动机怠速转速的控制要求及控制方法;
2. 掌握怠速控制系统的结构与工作原理;
3. 掌握转阀式怠速控制阀、步进电机式怠速控制阀的检查方法;
4. 掌握大众车系怠速控制系统的检查方法。

一、任务引入

怠速是发动机重要的运行工况之一,常见的故障现象有怠速不稳、怠速过低、怠速过高、怠速时开空调熄火等,因此,诊断和排除怠速控制系统的故障是发动机故障诊断与排除的一项重要内容。

二、任务分析

发动机的怠速控制系统主要有旁通空气控制式和节气门直动式两大类,如图 7-1 所示,其中,旁通空气控制式又分线性电磁阀式、转阀式、步进电动机式等类型。

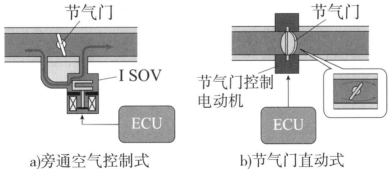

a) 旁通空气控制式　　b) 节气门直动式

图 7-1　怠速控制系统

怠速控制系统的种类不同,故障检测的方法也有所不同,在实际操作中,往往需要根据其结构特点,利用万用表等工具,对相关的部件及电路进行检测,再由检测的结果来判断故障的位置。

三、相关知识

1 对发动机怠速转速的控制要求

怠速是指发动机不向外输出功率,燃料燃烧所做的功仅仅用于发动机的内部摩擦和带动相关的附属设备,此时,节气门往往处于关闭状态,发动机只需要吸入极少量的空气,喷油器也只需要喷入极少量的燃油,相应的转速也维持较低。

(1) 正常怠速或低怠速。

冷却液温度正常,且空调、前照灯等附属设备关闭时,怠速一般应为750~850r/min,称为正常怠速或低怠速。

(2) 起动、暖机怠速。

起动、暖机时,由于冷却液温度较低、发动机内部摩擦力较大,低怠速下容易造成运转不稳,且长时间低温运行会增大发动机的磨损,因此,要求怠速适当提高(提高的幅度与当时的冷却液温度有关,冷却液温度越低,提高的幅度越大),这样,既利于运转平稳,又利于快速暖机。

随着冷却液温度的升高,要求转速逐步向正常怠速或低怠速过渡,如图7-2所示。

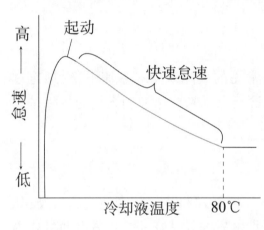

图7-2 起动、暖机时怠速变化要求

(3) 高怠速。

打开空调、前照灯等附属设备、动力转向投入工作或自动变速器换上行驶挡位时,发动机的负载增大,转速有下降的趋势,此时要求怠速转速自动提高,一般要求达到1000~1200r/min,称为高怠速(或快怠速)。

2 怠速控制系统的结构与工作原理

1) 旁通空气式怠速控制系统

旁通空气式怠速控制系统主要由怠速控制阀(ISCV)、发动机ECU以及各种传感器等组成,如图7-3所示,其中,怠速控制阀装于绕过节气门的旁通气道,怠速时,节气门完全关闭,所有空气经由该旁通气道进入发动机,ECU只要控制怠速控制阀的开度,即可控制旁通空气量,从而达到控制怠速转速的目的。

起动、暖机时的怠速控制:起动时,怠速控制阀完全打开,旁通气道的开度最大,流过旁通气道的空气量较大,从而确保发动机能够顺利起动,如图7-4所示;

起动后,随着发动机冷却液温度的逐步升高,怠速控制阀的开度逐步减小,冷却液温度正常后达到正常怠速所需的开度位置。

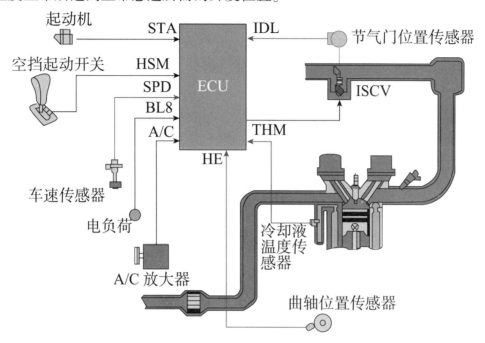

图 7-3　旁通空气控制式怠速控制系统的组成

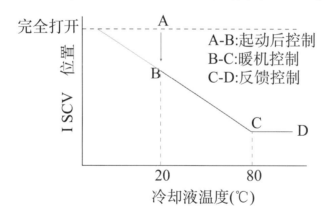

图 7-4　起动、暖机时 ISCV 的开度

怠速反馈控制:如果怠速转速偏离了设定值,ECU 会通过调整怠速控制阀开度的方法来进行修正。

负荷调节控制:当打开空调,或打开前照灯,或将变速杆从 N 挡换至 D 挡或 R 挡时,发动机负载突然增大,转速有下降的趋势,此时,ECU 会使怠速控制阀的开度适当增大,以确保转速稳定。

此外,当节气门由大开度突然完全关闭时,ECU 也会瞬时打开怠速控制阀,以防发动机转速突然过低。

(1)转阀式怠速控制阀。

转阀式怠速控制阀有单线圈式和双线圈式两种,单线圈式为新型,双线圈式为旧型。

单线圈转阀式怠速控制阀由电磁线圈、IC(集成电路)、永磁铁和转阀组成,如图7-5所示,其中转阀的一端通空气滤清器,另一端通节气门后方。改变转阀的转角,即可以改变空气通道的大小。

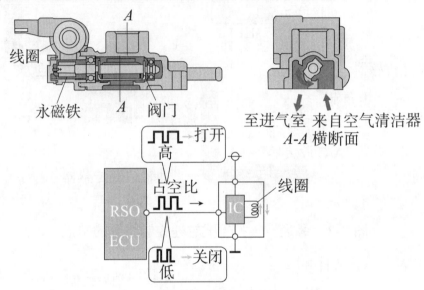

图7-5 单线圈转阀式怠速控制阀

发动机ECU向IC(集成电路)发送一定频率的方波信号,再由IC控制电磁线圈的工作电流,ECU只要改变方波信号的占空比,即可改变转阀的开度。

占空比:方波信号的一个周期中,高电平所占的百分比。

提示:如果发生电流中断故障(例如电路断路),转阀会在永磁铁的作用下打开至某一固定开度,怠速转速可达到1000~2000r/min。

双线圈转阀式怠速控制阀由两个电磁线圈、永磁铁、双金属片和转阀等组成,如图7-6所示,其工作原理如图7-7所示。

两个电磁线圈通电后所产生的磁场同极相对,共同对转轴上的永磁铁产生作用力,线圈A的磁场使转阀开度增大,线圈B的磁场使转阀开度减小。

当两个磁场强度相同时,转阀处于中间位置。当两个磁场强度不同时,转阀发生偏转:如果线圈A的磁场大于线圈B的磁场,则转阀开度增大;如果线圈A的磁场小于线圈B的磁场,则转阀开度减小。转阀的最终位置取决于两个磁场强度与双金属片弹力的平衡状态。

学习任务七　怠速控制系统的测试、诊断与维修

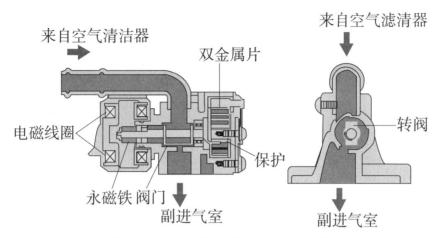

图 7-6　双线圈转阀式怠速控制阀

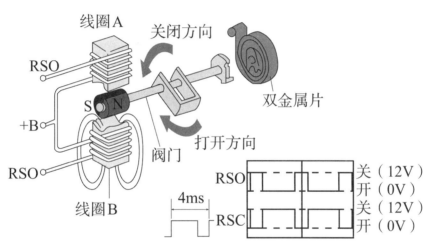

图 7-7　双线圈转阀式怠速控制阀的工作原理

发动机 ECU 通过控制两个线圈通电的占空比来控制其工作电流,但两个占空比信号的频率相同、方向相反,因而占空比互补。例如:线圈 A 的占空比为 60% 时,线圈 B 的占空比则为 40%,这样,线圈 A 的工作电流就大于线圈 B 的工作电流,因而转阀的开度增大,发动机的怠速随之升高。

提示:线圈 A 发生断路时,怠速会过低或不稳;线圈 B 发生断路,怠速会过高。

双线圈转阀式怠速控制阀的控制电路如图 7-8 所示,两个线圈由电源电路同时供电,并分别由 ECU 的两个三极管控制,其中一个三极管的基极电路设有反向器。

(2)线性电磁阀式与开关电磁阀式怠速控制阀。

线性电磁阀式怠速控制阀:发动机 ECU 通过占空比来控制电磁线圈的工作

电流，从而直接控制阀门的开度，如图7-9所示。

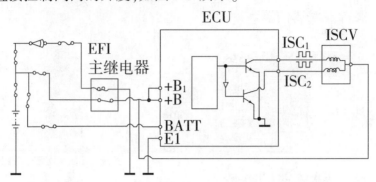

图7-8　双线圈转阀式怠速控制阀控制电路

开关电磁阀式怠速控制阀：电磁线圈只有通电和断电两种状态，怠速控制阀也只有开、关两种状态，如图7-10所示。怠速控制阀打开时发动机的怠速只能提高100r/min左右。

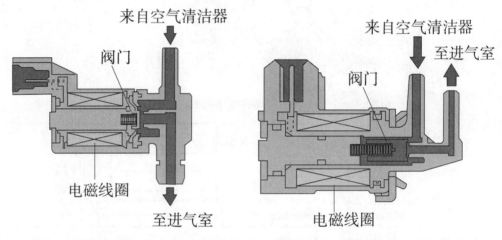

图7-9　线性电磁阀式怠速控制阀　　图7-10　开关电磁阀式怠速控制阀

由于这两种怠速控制阀对怠速的调节范围有限，目前已经很少使用。

（3）步进电动机式怠速控制阀。

步进电动机式怠速控制阀装在节气门体或进气室上，当步进电动机的转子转动时，其阀杆伸出或缩入，阀杆一端的阀门即可控制旁通气道的开度，如图7-11所示。阀门从全关到全开，步进电动机可转125步，阀门的开度也相应有125级（丰田汽车）。

步进电动机的转子由永磁铁制成，定子则由两个16极铁芯构成，每个铁芯上绕有两组线圈，两个铁芯共4组线圈（分别为C1、C2、C3、C4），每组线圈都由8个线圈组成，每个线圈都各自绕在一个铁芯极上，这样就形成了16对磁极（共32个磁极），如图7-11所示。

学习任务七　怠速控制系统的测试、诊断与维修

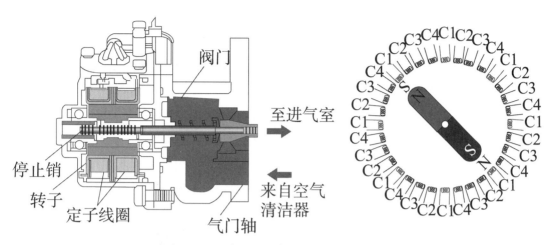

图 7-11　步进电动机式怠速控制阀

线圈 C1 通电时,其磁场使转子转到 C1 磁极对应的位置;线圈 C2 通电时,其磁场则使转子转到 C2 磁极对应的位置,以此类推。如果发动机 ECU 按照 C1-C2-C3-C4 的顺序给 4 组线圈通电,则转子向顺时针方向步步转动,怠速阀步步打开;如果发动机 ECU 按照 C4-C3-C2-C1 的顺序给 4 组线圈通电,则转子向逆时针方向步步转动,怠速阀则步步关闭。

丰田汽车步进电动机式怠速控制阀的控制电路如图 7-12 所示。该怠速控制阀具有以下的特定功能。

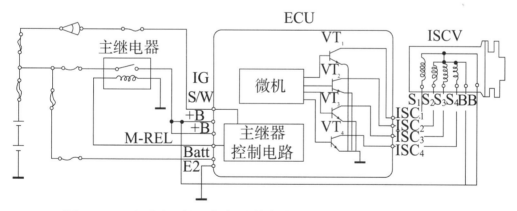

图 7-12　步进电动机式怠速控制阀的控制电路(丰田汽车)

起动位置设定:当发动机停止运转时,ECU 将怠速控制阀置于完全打开位置,以确保发动机下一次能够顺利起动。

主继电器控制:点火开关断开时,ECU 会继续维持主继电器接通一段时间,以便步进电动机完成起动位置设定。

自学习记忆功能:发动机熄火后,ECU 内部会记忆达到规定怠速所需要的步

191

数,以便下次起动后能够迅速稳定怠速。

奥迪汽车步进电动机式怠速阀的结构与原理如图7-13所示,其步进电动机的定子上有2组线圈,ECU通过分别控制2组线圈的通电方向来控制转子的转动方向,从而控制怠速阀杆的伸缩。需要说明的是,维修、更换过怠速阀或ECU,或在发动机运转时拔过怠速阀插头,都需要利用专用诊断仪(V.A.G1551)的"功能10"对发动机的怠速进行"自适应"匹配,否则,发动机可能会出现怠速不良现象。

2) 节气门直动式怠速控制系统

节气门体上不再设置旁通气道,也不再设置怠速控制阀,发动机ECU通过直接控制节气门开度的方式来控制怠速转速,如图7-1b)所示。

节气门直动式怠速控制系统有"半电子节气门"和"全电子节气门"两种。

(1) "半电子节气门"。

节气门的开度只有在怠速工况下才受发动机ECU的控制,非怠速工况则由驾驶人通过加速踏板人工控制。

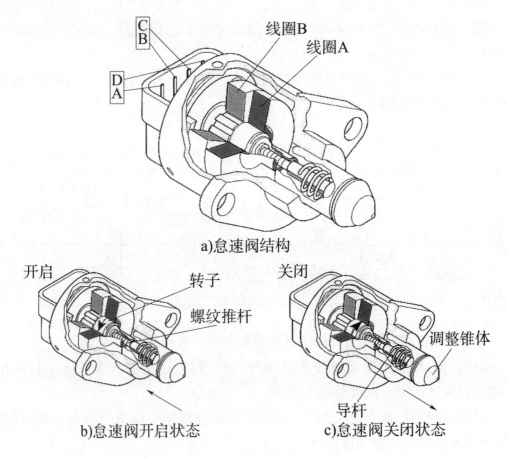

a) 怠速阀结构

b) 怠速阀开启状态

c) 怠速阀关闭状态

图 7-13

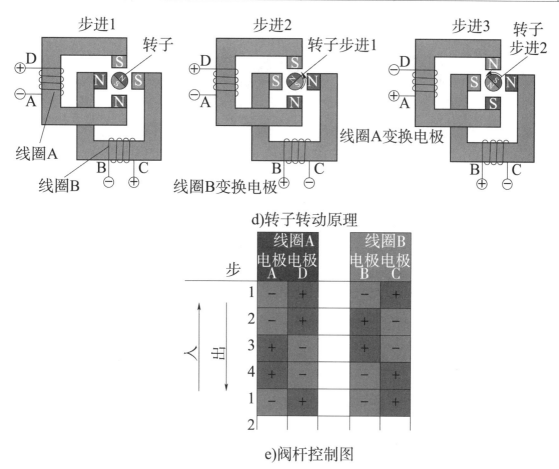

图 7-13 奥迪汽车步进电动机式怠速阀的结构与原理

大众车系广泛采用的此种类型的节气门体如图 7-14 所示,其节气门轴的一端为节气门拉索盘,另一端为怠速稳定控制器。怠速稳定控制器由怠速电动机、齿轮组、应急弹簧以及相关传感器等组成,其中传感器包括节气门位置传感器、怠速节气门位置传感器、怠速开关等。

怠速时,怠速开关闭合,发动机 ECU 据此判定进入怠速状态,于是开始通过怠速电动机及齿轮组等元件在一定范围内控制节气门的开度,节气门实际开度则由怠速节气门位置传感器信号反馈给 ECU,从而既可以实现对故障的监测功能,也可以实现 ECU 的自学习记忆功能。应急弹簧则用于应急运转功能。

故障监测功能:当节气门的开度不能按照 ECU 的控制指令变化,或开度已经达到控制极限,而怠速转速却仍然达不到目标值,ECU 内会储存相应的故障代码——"怠速调整超出极限"。此时实际的故障原因可能为:节气门因污物被卡、空气滤清器阻塞、进气系统漏气、其他机械故障等,应根据实际情况进行排除,一般情况下,节气门因污物而被卡较为多见,此时清洗节气门体即可。

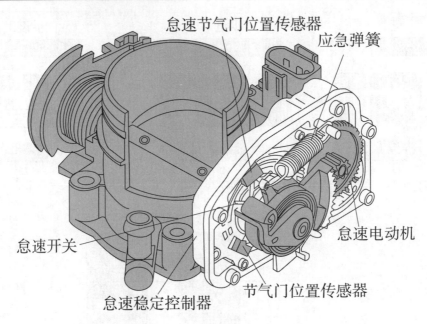

图 7-14 大众车系的节气门体

ECU 的自学习记忆功能：发动机熄火后，ECU 内部会记忆维持规定怠速所需要的节气门开度，以便下次起动后能够迅速稳定怠速。此功能可以确保发动机逐渐磨损后，其怠速仍然维持不变。

应急运转功能：当 ECU 对怠速的控制失效时，应急弹簧可将节气门拉开至某一开度，从而使发动机维持在某高怠速下继续运行。

提示：在对节气门体进行清洗等维修作业或更换节气门体，或更换 ECU 后，ECU 内部的记忆值与节气门的实际开度可能不一致，因此会造成怠速波动现象。解决方法有以下两种。

方法一：起动发动机，反复踩几次加速踏板，并使发动机怠速运转 30min 左右即可(利用 ECU 的自学习记忆功能使怠速逐渐恢复稳定)。

方法二：用故障诊断仪的"自适应匹配"功能清除 ECU 内部的记忆值，并利用怠速节气门位置传感器信号重新记忆新的数据。

(2) "全电子节气门"。

近年来，许多车型上又出现了一种所谓的"全电子节气门"，或称为"智能节气门"。其全部开度范围都受发动机 ECU 的控制，如图 7-15 所示，主要工作特点是：用节气门控制电动机完全取代了节气门拉索，在加速踏板处另设一个加速踏板位置传感器，发动机 ECU 则根据该传感器信号控制节气门控制电动机电流的大小和方向，从而控制节气门的开度，节气门的实际开度则由节气门位置传感器反馈给发动机 ECU。

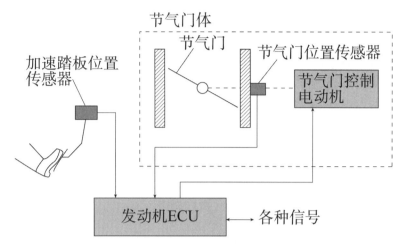

图 7-15　全电子节气门控制原理

丰田公司"全电子节气门体"的结构如图 7-16 所示,主要由节气门、节气门控制电动机、齿轮机构、节气门位置传感器、复位弹簧和其他部件构成。

当没有电流流向电动机时,复位弹簧使节气门开启到一个固定位置(大约 7°,丰田卡罗拉为 6°),但是,在正常怠速期间,节气门的开度反而要小于这个固定位置。

"全电子节气门"的控制模式如图 7-17 所示,在正常模式下,节气门开度随加速踏板转角变化,但略小于加速踏板转角,以确保汽车能够平稳行驶。

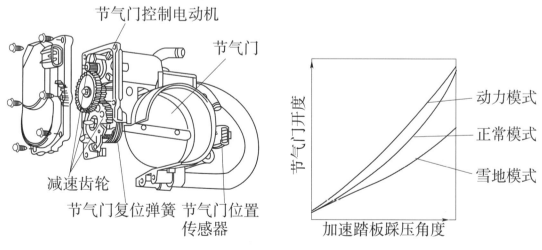

图 7-16　全电子节气门体　　　　图 7-17　"全电子节气门"控制模式

当按下雪地模式开关时,节气门开度会减小,以防止车辆在较滑路面上打滑;当按下动力模式开关时,节气门开度增大,对加速踏板转角的直接反应性增强,从而使发动机输出较强的动力。

采用"全电子节气门"时,还可以实现如下控制功能。

扭矩激活控制功能:节气门开度小于或大于加速踏板转角,以确保汽车平稳加速。如图 7-18 所示,当驾驶人突然踩下加速踏板时,如果没有转矩激活控制功能,节气门开度与加速踏板转角同步,汽车加速度(纵向力 G)会迅速升高,然后又逐渐下降,而有转矩激活控制功能时,节气门则逐渐开启,使汽车加速度逐渐上升而得到平稳加速的效果。

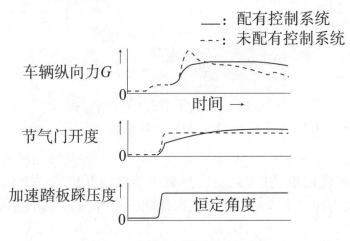

图 7-18 转矩激活控制功能

怠速控制功能:ECU 通过控制节气门开度,使发动机保持理想的怠速状态。

换挡减振控制:自动变速器换挡时,减小节气门开度,从而降低发动机转矩。

驱动防滑控制:驱动轮出现滑转现象时,减小节气门开度,从而降低发动机转矩。

车身动态控制功能:车辆高速转弯时,如果出现侧滑现象,则减小节气门开度,从而降低发动机功率。

巡航控制功能:发动机 ECU 直接控制节气门开度,实现巡航控制功能。

四、任务实施

1 实训目的

①可以进行各种怠速控制阀及其控制电路的检查。
②可以进行丰田车系怠速控制系统的检查。

2 设备准备

混动版丰田卡罗拉一台;丰田诊断仪(GTS)一台;万用表一只;发动机舱护罩一套;驾驶室卫生防护"三件套"一套;通用工具一套。

学习任务七　怠速控制系统的测试、诊断与维修

3 实训步骤

混动版丰田卡罗拉所用的"全电子节气门"控制电路如图7-19所示。

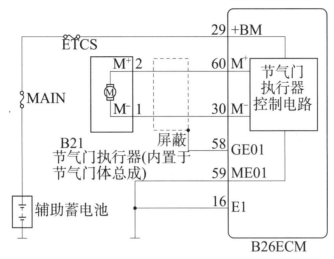

图7-19　混动版丰田卡罗拉"全电子节气门"控制电路

（1）与怠速控制有关的故障代码（DTC；表7-1）。

混动版丰田卡罗拉与怠速控制有关的故障代码（DTC）　表 7-1

DTC编号	检测项目	DTC检测条件	故 障 部 位	MIL（故障灯）
P0505	怠速控制系统	怠速转速持续严重偏离目标怠速转速	1.电子节气门控制系统； 2.进气系统； 3.PCV软管连接； 4.ECM	点亮
P2102	节气门执行器控制电动机电路低电位	满足以下两个条件并持续2.0s： （1）节气门执行器驱动占空比为80%或更高； （2）节气门执行器电流小于0.5A	1.节气门执行器电路断路； 2.节气门执行器； 3.ECM	点亮

续上表

DTC编号	检测项目	DTC检测条件	故障部位	MIL（故障灯）
P2103	节气门执行器控制电动机电路高电位	满足以下任一条件： （1）混合集成电路诊断信号故障； （2）混合集成电路大电流限流器监视输入故障	1. 节气门执行器电路短路； 2. 节气门执行器； 3. 节气门； 4. 节气门体总成； 5. ECM	点亮
P2118	节气门执行器控制电动机电流范围/性能	电子节气门控制系统电源（+BM）电路断路	1. 电子节气门控制系统电源电路断路； 2. 辅助蓄电池； 3. 辅助蓄电池端子； 4. ETCS保险丝； 5. ECM	点亮
P2119	节气门执行器控制节气门体范围/性能	节气门开度持续严重偏离目标节气门开度	1. 电子节气门控制系统； 2. 线束或连接器； 3. ECM	点亮

（2）怠速不稳故障原因。

故障症状：由于异常燃烧而造成发动机转速波动，或怠速转速过低或过高导致发动机较强振动。可能的故障原因见表7-2。

学习任务七　怠速控制系统的测试、诊断与维修

怠速不稳故障原因　　　　　　　　　　　　　　　　　　　　表 7-2

可疑部位	故障部位	
点火故障	点火系统	1. 火花塞； 2. 点火线圈总成
空燃比偏差 （进气量或燃油供应过量或不足）	燃油系统	1. 喷油器总成； 2. 燃油泵； 3. 燃油泵控制电路； 4. 燃油管路； 5. 清污 VSV 系统； 6. 燃油质量（存在异物、性能下降）
	进气和排气系统	1. 质量空气流量传感器分总成； 2. 进气系统（漏气或沉积物积聚）； 3. 节气门体总成； 4. 空燃比传感器； 5. 加热型氧传感器； 6. 凸轮轴正时机油控制总成； 7. 可变气门正时系统（VVT 系统）
发动机及控制系统	控制系统	1. ECM； 2. 线束或连接器； 3. 爆震控制传感器； 4. 发动机冷却液温度传感器
	发动机机械	1. 节温器； 2. 发动机总成（压缩压力不足等）； 3. 发动机支座

(3) 出现故障代码(DTC)P0505时的检查方法。

基本信息:怠速转速由电子节气门控制系统控制。电子节气门控制系统由以下部件构成:(1)节气门体;(2)节气门执行器(用以操控节气门);(3)节气门位置传感器(用以检测节气门的开度);(4)加速踏板位置传感器(用以检测加速踏板位置);(5)ECM(用以控制电子节气门控制系统),ECM根据目标怠速转速,控制节气门执行器,以提供正确的节气门开度。

故障监视描述:ECM监视怠速转速和怠速空气流量(IAC)以进行怠速控制(ISC)。如果符合以下条件,则ECM判定ISC系统存在故障:

以10km/h或更高速度驾驶后,目标怠速和实际怠速的转速差在一个驾驶循环内超过阈值5次或更多次,然后系统判断IAC流率学习值卡在上限或下限,或IAC流率学习值变化量超过阈值,如图7-20所示。

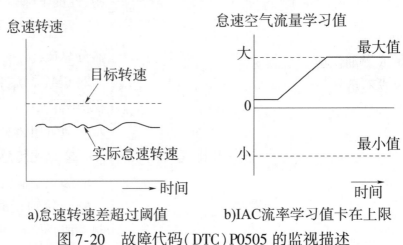

a)怠速转速差超过阈值　　b)IAC流率学习值卡在上限

图7-20　故障代码(DTC)P0505的监视描述

①确认行驶模式(图7-21)。

将GTS连接到DLC3,将电源开关置于ON(IG)位置,并打开GTS,清除DTC(即使未存储DTC,也应执行清除DTC程序),将电源开关置于OFF位置并至少等待30s,将电源开关置于ON(IG)位置,并打开GTS(图7-21[A]),将发动机置于检查模式(保养模式),关闭所有附件的情况下,起动发动机并驾驶车辆,直至冷却液温度达到70℃或更高(图7-21[B]),将电源开关置于OFF位置并至少等待30s,断开辅助蓄电池负极(-)端子电缆,重新连接辅助蓄电池负极(-)端子电缆,将电源开关置于ON(IG)位置,并打开GTS,将发动机置于检查模式(保养模式),在选择驻车挡(P)的情况下,起动发动机并高速空转发动机5s(图7-21[C]),怠速运转发动机5min或更长时间(图7-21[D])(提示:为保持怠速稳定,请关闭空调和所有其他电气负载且不要进行任何换挡操作),进入菜单Powertrain/Engine and ECT/Trouble Codes[E],读取待定 DTC：

如果输出待定 DTC，则系统发生故障；如果未输出待定 DTC，则执行以下程序：

进入菜单 Powertrain/Engine and ECT/Utility/All Readiness，输入 DTC：P0505，检查 DTC 判断结果：

如果判断结果显示 INCOMPLETE 或 N/A，则执行图 7-21 中的步骤[F]至[I]；

如果判断结果显示 NORMAL，则系统正常；如果判断结果显示 ABNORMAL，则继续如下步骤：

将车辆加速至 10km/h 或更高（图 7-21[F]），在选择驻车挡（P）的情况下，停止车辆并高速空转发动机 5s（图 7-21[G]），使发动机怠速运转 20s 或更长时间（图 7-21[H]），重复步骤[F]至[H]10 次，进入菜单 Powertrain/Engine and ECT/Trouble Codes[I]，读取待定 DTC：

如果输出待定 DTC，则系统发生故障；如果未输出待定 DTC，则执行以下程序：

进入菜单 Powertrain/Engine and ECT/Utility/All Readiness，输入 DTC：P0505，检查 DTC 判断结果：

如果判断结果显示 NORMAL，则系统正常；如果判断结果显示 ABNORMAL，则进行下一步。

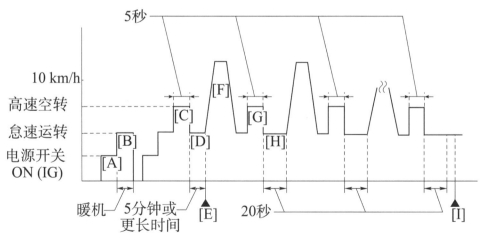

图 7-21 出现 DTC P0505 时确认行驶模式

提示：下列状况也可能导致输出 DTC P0505：(1)地毯覆盖在加速踏板上，导致加速踏板被轻微压下，从而使节气门处于微开的位置；(2)未完全松开加速踏板。

②检查是否输出其他 DTC(除 DTC P0505 外)。

将 GTS 连接到 DLC3,将电源开关置于 ON(IG)位置,打开 GTS,进入菜单 Powertrain/Engine and ECT/Trouble Codes,读取 DTC:

如果输出 DTC P0505 和其他 DTC,则先按照其他 DTC 进行检查;如果输出 DTC P0505,则进行下一步。

③检查 PCV 软管连接情况。

如果异常,则维修或更换 PCV 软管;如果正常,则进行下一步。

④检查进气系统。

检查进气系统是否存在真空泄漏,如果异常,则维修或更换进气系统;如果正常,则进行下一步。

⑤检查节气门体总成(节气门)。

检查节气门与壳体之间是否有杂物,然后检查并确认节气门移动平稳,如果异常,则更换节气门体总成;如果正常,则进行下一步。

⑥确认故障是否已成功排除。

将 GTS 连接到 DLC3,将电源开关置于 ON(IG)位置,打开 GTS,清除 DTC,按照确认行驶模式中所述的行驶模式驾驶车辆,进入菜单 Powertrain/Engine and ECT/Trouble Codes,读取待定 DTC:

如果输出 DTC P0505,则更换 ECM;如果未输出 DTC,则诊断结束。

(4)出现故障代码(DTC)P2118 时的检查方法。

基本信息:电子节气门控制系统有一个专用的供电电路(图 7-21),ECM 随时监视其电压(+ BM),当其电压过低(低于4V)时,ECM 判定电子节气门控制系统有故障,并切断流向节气门执行器的电流(原因:电压不稳时,电子节气门控制系统也会变得不稳)。如果维修后系统恢复正常,则将电源开关置于 OFF 位置,重新启动发动机后,ECM 才允许电流流向节气门执行器,使节气门执行器重新启动。

故障监视描述:ECM 监视施加到节气门执行器的辅助蓄电池电压。电源电压(+ BM)低于4V 持续0.8 秒或更长时间时,ECM 判定电源电路(+ BM)断路。ECM 点亮 MIL 并存储 DTC。

失效保护:存储该 DTC 或与电子节气门控制系统(ETCS)故障有关的其他 DTC 时,ECM 进入失效保护模式,该模式下,ECM 切断流向节气门执行器的电流,节气门则在复位弹簧的作用下恢复到5.5°节气门开度。ECM 停止发动机且仅可使用混合动力系统行驶车辆。如果平稳而缓慢地踩下加速踏板,则车辆会缓慢行驶。失效保护模式持续运行,直至检测到通过条件且将电源开关置于 OFF

位置。

①确认行驶模式(图7-22)。

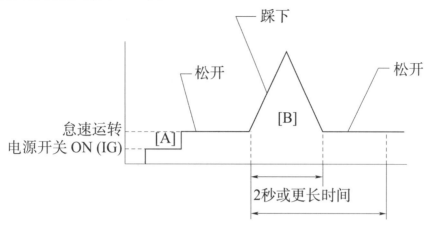

图 7-22　出现 DTC P2118 时确认行驶模式

将 GTS 连接到 DLC3,将电源开关置于 ON(IG)位置,并打开 GTS,清除 DTC(即使未存储 DTC,也应执行清除 DTC 程序),将电源开关置于 OFF 位置并至少等待 30s,将电源开关置于 ON(IG)位置,并打开 GTS[A],将发动机置于检查模式(保养模式),起动发动机,慢慢踩下加速踏板,提高发动机转速至约为 2500rpm,并持续约 5s 以上,然后怠速运转发动机(图7-22[B])(提示:充电控制期间,发动机转速设定为怠速。因此,踩下加速踏板时,发动机转速未增加。在这种情况下,在完成充电控制后,执行步骤[B])。

检查并确认从发动机起动后已经过 16s 或更长时间,进入菜单 Powertrain/Engine and ECT/Trouble Codes[C],读取待定 DTC:

如果输出待定 DTC,则系统发生故障;如果未输出待定 DTC,则执行以下程序:

进入菜单 Powertrain/Engine and ECT/Utility/All Readiness,输入 DTC:P2118,检查 DTC 判断结果:

如果判断结果显示 INCOMPLETE 或 N/A,则再次执行步骤[B]和[C],如有必要,则驾驶车辆一段时间;

如果判断结果显示 NORMAL,则系统正常;

如果判断结果显示 ABNORMAL,则进行下一步。

②使用 GTS 读取 +BM 电压值。

将 GTS 连接到 DLC3,将电源开关置于 ON(IG)位置,打开 GTS,进入菜单 Powertrain/Engine and ECT/Data List/All Data/ +BM Voltage,按下"执行"按钮后,读取 GTS 上显示的值:如果结果 11~14V,则检查是否存在间歇性故障;如果结果是低于4V,则进行下一步。

③检查线束和连接器(ECM-辅助蓄电池、车身搭铁)。

断开ECM连接器(图7-23),用万用表测量相关插脚之间的电压(图7-19)。

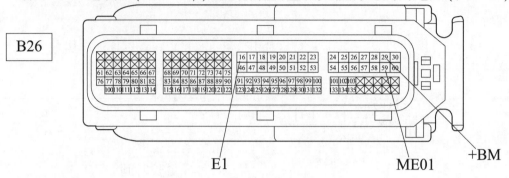

图7-23 线束连接器前视图

相关数据如下:

B26-29(+BM)—车身搭铁:11~14V。

用万用表测量相关插脚之间的电阻,相关数据如下:

B26-59(ME01)—车身搭铁:<1Ω;

B26-16(E1)—车身搭铁:<1Ω。

如果异常,则维修或更换线束或连接器;如果正常,则更换ECM。

(5)出现故障代码(DTC)P2119时的检查方法。

基本信息:ECM根据驾驶员输入,操作节气门执行器来调节节气门。节气门位置传感器检测节气门的开度并将反馈信息提供至ECM,因而ECM可以对节气门进行相应控制。

故障监视描述:ECM根据来自节气门位置传感器的信号确定节气门的实际开度,并将实际开度与由ECM指令的目标开度进行对比,如果两个值的差超出标准范围,则ECM将此视为电子节气门控制系统故障,然后ECM点亮MIL并存储DTC。

典型故障阈值:满足下列任一条件:

节气门指令关闭位置和节气门当前关闭位置之间存在差异:≥0.3V;

节气门指令打开位置和节气门当前打开位置之间存在差异:≥0.3V。

失效保护:同DTC P2118情况。

①确认行驶模式(图7-24)。

将GTS连接到DLC3,将电源开关置于ON(IG)位置,并打开GTS,清除DTC(即使未存储DTC,也应执行清除DTC程序),将电源开关置于OFF位置并至少等待30s,将电源开关置于ON(IG)位置,并打开GTS(图7-24[A]),将发动机置于检查模式(保养模式),起动发动机,怠速运转发动机20s,进入菜单Powertrain/Engine and ECT/Trouble Codes(图7-24[B]),读取待定DTC:

如果输出待定DTC,则系统发生故障;如果未输出待定DTC,则执行以下程序:

进入菜单Powertrain/Engine and ECT/Utility/All Readiness,输入DTC:P2119。检查DTC判断结果:

如果判断结果显示INCOMPLETE或N/A,则完全踩下并松开加速踏板3次,然后检查DTC判断结果(图7-24[C]);

如果判断结果显示NORMAL,则系统正常;

如果判断结果显示ABNORMAL,则进行下一步。

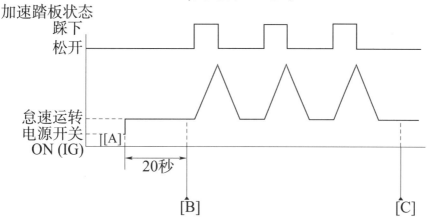

图7-24 出现DTC P2119时确认行驶模式

②检查其他DTC输出(除DTC P2119外)。

将GTS连接到DLC3,将电源开关置于ON(IG)位置,打开GTS,进入菜单Powertrain/Engine and ECT/Trouble Codes,读取DTC:

如果输出DTC P2119和其他DTC,则先按照其他DTC进行检查;如果输出DTC P2119,则进行下一步。

③使用GTS读取节气门位置值。

将GTS连接到DLC3,将电源开关置于ON(IG)位置,打开GTS,清除DTC,将电源开关置于OFF位置并至少等待30s,将电源开关置于ON(READY)位置,打开GTS,进入菜单Powertrain/Engine and ECT/Data List/All Data/Throttle Position No. 1 and Throttle Position Command,按下"执行"按钮后,快速完全踩下并松开加速踏板时,读取GTS上显示的值:

如果Throttle Position No. 1改变(即使改变很小),则进行步骤⑤;如果Throttle Position No. 1不改变,则进行下一步。

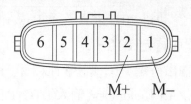

图 7-25　节气门体总成连接器

④检查节气门体总成(节气门执行器的电阻)。

断开节气门体总成连接器(图 7-25),用万用表测量相关插脚之间的电阻,相关数据如下:

1(M-)—2(M+):0.3~100Ω。

如果异常,则更换节气门体总成(带电动机),更换后检查是否再次输出 DTC(DTC P2119)(步骤⑦);如果正常,则进行下一步。

⑤检查节气门体总成(目视检查节气门)。

检查节气门与壳体之间是否有杂物。如有必要,清洁节气门体总成。同时,检查并确认节气门移动平稳。如果异常,则更换节气门体总成,更换后检查是否再次输出 DTC(DTC P2119)(步骤⑦);如果正常,则进行下一步。

⑥使用 GTS 读取值(节气门位置)。

将 GTS 连接到 DLC3,将电源开关置于 ON(IG)位置,打开 GTS,清除 DTC,将电源开关置于 OFF 位置并至少等待 30s,将电源开关置于 ON(IG)位置,打开 GTS,进入菜单 Powertrain/Engine and ECT/Data List/All Data/Throttle Position No.1, Throttle Position No.2 and Throttle Position Command,按下"执行"按钮后,晃动 ECM 线束时读取 GTS 上显示的值。

进入菜单 Powertrain/Engine and ECT/Trouble Codes,读取 DTC:

如果晃动线束或输出 DTC 时数据表中的值改变,则维修或更换线束或连接器(ECM-节气门体总成);如果是其他情况,则进行下一步。

⑦检查是否再次输出 DTC(DTC P2119)。

将 GTS 连接到 DLC3,将电源开关置于 ON(IG)位置,打开 GTS,清除 DTC,将电源开关置于 OFF 位置并至少等待 30s,将电源开关置于 ON(IG)位置,打开 GTS,按照确认行驶模式中所述的行驶模式驾驶车辆,进入菜单 Powertrain/Engine and ECT/Trouble Codes,读取 DTC:

如果输出 DTC P2119,则更换 ECM;如果未输出 DTC,则诊断结束。

(6)出现故障代码(DTC)P2102、P2103 时的检查方法。

故障监视描述:ECM 监视通过节气门执行器的电流,并根据此值检测节气门执行器的故障和电路断路情况。如果电流超出标准范围,则 ECM 判定节气门执行器存在故障。此外,如果节气门不能正常工作(例如卡滞),则 ECM 判定存在故障,然后点亮 MIL 并存储 DTC。

示例:电流小于 0.5A,且节气门执行器占空比超过 80% 时,ECM 将此视为电流超出标准范围。

失效保护:同 DTC P2118 情况。

①确认行驶模式(图 7-26)。

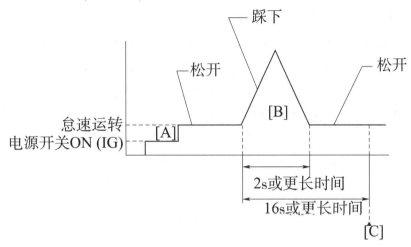

图 7-26　出现 DTC P2102、P2103 时确认行驶模式

将 GTS 连接到 DLC3,将电源开关置于 ON(IG)位置,并打开 GTS,清除 DTC(即使未存储 DTC,也应执行清除 DTC 程序),将电源开关置于 OFF 位置并至少等待 30s,将电源开关置于 ON(IG)位置,并打开 GTS(图 7-26[A]),将发动机置于检查模式(保养模式),起动发动机,车辆静止的情况下,完全踩下加速踏板并快速松开(图 7-26[B]),检查并确认从最初踩下加速踏板的瞬间已经过 16s 或更长时间,进入菜单 Powertrain/Engine and ECT/Trouble Codes(图 7-26[C]),读取待定 DTC:

如果输出待定 DTC,则系统发生故障;如果未输出待定 DTC,则执行以下程序:

进入菜单 Powertrain/Engine and ECT/Utility/All Readiness,输入 DTC:P2102 或 P2103,检查 DTC 判断结果:

如果判断结果显示 INCOMPLETE 或 N/A,则再次执行步骤[B]和[C],如有必要,则驾驶车辆一段时间;

如果判断结果显示 NORMAL,则系统正常;

如果判断结果显示 ABNORMAL,则进行下一步。

②检查节气门体总成(节气门执行器的电阻)。

见前述内容的步骤④。

③检查线束和连接器(节气门体总成-ECM)。

断开节气门体总成连接器,断开 ECM 连接器,用万用表测量相关插脚之间的电阻,相关数据如下:

B21-2(M+)—B26-60(M+):<1Ω;

B21-1(M-)—B26-30(M-):<1Ω;

B21-2(M+)或 B26-60(M+)—车身搭铁:≥10kΩ;

B21-1(M-)或 B26-30(M-)—车身搭铁:≥10kΩ。

如果异常,则维修或更换线束或连接器;如果正常,则进行下一步。

④检查节气门体总成(目视检查节气门)。

检查节气门和壳体之间是否有异物,如果异常,则清除异物并清洁节气门体总成;如果正常,则进行下一步。

⑤检查节气门体总成。

检查节气门打开和关闭操作是否平稳,如果异常,则更换节气门体总成;如果正常,则更换 ECM。

4 实训要求

①注意安全防护措施,并养成使用发动机舱护罩、驾驶室卫生防护"三件套"的职业习惯。

②操作要仔细、规范,避免造成设备损坏。

③保持现场的清洁卫生,坚持工具、零件、油液"三不落地"。

小结

正常怠速或低怠速一般为 750~850r/min,起动、暖机时要求怠速适当提高,随着冷却液温度的升高,要求转速逐步向正常怠速或低怠速过渡。

打开空调、前照灯等附属设备、动力转向投入工作或自动变速器挂上行驶挡位时,要求怠速转速自动提高,一般要求达到 1000~1200r/min,称为高怠速(或快怠速)。

发动机的怠速控制系统有旁通空气控制式和节气门直动式两大类,旁通空气控制式又有线性电磁阀式、转阀式、步进电动机式等多种类型。

采用线性电磁阀式和转阀式怠速控制阀时,ECU 一般通过占空比来控制怠速控制阀的开度;采用步进电动机式怠速控制阀时,ECU 一般通过改变 4 个线圈的通电顺序来改变怠速控制阀的开度。

节气门直动式怠速控制系统有"半电子节气门"和"全电子节气门"两种。

采用"半电子节气门"时，节气门的开度只有在怠速工况下才受发动机ECU的控制，非怠速工况则由驾驶人通过加速踏板人工控制。

"全电子节气门"的主要特点是：用节气门控制电动机完全取代了节气门拉索，但在加速踏板处需另设一个加速踏板位置传感器。

转阀式怠速控制阀的检查内容主要包括：检查旁通气道有无污物阻塞情况、测线圈的电阻、测线圈的搭铁情况、检查怠速控制阀的动作情况、检查怠速控制阀与ECU之间的线路情况等。

步进电动机式怠速控制阀的检查内容主要包括：基本检查、怠速控制阀电阻的检查、怠速控制阀运行情况的检查、怠速控制阀供电电压的检查等。

大众车系所用"半电子节气门"式怠速控制系统的检查主要依靠汽车专用故障诊断仪V.A.G1551/1552，需要注意是：对节气门与ECU进行匹配、对怠速转速进行设定、ECU与防盗器的匹配、对ECU进行编码等操作方法。

复习思考题

判断题

1. 对于旁通空气式怠速控制系统而言，怠速时的空气不经过节气门。
（   ）

2. 为了减少磨损，起动、暖机时的怠速转速较低。（   ）

3. 打开空调、前照灯等附属设备时，发动机因负担加重而使怠速转速降低。
（   ）

4. 发动机熄火后，怠速控制阀处于关闭状态。（   ）

5. 怠速控制阀发生故障时，发动机的故障现象都是怠速不稳。（   ）

学习任务八

电控系统电源电路的测试、诊断与维修

学习目标

1. 了解电控系统电源电路的基本构成；
2. 掌握电控系统电源电路的工作原理；
3. 掌握根据电源电路图进行电路测试的方法；
4. 掌握根据不同的故障现象进行故障分析与诊断的方法。

一、任务引入

发动机电控系统电源电路用于向电控系统的 ECU、各传感器、各执行器提供工作电源。该电路出现故障，发动机同样不能正常运转，例如：当 ECU 的电源电路和搭铁电路出现断路故障时，发动机会无法起动；当空气流量传感器电源电路出现断路故障时，即使空气流量传感器本身完全正常，发动机也会严重运转不良。因此，检查电源电路也是发动机故障诊断与排除的重要工作之一。

二、任务分析

发动机电源电路包括 ECU 供电电路、传感器供电电路、执行器供电电路三个部分。常见的电路故障有断路、短路、接触不良三种形式，故障位置及故障形式不同，发动机的故障现象也会有所不同，因此，不可能将电源电路所引发的所有故障现象都一一列举，但可以结合电路图进行故障分析，并对所怀疑的电路进行检测，然后根据检测结果来判断具体的故障部位。

三、相关知识

1 ECU 供电电路工作原理

混动版丰田卡罗拉 8ZR-FXE 发动机 ECU（丰田公司称为 ECM）的电源电路如图 8-1 所示，电源开关（智能钥匙）置于 ON（IG）位置时，智能钥匙 ECU 向 IG2 继电器线圈输出约 12V 电压，IG2 继电器被激励，其触点闭合，从而在 ECM 的 IGSW 脚上施加辅助蓄电池电压（约 12V），ECM 的 MREL 脚则向集成继电器

(EFI-MAIN 继电器)的线圈输出电流,使该继电器触点闭合并向 ECM 的 +B 脚和 +B2 脚供电,于是 ECM 进入工作状态。

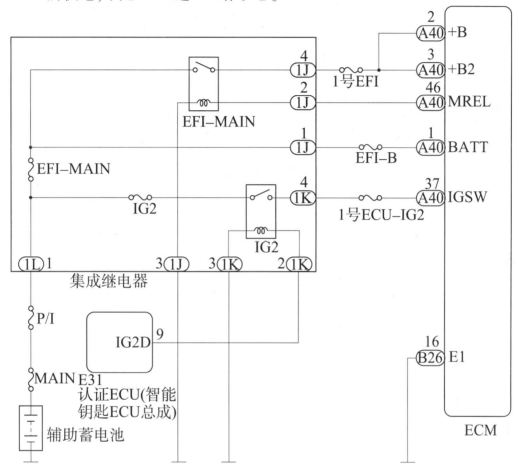

图 8-1　8ZR-FXE 发动机 ECM 电源电路

ECM 的 BATT 脚通过熔断丝 EFI MAIN 等长期与辅助蓄电池正极相通,即:该路电源不受点火开关控制,其目的是在点火开关断开的情况下,ECM 的记忆电路仍然能够维持通电,以便 ECM 能够存储故障代码等相关信息。

ECM 本身通过 E1 脚搭铁。

2 传感器供电电路

混动版丰田卡罗拉 8ZR-FXE 发动机传感器的供电原理如图 8-2 所示,图 8-3 为部分传感器线路。来自 +B、+B2 脚的电压经 ECM 内部的 5V 恒压电路转换为 5V 电压后,经 VC 脚提供给各传感器。

恒压电路可以在辅助蓄电池电压波动的情况下确保各传感器的工作电压稳定不变,从而确保各传感器的信号不受辅助蓄电池电压波动的影响。

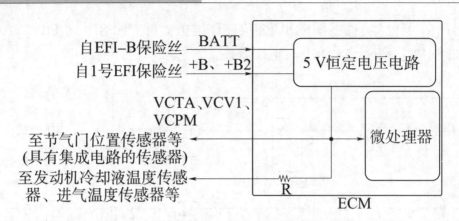

图 8-2　8ZR-FXE 发动机传感器的供电原理

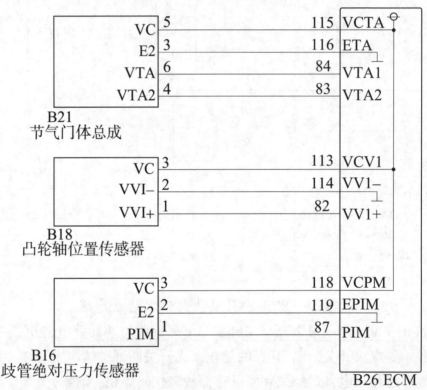

图 8-3　8ZR-FXE 发动机部分传感器线路图

3　执行器供电电路

混动版丰田卡罗拉 8ZR-FXE 发动机的喷油器、点火线圈等均由继电器 IG2 供电(见第五章、第六章相关内容)。由图 8-1 可见,只要接通点火开关,继电器 IG2 就处于激励状态,所有喷油器和点火线圈都会有工作电源存在。

该发动机"全电子节气门"中的电动机则由 ECM 的 M+ 和 M- 脚提供工作电源(见第七章相关内容)。

4 ECU(ECM)插接件

ECU(ECM)通过插接件与电源、各传感器和执行器等连接。混动版丰田卡罗拉 8ZR-FXE 发动机 ECM 共有两个插接件,各插脚排列参见图 2-25,其中,B26、A40 表示其连接器编号。

四、任务实施

1 实训目的

能够检查、诊断发动机电控系统的电源电路故障。

2 设备准备

混动版丰田卡罗拉整车一辆;丰田诊断仪(GTS)一台;万用表一只;通用工具一套;发动机舱护罩一套;驾驶室卫生防护"三件套"一套。

3 实训步骤

1)实训项目一:混动版丰田卡罗拉 8ZR-FXE 发动机 ECM 电源电路检查

故障检查流程:混动版丰田卡罗拉 8ZR-FXE 发动机 ECM 电源电路不正常时的检查流程如图 8-4 所示。

注意:进行下列程序前,先检查与此系统相关电路的保险丝。

(1)检查线束和连接器(ECM—车身搭铁)。

断开 ECM 连接器(ECM 的位置参见图 1-4,ECM 连接器的插脚参见图 2-25),用万用表测量 B26 的 16(E1)脚与车身搭铁之间的电阻(图 8-1),阻值应该 <1Ω。

如不正常,则维修或更换线束或连接器;如正常,则进行下一步。

(2)检查插脚电压(IGSW 电压)。

将电源开关置于 ON(IG)位置,用万用表测量 A40 的 37(IGSW)脚与车身搭铁之间的电压,电压值应该为 11~14V。

如异常,则进行第(6)步[检查集成继电器(IG2 继电器)];如正常,则继续下一步。

(3)检查集成继电器(EFI—MAIN 继电器)。

该继电器的位置参见图 1-4,其内部线路如图 8-5 所示,其连接器插脚分布如图 8-6 所示。

①检查 IG2 继电器。

未在 1K-3 脚和 1K-2 脚之间施加辅助蓄电池电压的情况下,用万用表测量 1L-1 脚与 1K-4 脚之间的电阻,阻值应该 ≥10kΩ。

```
┌─────────────────────────────────────────┐
│   检查线束和连接器(ECM—车身搭铁)        │
└─────────────────────────────────────────┘
┌─────────────────────────────────────────┐
│        检查插脚电压(IGSW电压)            │
└─────────────────────────────────────────┘
┌─────────────────────────────────────────┐
│   检查集成继电器(EFI—MAIN继电器)        │
└─────────────────────────────────────────┘
┌─────────────────────────────────────────┐
│ 检查线束和连接器〔ECM—集成继电器(EFI-MAIN│
│ 继电器)〕                                │
└─────────────────────────────────────────┘
┌─────────────────────────────────────────┐
│ 检查线束和连接器〔集成继电器(EFI—MAIN继电器)│
│ —车身搭铁〕                              │
└─────────────────────────────────────────┘
┌─────────────────────────────────────────┐
│     检查集成继电器(IG2继电器)            │
└─────────────────────────────────────────┘
┌─────────────────────────────────────────┐
│ 检查线束和连接器〔ECM—集成继电器(IG2继电器)〕│
└─────────────────────────────────────────┘
┌─────────────────────────────────────────┐
│ 检查线束和连接器〔集成继电器(IG2继电器)—辅│
│ 助蓄电池〕                               │
└─────────────────────────────────────────┘
┌─────────────────────────────────────────┐
│ 检查线束和连接器〔集成继电器(IG2继电器)—车│
│ 身搭铁〕                                 │
└─────────────────────────────────────────┘
┌─────────────────────────────────────────┐
│ 检查线束和连接器〔认证ECU—集成继电器(IG2 │
│ 继电器)〕                                │
└─────────────────────────────────────────┘
```

图 8-4　ECM 电源电路的检查程序

在 1K-3 脚和 1K-2 脚之间施加辅助蓄电池电压的情况下，用万用表测量 1L-1 脚与 1K-4 脚之间的电阻，阻值应该 <1Ω。

如不正常，则更换集成继电器。

②检查 EFI—MAIN 继电器。

未在 1J-2 脚和 1J-3 脚之间施加辅助蓄电池电压的情况下，用万用表测量 1L-1 脚与 1J-4 脚之间的电阻，阻值应该 ≥10kΩ。

在 1J-2 脚和 1J-3 脚之间施加辅助蓄电池电压的情况下，用万用表测量 1L-1 脚与 1J-4 脚之间的电阻，阻值应该 <1Ω。

如不正常，则更换集成继电器。

③检查 DRL 继电器。

未在 1J-6 脚和 1J-7 脚之间施加辅助蓄电池电压的情况下，用万用表测量 1L-1 脚与 1J-8 脚之间的电阻，阻值应该 ≥10kΩ。

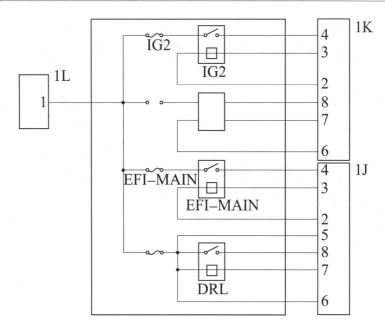

图 8-5　集成继电器(EFI-MAIN 继电器)内部线路

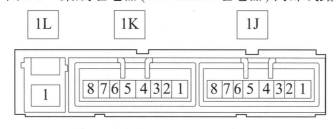

图 8-6　集成继电器连接器插脚分布

在 1J-6 脚和 1J-7 脚之间施加辅助蓄电池电压的情况下,用万用表测量 1L-1 脚与 1J-8 脚之间的电阻,阻值应该<1Ω。

如不正常,则更换集成继电器。

(4)检查线束和连接器[ECM—集成继电器(EFI—MAIN 继电器)]。

从发动机室 1 号继电器盒和 1 号接线盒总成上拆下集成继电器(EFI—MAIN 继电器),用万用表测量 A40 的 46(MREL)脚与 1J 的 2 脚、A40 的 2(+B)脚与 1J 的 4 脚、A40 的 3(+B2)脚与 1J 的 4 脚之间的电阻,阻值均应该<1Ω。

如不正常,则维修或更换线束或连接器;如正常,则进行下一步。

(5)检查线束和连接器[集成继电器(EFI—MAIN 继电器)—车身搭铁]。

从发动机室 1 号继电器盒和 1 号接线盒总成上拆下集成继电器(EFI—MAIN 继电器),用万用表测量 1J 的 3 脚与车身搭铁之间的电阻,阻值应该<1Ω。

如不正常,则维修或更换线束或连接器;如正常,但发动机仍然不能正常运转,则转入综合故障诊断程序,参见第十一章。

(6) 检查集成继电器(IG2 继电器)。

检查方法参见(3)—①检查 IG2 继电器。如不正常,则更换集成继电器;如正常,则进行下一步。

(7) 检查线束和连接器[ECM—集成继电器(IG2 继电器)]。

从发动机室 1 号继电器盒和 1 号接线盒总成上拆下集成继电器(IG2 继电器),用万用表测量 A40 的 37(IGSW)脚与 1K 的 4 脚之间的电阻,阻值应该 <1Ω。

如不正常,则维修或更换线束或连接器;如正常,则进行下一步。

(8) 检查线束和连接器[集成继电器(IG2 继电器)—辅助蓄电池]。

从发动机室 1 号继电器盒和 1 号接线盒总成上拆下集成继电器(IG2 继电器),断开辅助蓄电池负极(−)连线,断开辅助蓄电池正极(+)连线。

用万用表测量 1L 的 1 脚与辅助蓄电池正极(+)连线之间的电阻,阻值应该 <1Ω。

如不正常,则维修或更换线束或连接器;如正常,则进行下一步。

(9) 检查线束和连接器[集成继电器(IG2 继电器)—车身搭铁]。

从发动机室 1 号继电器盒和 1 号接线盒总成上拆下集成继电器(IG2 继电器),用万用表测量 1K 的 3 脚与车身搭铁之间的电阻,阻值应该 <1Ω。

如不正常,则维修或更换线束或连接器;如正常,则进行下一步。

(10) 检查线束和连接器[认证 ECU—集成继电器(IG2 继电器)]。

断开认证 ECU(智能钥匙 ECU 总成)连接器,从发动机室 1 号继电器盒和 1 号接线盒总成上拆下集成继电器(IG2 继电器),用万用表测量 E31 的 9(IG2D)脚与 1K 的 2 脚之间的电阻,阻值应该 <1Ω。

如不正常,则维修或更换线束或连接器;如正常,但发动机仍然不能正常运转,则检查智能上车和起动系统(略)。

2) 实训项目二:混动版丰田卡罗拉 8ZR-FXE 发动机传感器供电电路(VC)检查

基本信息:VC 电路短路时,ECM 中的微处理器和发动机各传感器由于没有从 VC 电路获得电源而不能激活。在此条件下,系统不能起动,且即使系统故障,MIL 也不亮。

在正常状态下,将电源开关置于 ON(IG)位置时,MIL 点亮;将电源开关置于 ON(READY)位置时,MIL 熄灭。

(1) 检查 MIL 状态。

将电源开关置于 ON(IG)位置时,检查并确认故障指示灯(MIL)点亮。如果异常,则进行下一步。

(2)检查 GTS 和 ECM 之间的连接情况。

将 GTS 连接到 DLC3,将电源开关置于 ON(IG)位置,打开 GTS,检查 GTS 和 ECM 之间是否通信:

如果可以进行通信,则检查 MIL 电路(见实训项目三);如果不能进行通信,则进行下一步。

(3)检查 MIL(节气门位置传感器)。

断开节气门体总成连接器,将电源开关置于 ON(IG)位置,检查 MIL:

如果 MIL 点亮,则更换节气门体总成;如果 MIL 不亮,则进行下一步。

(4)检查 MIL(凸轮轴位置传感器)。

断开凸轮轴位置传感器连接器,将电源开关置于 ON(IG)位置,检查 MIL:

如果 MIL 点亮,则更换凸轮轴位置传感器;如果 MIL 不亮,则进行下一步。

(5)检查 MIL(歧管绝对压力传感器)。

断开歧管绝对压力传感器连接器,将电源开关置于 ON(IG)位置,检查 MIL:

如果 MIL 点亮,则更换歧管绝对压力传感器;如果 MIL 不亮,则进行下一步。

(6)检查线束和连接器。

断开节气门体总成连接器,断开凸轮轴位置传感器连接器,断开歧管绝对压力传感器连接器,断开 ECM 连接器(图 2-25),用万用表测量相关插脚之间的电阻(参见第四章相关传感器电路图),相关数据如下:

B26-115(VCTA)—车身搭铁:≥10kΩ;

B26-113(VCV1)—车身搭铁:≥10kΩ;

B26-118(VCPM)—车身搭铁:≥10kΩ。

如果异常,则维修或更换线束或连接器;如果正常,则更换 ECM。

3)实训项目三:混动版丰田卡罗拉 8ZR-FXE 发动机 MIL 电路检查

基本信息:故障指示灯(MIL)用于指示 ECM 检测到的车辆故障。可目视检查 MIL 的工作情况。电源开关置于 ON(IG)位置时,MIL 应点亮,然后电源开关置于 ON(READY)位置后应熄灭。如果 MIL 一直亮或不亮,则使用 GTS 进行以下故障排除程序。

混动版丰田卡罗拉 8ZR-FXE 发动机 MIL 电路如图 8-7 所示。

注意:进行下列程序前,先检查与此系统相关电路的熔断丝。

(1)检查并确认 MIL 点亮。

如果 MIL 不亮,则进行步骤(5);如果 MIL 一直亮,则进行下一步。

(2)检查是否再次输出 DTC。

将 GTS 连接到 DLC3,将电源开关置于 ON(IG)位置,打开 GTS,进入菜单 Powertrain/Engine and ECT/Trouble Codes,检查是否已检测到所有 DTC,记录所有 DTC:
如果输出 DTC,则维修输出 DTC 指示的电路;如果未输出 DTC,则进行下一步。

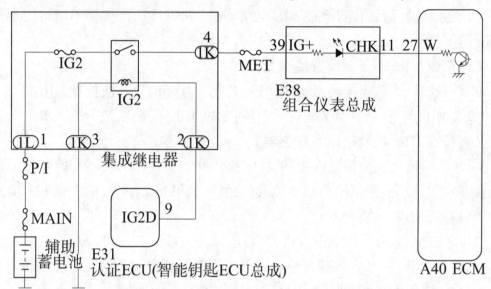

图 8-7 混动版丰田卡罗拉 8ZR-FXE 发动机 MIL 电路

(3)检查线束和连接器(检查线束是否短路)。

断开 ECM 连接器,将电源开关置于 ON(IG)位置,检查并确认 MIL 不亮。

如果正常,则更换 ECM;如果异常,则进行下一步。

(4)检查线束和连接器(组合仪表总成-ECM)。

断开组合仪表总成连接器,断开 ECM 连接器,用万用表测量相关插脚之间的电阻,相关数据如下:

E38-11(CHK)或 A40-27(W)—车身搭铁:≥10kΩ。

如果异常,则维修或更换线束或连接器;如果正常,则更换组合仪表总成。

(5)检查并确认 MIL 点亮。

将电源开关置于 ON(IG)位置时,检查 MIL 是否点亮:MIL 应点亮。

如果正常,则检查是否存在间歇性故障;如果异常,则进行下一步。

(6)检查并确认发动机起动。

将电源开关置于 ON(IG)位置,打开 GTS,将发动机置于检查模式(保养模式),起动发动机:

如果不能将发动机置于检查模式(发动机不能起动;GTS 无法与 ECM 进行通信),则检查 VC 输出电路;如果发动机可以起动,则进行下一步。

(7)检查线束和连接器(组合仪表总成-ECM)。

断开组合仪表总成连接器,断开 ECM 连接器,用万用表测量相关插脚之间的电阻,相关数据如下:

E38-11(CHK)—A40-27(W):<1Ω。

如果异常,则维修或更换线束或连接器;如果正常,则更换组合仪表总成。

4 实训要求

①养成使用发动机舱护罩、驾驶室卫生防护"三件套"的职业习惯。

②注意安全防护措施。

③每一步检查都应对照电路图。

④如果实训设备不是混动版丰田卡罗拉,则应按照所用设备的维修手册所规定的步骤进行实训。

⑤养成查阅电路图、查阅维修手册的职业习惯。

小结

电控系统电源电路用来向电控系统的 ECU、各传感器、各执行器提供工作电源,包括 ECU 供电电路、传感器供电电路、执行器供电电路三个部分。

ECU 供电电路有常通电源、点火开关电源两个部分;传感器供电电源一般由 ECU 提供,其供电电压一般为恒定的 5V;执行器供电电路中,喷油器、点火线圈、电动燃油泵一般都由专门的继电器提供工作电源,"全电子节气门"中的电动机一般由 ECU 提供工作电源。

检查电控系统电源电路时,需要参照电路图及发动机 ECU 插接件各端子的排列图。不同线路的测试内容与测试方法应该与电路图相对应。

复习思考题

1. 对照图 8-1,说明实训操作的每一步在电路图中的对应位置。

2. 在实训项目二操作的第 6 步,为什么会说"如果正常,则更换 ECM"?

3. 某丰田卡罗拉车型发动机不能起动,经检查发现该车所有的喷油器、点火线圈都没有电,请结合图 8-1 分析其故障原因,并制订合理的故障检查流程。

4. 结合图 8-1 分析,如果熔断丝 IG2 断路,发动机能否起动?为什么?

学习任务九

发动机冷却系统的检查、诊断与维修

> **学习目标**
>
> 1. 掌握冷却系统的基本工作原理，了解电动风扇转速的影响因素及控制方法，掌握电动风扇控制电路的分析方法；
> 2. 掌握电动风扇控制电路的就车检查方法及有关元件的检查方法。
> 3. 掌握电动水泵控制电路的工作原理及检查方法。

一、任务引入

现代汽车发动机广泛采用了电动散热风扇，如图 9-1 所示，部分汽车还采用了电动水泵、风扇及水泵的运转可以受到冷却液温度、空调离合器的工作状态、空调系统的压力等多重因素的影响，而且还可以根据发动机的工况以停转、低速、中速、高速等几个挡位工作（甚至可以连续无级调速），因而可以使发动机获得更加适宜的冷却强度。

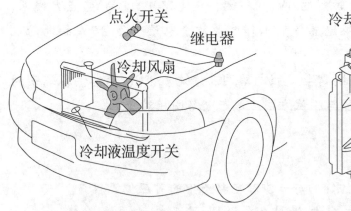 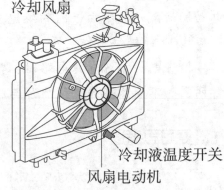

a)相关元件的位置　　　　　　　　b)电控风扇的结构

图 9-1　发动机电动散热风扇

当风扇或水泵不能运转或转速过低时，发动机就会因过热而引发其他故障；当风扇或水泵转速过高时，发动机又会因过冷而加剧磨损。因此，检查和测试冷却系统是发动机故障诊断的一项重要内容。

二、任务分析

电动风扇或水泵可以受发动机 ECU 的控制,也可以通过独立的电路设计独立工作,不受发动机 ECU 的控制。不同车系、甚至不同车型发动机的电动风扇或水泵控制电路都存在较大差别,因此,查阅、读懂相应的控制电路图,并找出电路图中各相关元件在汽车上的具体位置,是检查、诊断电动风扇或水泵的基本前提。

三、相关知识

1 电动风扇基本原理

(1)电动风扇的基本控制方法。

电动风扇的基本控制电路如图 9-2 所示,冷却液温度低时,冷却液温度开关闭合,风扇继电器(触点常闭)被激励而使触点断开,风扇因电路不通而不能运转,如图 9-2a)所示。

冷却液温度高时,冷却液温度开关断开,风扇继电器停止激励而使触点恢复闭合,风扇因电路接通而开始运转,如图 9-2b)所示。

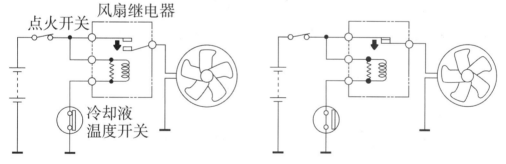

a)风扇电路不通　　　　　　b)风扇电路接通

图 9-2　电动风扇基本控制电路

(2)电动风扇的多因素控制方法。

受发动机冷却液温度、空调离合器、空调系统压力共同控制的电动风扇系统如图 9-3 所示。

当空调电路接通时,A/C 放大器在接通空调电磁离合器电路的同时,使 1 号风扇继电器激励,有电流经 1 号风扇继电器触点—风扇电动机—2 号风扇继电器常闭触点(LO)—电阻—搭铁流过风扇电动机,由于电路中串联有电阻,电流较小而使风扇以低速运转。

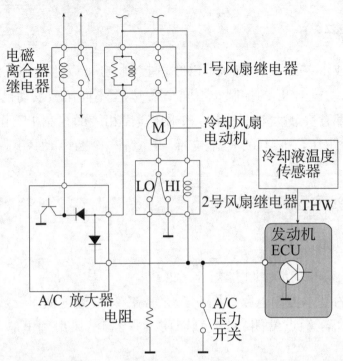

图9-3 受冷却液温度、空调离合器、空调压力控制的电动风扇电路

当空调系统压力过高时，A/C压力开关闭合，1号和2号风扇继电器同时被激励，2号继电器的常闭触点（LO）断开，常开触点（HI）闭合，有电流经1号风扇继电器触点—风扇电动机—2号风扇继电器触点（HI）—搭铁流过风扇电动机，由于电路中没有电阻，电流较大而使风扇以高速运转。

当发动机的冷却液温度过高时，发动机ECU使1号、2号风扇继电器同时激励，风扇以高速状态运转。

2 混动版丰田卡罗拉8ZR-FXE发动机电动风扇控制电路

混动版丰田卡罗拉8ZR-FXE发动机电动风扇控制电路如图9-4所示，相关元件的位置如图9-5所示。电路中共有2个风扇电动机、3个风扇继电器。

1）风扇不运转状态

发动机水温低于94℃时，ECM的FANL脚和FANH脚均不搭铁，3个风扇继电器均没有被激励，2个风扇电动机均没有接通电源，因而都不能运转。

2）风扇低速运转状态

发动机水温高于96℃时，ECM的FANL脚被ECM搭铁，3号风扇继电器被激励，其触点闭合，来自辅助蓄电池的电流经3号风扇继电器—2号风扇电动机—2号风扇继电器常闭触点—1号风扇电动机—搭铁，2个风扇电动机串联通电，各获得一半电源电压，因而均低速运转。

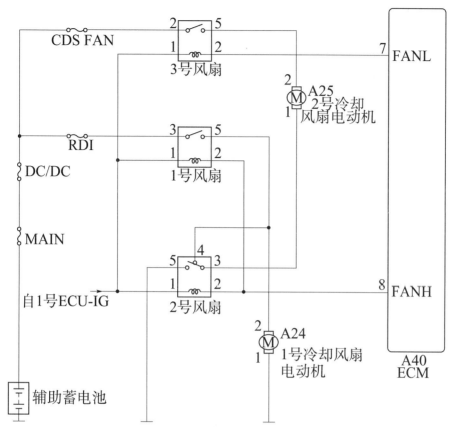

图9-4 丰田8ZR-FXE发动机电动风扇控制电路

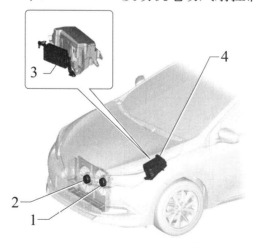

图9-5 丰田8ZR-FXE发动机电动风扇相关元件的位置
1-1号冷却风扇电动机;2-2号冷却风扇电动机;3-ECM;4-发动机室1号继电器盒和1号接线盒总成(1号风扇继电器;2号风扇继电器;3号风扇继电器)

3)风扇高速运转状态

发动机水温高于98℃时,ECM的FANH脚被ECM搭铁,1号和2号风扇继

电器被激励,造成以下两个结果:

1号风扇继电器常开触点闭合,致使1号风扇电动机直接与辅助蓄电池正极接通,电流经1号风扇继电器触点—1号风扇电动机—搭铁。

2号风扇继电器常闭触点断开,常开触点闭合,电流经3号风扇继电器—2号风扇电动机—2号风扇继电器触点—搭铁。

此时,2个风扇电动机处于并联通电状态,均得到全部电源电压,因而均高速运转。

3 混动版丰田卡罗拉8ZR-FXE发动机电动水泵控制电路

与普通发动机不同,8ZR-FXE发动机采用了电动水泵式冷却系统,ECM可以根据发动机冷却液温度、发动机转速和车速信息计算所需的冷却液流量,通过占空比信号的方式,对电动水泵的转速进行无级控制,从而优化了暖机性能,并减少了冷却损失,最终进一步降低了发动机的油耗。

电动水泵控制电路如图9-6所示。点火开关接通时,ECM的MREL脚输出电压至EFI-MAIN继电器,该继电器被激励,其触点闭合,电流经辅助蓄电池—EFI-MAIN继电器触点—ECN W/PMP继电器线圈—搭铁,ECN W/PMP继电器被激励,其触点闭合,辅助蓄电池正极电压经ECN W/PMP继电器触点提供给水泵总成。

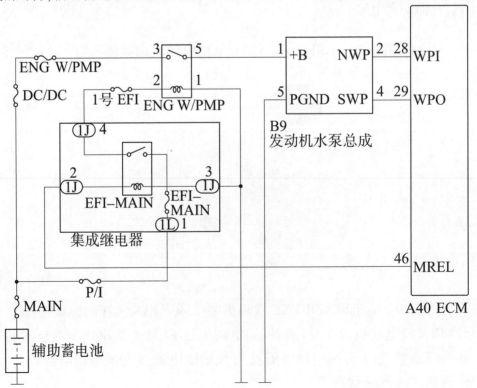

图9-6 丰田8ZR-FXE发动机电动水泵控制电路

当ECM判定需要水泵运转时,其WPO脚向水泵总成输送占空比信号,水泵开始运转,ECM则可以通过改变占空比来实现对水泵转速的连续无级控制。

另外,水泵运转时,还会向ECM的WPI脚发送反馈占空比信号,从而实现ECM对水泵运转状态的监控。如果水泵转速低于900rpm,则ECM会存储DTC P261B(冷却液泵"B"控制故障);由于水泵总成是根据ECM发送的占空比信号无级工作的,如果水泵总成的实际驱动占空比与目标驱动占空比不一致,ECM也会判断出相应的故障,并存储相应的DTC(故障代码),例如:P261C(发动机冷却液泵"B"控制电路低电位)、P261D(发动机冷却液泵"B"控制电路高电位)。

四、任务实施

1 实训目的

能够进行电动风扇、电动水泵电路的检查、故障诊断与排除,能够判断各相关元件正常与否。

2 设备准备

混动版丰田卡罗拉或雷凌汽车一辆(或8ZR-FXE发动机台架一台);丰田检测仪(GTS)一台;散热器盖检测仪一只;万用表一只;通用工具一套;发动机舱护罩一套;驾驶室卫生防护"三件套"一套。

3 实训步骤

实训项目一:8ZR-FXE发动机电动风扇控制电路检查(图9-5)

1)冷却系统就车检查

(1)检查冷却液是否泄漏。

注意:发动机和散热器总成仍然很热时,不要拆下储液罐盖。高压高温的冷却液和蒸汽可能会喷出并导致严重烫伤。

拆下储液罐盖,向散热器总成和散热器储液罐总成中加注发动机冷却液,然后安装散热器盖检测仪,如图9-7所示。

将发动机置于检查模式(保养模式),启动发动机并暖机,用散热器盖检测仪将冷却系统加压至108kPa,然后检查并确认压力不下降。

如果压力下降,则检查软管、散热器总成和水泵总成是否泄漏;如果没有发现冷却液外部泄漏的迹象,则检查加热器芯、气缸体分总成和气缸盖分总成。

拆下散热器盖检测仪,安装储液罐盖。

(2)检查散热器储液罐冷却液液位(图9-8)。

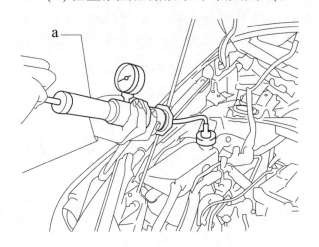

图9-7　安装散热器盖检测仪

a-散热器盖检测仪

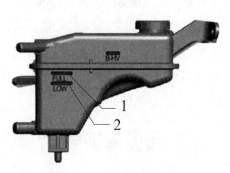

图9-8　检查散热器储液罐冷却液液位

1-FULL 刻度线;2-LOW 刻度线

发动机冷机时,检查并确认冷却液位于 LOW 刻度线和 FULL 刻度线之间。如果冷却液液位低,则检查是否泄漏并加注发动机冷却液至 FULL 刻度线。

注意:不要用普通的水代替发动机冷却液。

(3)检查冷却液质量。

拆下储液罐盖,检查储液罐盖和散热器储液罐加注口周围是否有过多铁锈或水垢。此外,发动机冷却液中应没有机油。如果过脏,则应清洁发动机冷却液通道,并更换发动机冷却液,安装储液罐盖。

2)冷却风扇系统故障症状表(表9-1)

冷却风扇系统故障症状表　　表9-1

症　状	可疑部位
冷却风扇不工作	发动机冷却液温度传感器
	冷却风扇电动机
	2号冷却风扇电动机
	1号风扇继电器
	2号风扇继电器
	3号风扇继电器

续上表

症　状	可疑部位
冷却风扇不工作	冷却风扇电路
	ECM
冷却风扇不停止(继续工作)	发动机冷却液温度传感器
	冷却风扇电路
	1号风扇继电器
	2号风扇继电器
	3号风扇继电器
	冷却风扇电动机
	2号冷却风扇电动机
	ECM
冷却风扇转速不改变	2号风扇继电器
	冷却风扇电路
	ECM

3)冷却风扇系统就车检查

(1)检查低温时的冷却风扇系统工作情况。

检查并确保以下条件:电源开关置于 OFF 位置;发动机冷却液温度低于94℃;空调开关关闭。

将电源开关置于 ON(IG)位置并等待约10s,检查并确认风扇不工作;水温传感器连接器断开时,检查并确认各风扇工作。

(2)检查高温时的冷却风扇系统工作情况。

检查并确保以下条件:将发动机置于检查模式(保养模式);使发动机暖机;发动机冷却液温度低于94℃;空调开关关闭。

起动发动机,检查并确认风扇不工作;发动机冷却液温度达到约96℃时,检查并确认风扇开始工作。

提示:使用 GTS 也可检查该系统;进入菜单 Powertrain/Engine and ECT/Data List/Coolant Temp,按下"执行"按钮。

4) 冷却风扇电路检查

(1) 使用 GTS 进行主动测试(控制电动冷却风扇)。

将 GTS 连接到 DLC3,将电源开关置于 ON(IG)位置,打开 GTS,进入菜单 Powertrain/Engine/Active Test/Control the Electric Cooling Fan,按下"执行"按钮。

根据 GTS 上的显示,进行主动测试:GTS 操作为"ON"时,冷却风扇工作;GTS 操作为"OFF"时,冷却风扇停止。

如果正常,则按照表 9-1 检查下一个可疑部位;如果异常,则进行下一步。

(2) 检查线束和连接器(FANL—FANH 电源)。

断开 ECM 连接器 A40(图 9-9),将电源开关置于 ON(IG)位置,用万用表测量相关插脚的电压,相关数据如下:

A40-8(FANH)—车身搭铁:11~14V;

A40-7(FANL)—车身搭铁:11~14V。

如果异常,则进行步骤(12);如果正常,则进行下一步。

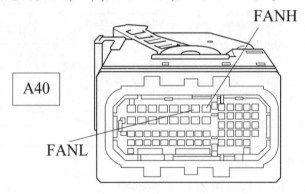

图 9-9 ECM 线束连接器 A40 前视图(至 ECM)

(3) 检查线束和连接器(1 号风扇继电器和 3 号风扇继电器电源电路)。

从发动机室继电器盒和接线盒总成上拆下 1 号风扇继电器和 3 号风扇继电器(图 9-10),用万用表测量相关插脚的电压,相关数据如下:

3(1 号风扇继电器)—车身搭铁:11~14V;

3(3 号风扇继电器)—车身搭铁:11~14V。

如果异常,则维修或更换线束或连接器(1 号风扇继电器和 3 号风扇继电器电源电路);如果正常,则进行下一步。

(4) 检查风扇继电器(1 号、2 号、3 号)。

① 检查 1 号风扇继电器(图 9-11)。

用万用表测量 1 号风扇继电器 3-5 脚之间的电阻,相关数据如下:

未在1脚和2脚之间施加辅助蓄电池电压：≥10kΩ；

在1脚和2脚之间施加辅助蓄电池电压：<1Ω。

如果结果不符合规定，则更换1号风扇继电器。

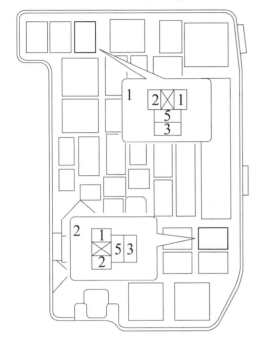

图9-10 1号风扇继电器和3号风扇继电器位置

1-1号风扇继电器；2-3号风扇继电器

图9-11 1号风扇继电器插脚示意图

②检查2号风扇继电器（图9-12）。

用万用表测量2号风扇继电器相关脚之间的电阻，相关数据如下：

3脚-4脚：未在1脚和2脚之间施加辅助蓄电池电压：<1Ω；在1脚和2脚之间施加辅助蓄电池电压：≥10kΩ。

3脚-5脚：未在1脚和2脚之间施加辅助蓄电池电压：≥10kΩ；在1脚和2脚之间施加辅助蓄电池电压：<1Ω。

如果结果不符合规定，则更换2号风扇继电器。

③检查3号风扇继电器（图9-13）。

用万用表测量3号风扇继电器3-5脚之间的电阻，相关数据如下：

未在1脚和2脚之间施加辅助蓄电池电压：≥10kΩ；

在1脚和2脚之间施加辅助蓄电池电压：<1Ω。

如果结果不符合规定，则更换3号风扇继电器。

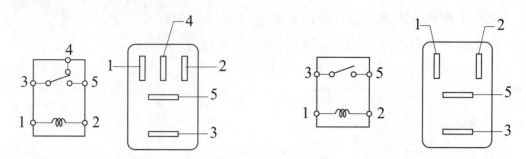

图 9-12　2 号风扇继电器插脚示意图　　图 9-13　3 号风扇继电器插脚示意图

如果以上所有继电器都正常,则进行下一步。

(5)检查线束和连接器(2 号风扇继电器-车身搭铁)。

从发动机室继电器盒和接线盒总成上拆下 2 号风扇继电器(图 9-14),用万用表测量 2 号风扇继电器 5 脚插孔-车身搭铁脚之间的电阻,电阻值:<1Ω。

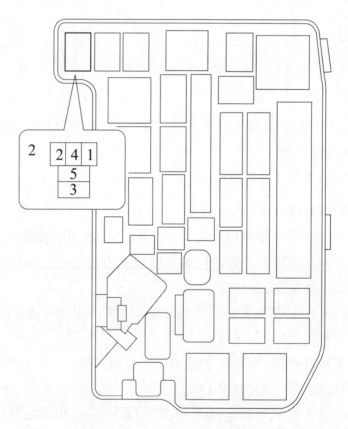

图 9-14　2 号风扇继电器位置

如果异常,则维修或更换线束或连接器(2 号风扇继电器-车身搭铁);如果正常,则进行下一步。

(6)检查1号冷却风扇电动机。

断开1号冷却风扇电动机连接器(图9-15),将辅助蓄电池连接到1号冷却风扇电动机连接器时,检查并确认冷却风扇电动机运转平稳。

用万用表电流挡测量1号冷却风扇电动机工作时的电流:在20℃时施加辅助蓄电池电压,电流应该为4.7~8.7A。

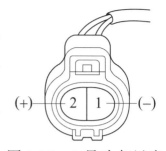

图9-15　1号冷却风扇电动机连接器

如果结果不符合规定,则更换1号冷却风扇电动机。

连接1号冷却风扇电动机连接器。

(7)检查线束和连接器(1号冷却风扇电动机-车身搭铁)。

断开1号冷却风扇电动机连接器A24,用万用表测量A24-1—车身搭铁之间的电阻,电阻值:<1Ω。

如果异常,则维修或更换线束或连接器(1号冷却风扇电动机-车身搭铁);如果正常,则进行下一步。

(8)检查线束和连接器(1号冷却风扇电动机 – 发动机室继电器盒和接线盒总成)。

断开冷却风扇电动机连接器A24,从发动机室继电器盒和接线盒总成上拆下1号风扇继电器和2号风扇继电器,用万用表测量相关插孔之间的电阻,相关数据如下:

A24-2—5(1号风扇继电器):<1Ω;

A24-2—4(2号风扇继电器):<1Ω;

A24-2、5(1号风扇继电器)或4(2号风扇继电器)—车身搭铁:≥10kΩ。

如果异常,则维修或更换线束或连接器(1号冷却风扇电动机 – 发动机室继电器盒和接线盒总成);如果正常,则进行下一步。

(9)检查2号冷却风扇电动机。

断开2号冷却风扇电动机连接器(图9-16),辅助蓄电池连接到2号冷却风扇电动机连接器时,检查并确认2号冷却风扇电动机运转平稳。

图9-16　2号冷却风扇电动机连接器

用万用表电流挡测量2号冷却风扇电动机工作时的电流:在20℃时施加辅助蓄电池电压,电流应该为4.7~8.7A。

如果结果不符合规定,则更换2号冷却风扇电动机。

连接2号冷却风扇电动机连接器。

(10)检查线束和连接器(2号冷却风扇电动机-发动机室继电器盒和接线盒总成)。

断开2号冷却风扇电动机连接器A25,从发动机室继电器盒和接线盒总成上拆下2号风扇继电器和3号风扇继电器,用万用表测量相关插孔之间的电阻,相关数据如下:

A25-1—3(2号风扇继电器):<1Ω;

A25-2—5(3号风扇继电器):<1Ω;

A25-1、3(2号风扇继电器)或5(3号风扇继电器)—车身搭铁:≥10kΩ。

如果异常,则维修或更换线束或连接器(2号冷却风扇电动机-发动机室继电器盒和接线盒总成);如果正常,则进行下一步。

(11)检查线束和连接器(1号风扇继电器-2号风扇继电器)。

从发动机室继电器盒和接线盒总成上拆下1号风扇继电器和2号风扇继电器,用万用表测量相关插孔之间的电阻,相关数据如下:

1(1号风扇继电器)—1(2号风扇继电器):<1Ω;

2(1号风扇继电器)—2(2号风扇继电器):<1Ω;

1(1号风扇继电器)或1(2号风扇继电器)—车身搭铁:≥10kΩ;

2(1号风扇继电器)或2(2号风扇继电器)—车身搭铁:≥10kΩ。

如果异常,则维修或更换发动机室继电器盒和接线盒总成;如果正常,则维修或更换ECM。

(12)检查风扇继电器(1号、2号、3号风扇)。

如果3个风扇继电器均正常,则进行下一步。

(13)检查线束和连接器(发动机室继电器盒和接线盒总成-ECM)。

从发动机室继电器盒和接线盒总成上拆下1号、2号、3号风扇继电器,用万用表测量相关插孔之间的电阻,相关数据如下:

2(1号风扇继电器)—A40-8(FANH):<1Ω;

2(2号风扇继电器)—A40-8(FANH):<1Ω;

2(3号风扇继电器)—A40-7(FANL):<1Ω;

2(1号风扇继电器)、2(2号风扇继电器)或A40-8(FANH)—车身搭铁:≥10kΩ;

2(3号风扇继电器)或A40-7(FANL)—车身搭铁:≥10kΩ。

如果异常,则维修或更换线束或连接器(发动机室继电器盒和接线盒总成-ECM);如果正常,则维修或更换线束或连接器(电源电路)。

实训项目二:8ZR-FXE 发动机电动水泵控制电路检查(图 9-6)
1)电动水泵及控制电路相关故障代码(表 9-2)

电动水泵及控制电路相关故障代码　　　　表 9-2

DTC 编号	检测项目	DTC 检测条件	故障部位	MIL
P148F	冷却液泵超速	满足以下两个条件持续 5 秒或更长时间时:	(1)冷却液不足; (2)冷却液泄漏; (3)水泵总成	不亮
P148F	冷却液泵超速	(1)水泵总成占空比为 85% 或更高; (2)水泵总成实际转速超过目标转速一段时间	(1)冷却液不足; (2)冷却液泄漏; (3)水泵总成	不亮
P261B	冷却液泵"B"控制故障	水泵总成工作时,转速低于阈值	(1)水泵总成电路断路或短路; (2)水泵总成; (3)ECM	点亮
P261C	冷却液泵"B"控制电路低电位	水泵总成工作时,水泵总成输出电压低于规定值	(1)水泵总成电路断路或短路; (2)水泵总成; (3)ECM	点亮
P261D	冷却液泵"B"控制电路高电位	水泵总成工作时,水泵总成输出电压高于规定值	(1)泵总成电路短路; (2)水泵总成; (3)ECM	点亮

2)出现故障代码(DTC)P148F 时的诊断方法
(1)检查其他 DTC 输出(除 P148F 外)。
将 GTS 连接到 DLC3,将电源开关置于 ON(IG)位置,进入菜单 Powertrain/Engine and ECT/Trouble Codes,读取 DTC。

如果输出 DTC P148F 和其他 DTC,则首先按照其他 DTC 进行故障排除;如果仅输出 DTC P148F,则进行下一步。

(2)检查散热器储液罐总成(发动机冷却液液位)。

检查并确认发动机冷却液液位在 FULL 和 LOW 刻度线之间。

如果冷却液液位高于 LOW 刻度线,则进行步骤(5);如果冷却液液位低于 LOW 刻度线,则进行下一步。

(3)检查发动机冷却液是否泄漏。

检查发动机和加热器周围区域是否有冷却液泄漏,正常应该没有泄露。

提示:如果在发动机机油油位计检查过程中发现机油浑浊,则发动机冷却液可能进入发动机润滑系统。

如果异常,则维修或更换故障零件、零部件和部位;如果正常,则进行下一步。

(4)加注发动机冷却液。

向储液罐加注发动机冷却液至 FULL 刻度线(发动机很热时,确保不要加注发动机冷却液)。

(5)清除 DTC(DTC P148F)。

将 GTS 连接到 DLC3,将电源开关置于 ON(IG)位置,打开 GTS,清除 DTC(进入菜单 Powertrain > Engine and ECT > Clear DTCs,按下"执行"按钮)。

(6)检查发动机水泵总成。

将 GTS 连接到 DLC3,将电源开关置于 ON(IG)位置,打开 GTS,将发动机置于检查模式(保养模式),起动发动机,进入菜单 Powertrain/Engine and ECT/Data List/All Data/Coolant Temp and Elec Water Pump Spd,按下"执行"按钮,此时,GTS 显示相关数据表图。

怠速运转发动机约 20min 并使用 GTS 检查 Coolant Temp(冷却液温度)、Elec Water Pump Spd(电动水泵转速),然后检查冷却风扇。

如果结果为:冷却液温度为 95℃ 或更低且观察到冷却风扇开始工作后,冷却液温度降低(注:冷却风扇开始工作后,冷却液温度将稳定在 88~95℃),则结束;

如果结果为:冷却液温度为 95℃ 或更高且水泵总成进行间歇工作(工作 25s 后暂停 5s),或即使冷却液温度为 95℃ 或更高,水泵总成也不开始工作,则进行下一步。

注意:

①即使冷却液温度为 95℃ 或更高,冷却风扇也不开始工作时务必小心,因为冷却液温度会快速升高;如果冷却液温度为 105℃ 或更高,确保停止发动机;

②如果 ECM 电压为 14V 或更高且水泵总成因冷却液不足等原因过度运转，则水泵电动机转速将超过 5000rpm。此时应进入以下菜单检查 ECM 的电压：Powertrain/Engine and ECT/Data List/All Data/Battery Voltage。

（7）更换发动机水泵总成。

（8）加注发动机冷却液。

向储液罐加注发动机冷却液至 FULL 刻度线。

（9）确认故障是否已成功排除。

将 GTS 连接到 DLC3，将电源开关置于 ON（IG）位置，打开 GTS，清除 DTC，将发动机置于检查模式（保养模式），起动发动机，进入菜单 Powertrain/Engine and ECT/Data List/All Data/Coolant Temp and Elec Water Pump Spd，怠速运转发动机约 20min 并使用 GTS 检查 Coolant Temp、Elec Water Pump Spd，然后检查冷却风扇。

结果：冷却液温度为 95℃ 或更低且观察到冷却风扇开始工作后，冷却液温度降低。

符合以上要求，则诊断结束。

3）出现故障代码（DTC）P261B、P261C、P261D 时的诊断方法

（1）确认行驶模式。

将 GTS 连接到 DLC3，将电源开关置于 ON（IG）位置，并打开 GTS，清除 DTC（即使未存储 DTC，也应执行清除 DTC 程序），将电源开关置于 OFF 位置并至少等待 30s，将电源开关置于 ON（IG）位置，并打开 GTS，将发动机置于检查模式（保养模式），起动发动机并暖机（直至冷却液温度为 75℃ 或更高），使发动机怠速运转 20s 或更长时间（步骤[A]），进入菜单 Powertrain/Engine and ECT/Trouble Codes（步骤[B]），读取待定 DTC。

如果输出待定 DTC，则系统发生故障；如果未输出待定 DTC，则执行以下程序：

进入菜单 Powertrain/Engine and ECT/Utility/All Readiness，输入 DTC：P261B、P261C 或 P261D，检查 DTC 判断结果：

如果判断结果显示 INCOMPLETE 或 N/A，则再次执行上述步骤[A]和[B]；

如果判断结果显示 NORMAL，则系统正常；

如果判断结果显示 ABNORMAL，则进行下一步。

（2）使用 GTS 进行主动测试（激活电动水泵）。

将 GTS 连接到 DLC3，将电源开关置于 ON（IG）位置，打开 GTS，进入菜单

Powertrain/Engine and ECT/Active Test/Activate the Electric Water Pump,按下"执行"按钮,触摸发动机水泵,检查并确认水泵总成工作(振动)。正常:水泵总成工作(振动)。

如果异常,则进行步骤(5);如果正常,则进行下一步。

(3)检查线束和连接器(水泵总成—ECM)。

断开水泵总成连接器,断开ECM连接器,用万用表测量相关插脚之间的电阻,相关数据如下:

B9-2(NWP)—A40-28(WPI):<1Ω;

B9-4(SWP)—A40-29(WPO):<1Ω;

B9-2(NWP)或A40-28(WPI)—车身搭铁:≥10kΩ;

B9-4(SWP)或A40-29(WPO)—车身搭铁:≥10kΩ。

如果异常,则维修或更换线束或连接器;如果正常,则进行下一步。

(4)检查插脚电压(WPI电压)。

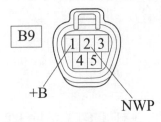

图9-17 发动机水泵总成连接器

断开水泵总成连接器(图9-17),将电源开关置于ON(IG)位置,用万用表测量"B9-2(NWP)—车身搭铁"之间的电压,应该为11~14V。

如果正常,则更换水泵总成;如果异常,则更换ECM。

(5)检查插脚电压(水泵总成电源)。

断开水泵总成连接器,将电源开关置于ON(IG)位置,用万用表测量"B9-1(+B)—车身搭铁"之间的电压,应该为11~14V。

如果异常,则进行步骤(10);如果正常,则进行下一步。

(6)检查线束和连接器(发动机水泵总成-车身搭铁)。

断开水泵总成连接器,用万用表测量"B9-5(PGND)—车身搭铁"之间的电阻,应该<1Ω。

如果异常,则维修或更换线束或连接器;如果正常,则进行下一步。

(7)检查线束和连接器(水泵总成—ECM)。

断开水泵总成连接器,断开ECM连接器,用万用表测量相关插脚之间的电阻,相关数据如下:

B9-2(NWP)—A40-28(WPI):<1Ω;

B9-4(SWP)—A40-29(WPO):<1Ω;

B9-2(NWP)或A40-28(WPI)—车身搭铁:≥10kΩ;

B9-4(SWP)或 A40-29(WPO)—车身搭铁:≥10kΩ。

如果异常,则维修或更换线束或连接器;如果正常,则进行下一步。

(8)更换发动机水泵总成。

(9)检查是否再次输出 DTC(DTC P261B、P261C 或 P261D)。

将 GTS 连接到 DLC3,将电源开关置于 ON(IG)位置,打开 GTS,清除 DTC,按照确认行驶模式中所述的行驶模式驾驶车辆,进入菜单 Powertrain/Engine and ECT/Trouble Codes,读取 DTC:

如果输出 DTC P261B、P261C 或 P261D,则更换 ECM;如果未输出 DTC,则诊断结束。

(10)检查继电器(ENG W/PMP 继电器)。

从发动机室 1 号继电器盒和 1 号接线盒总成上拆下 ENG W/PMP 继电器(图9-18),用万用表测量 3 脚—5 脚之间的电阻,相关数据如下:

未在 1 脚和 2 脚之间施加辅助蓄电池电压:≥10kΩ;

在 1 脚和 2 脚之间施加辅助蓄电池电压:<1Ω。

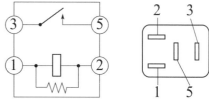

图 9-18 ENG W/PMP 继电器插脚示意图

如果异常,则更换 ENG W/PMP 继电器;如果正常,则进行下一步。

(11)检查线束和连接器(ENG W/PMP 继电器-水泵总成)。

从发动机室 1 号继电器盒和 1 号接线盒总成上拆下 ENG W/PMP 继电器,断开水泵总成连接器,用万用表测量相关插脚之间的电阻,相关数据如下:

ENG W/PMP 继电器端子 5—B9-1(+B):<1Ω;

ENG W/PMP 继电器端子 5 或 B9-1(+B)—车身搭铁:≥10kΩ。

如果异常,则维修或更换线束或连接器;如果正常,则进行下一步。

(12)检查插脚电压(ENG W/PMP 继电器电源)。

从发动机室 1 号继电器盒和 1 号接线盒总成上拆下 ENG W/PMP 继电器(图9-19),用万用表测量"ENG W/PMP 继电器插孔 3—车身搭铁"之间的电压,应该为 11~14V。

如果异常,则维修或更换线束或连接器(辅助蓄电池—ENG W/P 继电器);如果正常,则进行下一步。

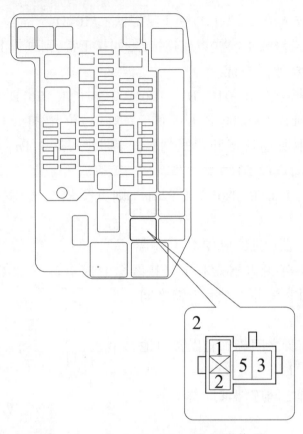

图9-19　ENG W/PMP 继电器位置

(13) 检查线束和连接器(ENG W/PMP 继电器—车身搭铁)。

从发动机室1号继电器盒和1号接线盒总成上拆下 ENG W/PMP 继电器,用万用表测量"ENG W/PMP 继电器插孔1—车身搭铁"之间的电阻,应该<1Ω。

如果异常,则维修或更换"ENG W/PMP 继电器—车身搭铁"之间线束或连接器;如果正常,则维修或更换"ENG W/PMP 继电器—EFI—MAIN 继电器"之间的线束或连接器。

小结

电动风扇一般受发动机冷却液温度、空调离合器、空调系统压力等因素的共同控制。不同车系、甚至不同车型发动机的电动风扇控制电路存在较大差别,因此,查阅、读懂相应的控制电路图,并找出各相关元件的具体位置,是检查、诊断电动风扇的基本前提。

电动风扇的就车检查内容一般包括如下方面。

风扇运转情况检查:冷却液温度低时应该不运转、冷却液温度高时应该运转。

风扇运转试验(结合电路原理):拔下冷却液温度开关的电插头,风扇应开始高速运转;插回冷却液温度开关的电插头,风扇停止运转;拔下空调高压开关电插头,风扇应开始低速运转。

风扇及水泵控制电路有关元件的检查内容包括:继电器的检查、电动机的检查,控制线路的检查等。

复习思考题

一、判断题

1. 低温下冷却液温度开关处于断开状态。　　　　　　　　　　　　(　　)
2. 风扇电路串接有电阻时,风扇转速较高。　　　　　　　　　　　(　　)
3. 空调电路接通时,风扇至少以低速运转。　　　　　　　　　　　(　　)
4. 采用两个电动风扇时,两个风扇不是同时工作的,而是根据情况,有时一个风扇运转,有时两个都运转。　　　　　　　　　　　　　　　　(　　)
5. 冷机时接通点火开关,风扇马上开始转动,说明电动风扇控制电路存在故障。　　　　　　　　　　　　　　　　　　　　　　　　　　　(　　)

二、简答题

1. 参照图9-4,结合实训项目一的操作步骤,绘制8ZR-FXE发动机电动风扇控制电路检查的流程图。
2. 参照图9-6,结合实训项目二的操作步骤,绘制8ZR-FXE发动机电动水泵控制电路检查的流程图(出现DTC P261B、P261C、P261D时)。

学习任务十

发动机电控系统故障诊断

学习目标

1. 了解车载诊断系统基本原理，掌握利用车载诊断系统进行故障诊断的方法；
2. 了解汽车故障诊断接口的位置及形状，掌握故障指示灯（CHECK ENGINE）的功能；
3. 了解 OBD Ⅱ 与 OBD Ⅲ 基本知识，掌握发动机 ECU 的失效保护功能和备份功能；
4. 掌握人工读取发动机故障代码的方法，能够根据故障代码进行故障检测与诊断，能够利用故障诊断仪进行故障检测与诊断。

一、任务引入

现代汽车都配有车载诊断系统（又称自诊断系统），利用该系统，可以方便、快速地查找故障部位，给汽车故障诊断带来了巨大方便。

二、任务分析

车载诊断系统是指由 ECU 本身提供的车辆自我诊断的功能，作为维修人员，只要能够读出 ECU 内部的诊断数据，就可以确定故障的范围，从而使诊断测试更具有针对性。

ECU 内部的诊断数据可以人工读取，也可以使用故障诊断仪读取，如图 10-1 所示。

三、相关知识

1 车载诊断系统的基本原理

ECU 在正常工作的同时，还一直监视着电控系统各方面的信号，并把这些信号与存储器内部的标准值进行比较，从而判断是否有异常情况发生。

以冷却液温度传感器的信号为例，在正常情况下，冷却液温度传感器的电压值应为 0.1~4.8V,如图 10-2 所示。如果 ECU 接收到的电压值在此范围以内,即判定冷却液温度传感器工作正常。如果电压值小于 0.1V 或大于 4.8V,即判定冷却液温度传感器信号异常。

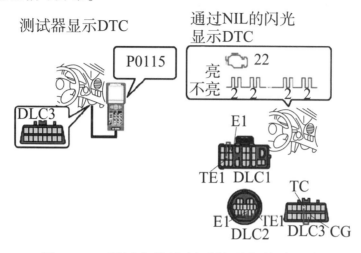

图 10-1　利用车载诊断系统进行故障诊断

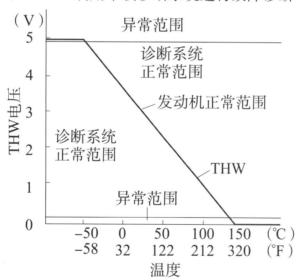

图 10-2　冷却液温度传感器的信号范围

对氧传感器信号的监测如图 10-3 所示。急速时"混合气稀"的时间超过 100s,或汽车行驶时混合气浓或稀的时间超过 20s,即判定氧传感器信号异常。

当 ECU 判定系统存在故障时,一般会点亮仪表板上的故障指示灯(CHECK ENGINE),同时 ECU 的存储器内还会储存相应的故障代码(DTC)及定格数据。

所谓定格数据就是故障发生时的相关运行数据,例如冷却液温度、转速、进气流量等,这些数据对于正确判断故障位置很有帮助。

例如：氧传感器的DTC监测状态

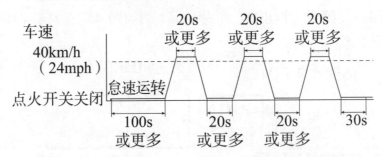

图 10-3　发动机 ECU 对氧传感器信号的监测

需要说明的是，ECU 中所储存的故障代码与实际发生的故障可能会有所不同。例如：当空气流量传感器信号发生偏移但没有超出正常范围时，ECU 不会认为空气流量传感器有问题，但由于混合气长期过浓或过稀，ECU 会误认为氧传感器有问题，因而会储存氧传感器方面的故障代码，因此，读取故障代码后还需要做必要的原因分析，此时，读取定格数据就显得格外重要。

ECU 对执行器的监测可以依靠专设的反馈信号，如点火系统的 IGF 信号（丰田公司），也可以依靠电磁线圈的感应电动势或工作电流，如喷油器、怠速阀等。

另外，ECU 还通过诊断连接器提供与外部仪器（如：故障诊断仪）的数据通信功能，以便利用外部仪器读取、修改 ECU 内部的相关数据，或接收外部仪器的指令，执行相关的操作。

2　利用车载诊断系统进行故障诊断的方法

故障诊断有人工读取故障代码诊断法和故障诊断仪诊断法两种方法。

(1) 人工读取故障代码诊断法。

人工读取故障代码的方法因汽车的生产厂家而异，目前尚未统一。但在同一个生产厂家的不同车型上，人工读取故障代码的方法却基本一样。

人工读取故障代码后，一般还需要查阅维修手册，以确定故障代码的含义，然后按照维修手册的指引进行故障排除。

(2) 故障诊断仪诊断法。

汽车故障诊断仪（有故障阅读仪、数据扫描仪、故障检测仪、解码仪等多种称呼）有按键式（图 10-4）和触摸屏式（图 10-5）两种。功能包括：读取故障代码、清除故障代码、读数据流、读取定格数据、执行元件测试、基本调整、自适应匹配、读取电控单元（ECU）版本号、电控单元编码等。有些故障诊断仪还具有示波功能。

读取故障代码功能：直接读取 ECU 存储器中的故障代码，并显示故障代码的内容（不必查阅故障代码手册）。

图 10-4　按键式故障诊断仪

图 10-5　触摸屏式故障诊断仪

清除故障码功能：清除 ECU 存储器中所储存的故障代码。

读数据流功能：读取当前的运行数据，诊断人员可由此查找故障代码不能显示的故障。例如，发动机处于冷态，读取的冷却液温度数据却是 80℃，显然说明冷却液温度传感器信号存在问题。

读取定格数据（又称冻结帧数据）功能：读取产生故障代码时的相关运行数据。

执行元件测试功能：通过与发动机 ECU 之间的通信，指令某个执行器工作。例如，指令某缸喷油器工作，从而判断该喷油器控制电路是否正常；指令怠速控制阀工作，从而判断怠速控制电路是否正常等。

基本调整功能：使 ECU 内部记忆的数据与电控系统相关元件的实际状态相匹配，例如，重新设置步进电动机式怠速阀的步数。

自适应匹配功能：修改或清除 ECU 内部的某些数据，使相关系统的工作适应某些特殊要求。例如，将发动机的怠速由 800r/min 调整到 850r/min；更换 ECU 或防盗器后，清除 ECU 中的防盗记忆数据，使 ECU 重新记忆防盗密码等。

读取电控单元（ECU）版本号功能：读取 ECU 的版本号，确保新购置 ECU 时，新的 ECU 与原车 ECU 的版本号相同。

电控单元（ECU）编码功能：对新更换的 ECU 进行编码，以启用其中与目前车型及配置相适应的控制程序。例如，采用手动变速器与采用自动变速器的汽车，配有 ASR（驱动防滑控制系统）与不配有 ASR 的汽车，发动机 ECU 的版本号可能相同,但所用的控制程序却不同。如果控制程序启用不当,可能会引起汽车行驶不良或产生严重故障。

示波功能:直接显示电控系统的某些信号波形。例如,各种传感器的信号波形、点火控制信号波形、怠速控制阀工作波形、喷油器工作波形等。波形往往比数据更能反映故障的实质。例如,曲轴位置传感器信号轮发生缺齿故障时,相应的信号波形就会产生缺陷,而这种缺陷是故障代码和数据流难以准确描述的。

3 汽车故障诊断连接器(诊断座)

汽车故障诊断连接器又称诊断座、诊断接口、数据读取接口等,一般位于发动机舱内、仪表板下方或选挡杆的旁边,主要用于与故障诊断仪的连接,某些汽车还可用于人工读取故障代码。

(1)丰田汽车诊断连接器位置、形状及各插孔的功用。

丰田汽车一般设有两个诊断连接器,分别位于发动机舱内和仪表板下方,如图10-6所示。发动机舱内的为方形(DLC1型),仪表板下方的为圆形(DLC2型)或国际通行的OBDⅡ型(丰田公司称为DLC3型),其中OBDⅡ型可以实现故障诊断仪与ECU之间的双向通信,诊断功能更强。

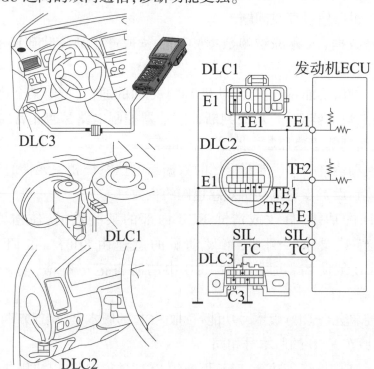

图10-6 丰田汽车诊断连接器的位置、形状及电路

DLC1型和DLC2型为并联关系,功能也基本一样,其盖子上标注有各端子的

代号,如:TE1、TE2、E1、TC、+B、IG-、FP、VF1、VF2、OX1、OX2 等。各端子的功能如下所述。

TE1、TE2 用来读取发动机和自动变速器的故障代码;E1 为搭铁;TC 用来读取制动防滑/驱动防滑/车身动态控制(ABS/ASR/ESP)系统和安全气囊(SRS)系统的故障代码;+B 用于获取电源电压,也可以用于主继电器功能的检查;IG-用于获取发动机的转速信号,可与发动机点火正时检测仪相接或与转速表相接;FP 用于燃油泵的检查;VF1、VF2 用来检测混合气闭环调节功能;OX1、OX2 用来检测氧传感器的信号。

为了与不同形状的诊断连接器实现连接,汽车故障诊断仪所配备的数据连接接口也有各种形状,如图 10-7 所示。对于通用型汽车故障诊断仪,为了适应不同车系的需要,往往还配有各种车系的诊断卡,测试不同的车系时,需要选用不同的诊断卡,并将其插入故障诊断仪的卡槽中。

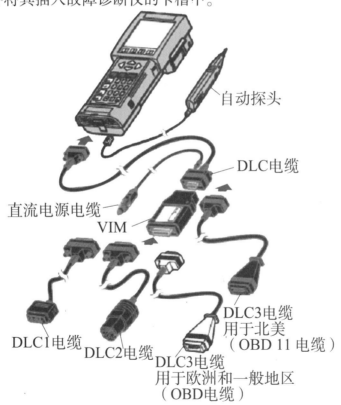

图 10-7 汽车故障诊断仪所配备的数据连接接口

(2) OBD Ⅱ诊断连接器及各端子的功用。

OBD Ⅱ是第二代车载诊断系统的英文缩写,其诊断连接器有统一的标准,并规定一律安装在驾驶人侧仪表板下方。诊断连接器共有 16 个端子,其形状如

图10-8所示,各端子的代号和含义见表10-1。

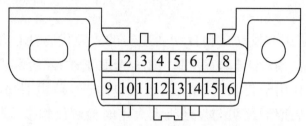

图10-8 OBD Ⅱ诊断座的形状

OBD Ⅱ诊断座中各端子的代号和含义　　　　表10-1

端子代号	功 用	端子代号	功 用
1	供汽车制造厂使用	9	供汽车制造厂使用
2	SAE-J1850资料传输正极	10	SAE-J1850资料传输负极
3	供汽车制造厂使用	11	供汽车制造厂使用
4	车身搭铁	12	供汽车制造厂使用
5	信号回路搭铁	13	供汽车制造厂使用
6	高速CAN(SAE-J2284)	14	低速CAN(SAE-J2284)
7	ISO-9141-2资料传输K	15	ISO69141-2资料传输L
8	供汽车制造厂使用	16	蓄电池正极

OBD Ⅱ诊断连接器中,对关键性的端子,如电源、搭铁、资料传输线都做了明确的规定,其中,资料传输线有国际统一标准(ISO)和美国统一标准(SAE)两种。其他端子则提供给汽车制造厂使用,各汽车制造厂可以根据自己的技术特点与需要灵活使用。

(3) OBD Ⅱ故障代码。

OBD Ⅱ故障代码由五位数组成,例如:P0351,其中:

"P"——第一位为英文字母,是系统代码:"P"代表发动机和变速器组成的动力传动系统(POWERTRAIN);"B"代表车身电控系统(BODY);"C"代表汽车底盘电控系统(CHASSIS);"U"代表网络系统。

"0"——第二位为数字,表示由谁定义的故障代码:"0"或"2"代表由SAE/ISO定义的故障代码;"1"代表由汽车制造厂定义的故障代码;"3"代表由SAE/ISO或汽车制造厂定义的故障代码。

"3"——第三位为数字,表示SAE定义的故障发生的范围或系统:"0"代表空燃比测量和排放控制系统;"1"代表空燃比测量;"2"代表喷油器线路;"3"代表点火系统或熄火;"4"代表排放控制系统;"5"代表车速或怠速控制系统;"6"代表ECU或输入/输出控制系统;"7"代表变速器控制系统;"8"代表非电控发动机的动力传动系统;"9"代表混合动力控制系统。

"51"——第四、五位为数字,代表故障代码(00~99)。

(4)OBD Ⅲ 简介。

OBD Ⅲ 即第三代车载诊断系统,目前已经开始使用。它是OBD Ⅱ 进一步的发展,在包容全部OBD Ⅱ 功能的基础上,增加了许多新的功能,特别是将原来的有线数据传输转变成了无线数据传输(不再需要诊断连接器)。

无线数据传输可以远程读出诊断数据,而汽车却不必在诊断的现场。这种情况下,只要汽车通过收费站之类的地方,无线监测点就可以自动完成排放检测。或者,在汽车维修人员到达汽车发生故障的现场之前,就可以确认故障发生的原因。或者,不论汽车位于何处,诸如需要更换机油、需要二级维护、需要进行某些部件的检查之类的信息也可以直接自动传到修理厂等。

另外,拨入车辆数据传输频率,可以允许执法人员强制关闭发动机,使他们能够快速追赶上违法的车辆或控制被盗的车辆;汽车的驾驶与使用情况可以自动传到交通主管部门或其他政府部门,以便监测交通违章和滥用公务车辆的情况。

可见,OBD Ⅲ 可以给汽车的个性化维护与故障排除带来极大的方便,也给政府部门的执法带来便利。

上述功能在技术上是完全可以实现的,但是,同样的功能也会给犯罪分子提供可乘之机,使受害人无法逃离受害现场,因而存在一定的争议,目前部分有争议的功能尚没有投入使用。

4 故障指示灯(CHECK ENGINE)的功能

(1)灯泡自检功能。

接通点火开关时,故障指示灯会点亮。当发动机转速达到或超过400r/min

后，故障指示灯会熄灭。符合这个要求，表明故障指示灯的功能是否正常。

(2)故障警告功能。

电控系统存在故障时，故障指示灯将被点亮，以提醒驾驶人。

如果故障被排除，则故障指示灯会在5s后熄灭。对于有些车型来言，即使故障被排除，也要连续三次行驶，且没有检测到新的故障，故障指示灯才会熄灭。

(3)故障代码显示功能。

可以通过故障指示灯的闪烁显示故障代码。

(4)闪烁功能。

如果在第一次行驶周期中检测到某个可能损坏三元催化器的熄火故障，故障指示灯即开始闪烁。

如果在第二次行驶周期中还是检测到熄火故障，则故障指示灯闪烁，并储存故障代码及定格数据。

如果熄火故障症状减轻，故障指示灯将从闪烁状态转变到连续点亮状态。

提示：一次行驶周期是指发动机从起动到停机的过程。

5 发动机ECU的失效保护功能和备份功能

(1)失效保护功能。

当检测到某电路信号异常时，发动机ECU将以储存在ECU内部的标准值来代替异常信号值，以防止发生严重故障或三元催化器过热。丰田汽车发动机ECU失效保护功能见表10-2。

发动机ECU的失效保护功能　　　　表10-2

异常信号电路	ECU插脚名称	失效保护功能
点火确认信号电路	IGF	停止喷油
进气压力传感器信号电路	PIM	喷油量和点火提前角由节气门开度和发动机转速计算确定
空气流量传感器信号电路	VG	喷油量和点火提前角由节气门开度(VTA)和发动机转速计算确定
节气门位置传感器电路	VTA	设定节气门开度为0°或25°

续上表

异常信号电路	ECU 插脚名称	失效保护功能
冷却液温度传感器电路	THW	设定冷却液温度为80℃
进气温度传感器信号电路	THA	设定进气温度为20℃
爆震传感器信号电路	KNK	点火提前角校正延迟量为最大值(约8°)

（2）备份功能。

备份功能又称为安全回家功能或跛行功能。当发动机 ECU 中的中央处理器发生故障时，ECU 的备份功能可使控制电路转到备用集成电路，以固定信号控制发动机工作，从而允许车辆继续行驶，以确保汽车可以开到修理厂。

在该模式下，喷油量和点火时刻为固定值，如表 10-3 所示，此时，故障指示灯点亮，但发动机 ECU 的存储器内并不储存故障代码。

发动机 ECU 的备份功能　　　　　　表 10-3

起动信号(STA)	怠速信号(IDL)	喷油时间	点火提前角
开	—	20.0ms	7.25°或10°(随车型而异)
关	开	3.5ms	
关	关	6.0ms	

四、任务实施

1 实训目的

能够进行混动版丰田卡罗拉 8ZR-FXE 发动机控制诊断系统操作。

2 设备准备

混动版丰田卡罗拉一辆或 8ZR-FXE 发动机台架一台；丰田诊断仪一台；万用表一只；通用工具一套；发动机舱防护罩一套；驾驶室卫生防护"三件套"一套。

3 实训步骤

混动版丰田卡罗拉 8ZR-FXE 发动机控制诊断系统操作

（1）正常模式与检查模式。

在车辆正常使用过程中，诊断系统以正常模式运行，该模式下，系统采用双程检测逻辑以确保进行故障检测的准确性。

诊断人员利用 GTS(丰田诊断仪)还可以选择检查模式,该模式下,系统采用单程检测逻辑,用于再现故障症状并增强系统检测故障(包括间歇性故障)的能力。与正常模式相比,检查模式对故障有更高的灵敏度。因此,检查模式可以检测到正常模式下检测不到的故障。

双程检测逻辑:首次检测到故障时,该故障暂时存储在 ECM 存储器中(第一程)。如果在接下来的驾驶循环中检测出同样的故障,则 MIL 将会点亮(第二程)。

检查模式操作程序如下:

注意:在下列情况下,将清除所有存储的 DTC 和定格数据:①ECM 从正常模式切换至检查模式,或从检查模式切换至正常模式;②在检查模式下,将电源开关从 ON(IG)位置切换至 ON(ACC)或 OFF 位置。

切换模式前,务必检查并记录所有 DTC 和定格数据。

①检查并确保以下条件:a. 辅助蓄电池电压为 11V 或更高;b. 完全松开加速踏板;c. 选择驻车挡(P)或空挡(N);d. 空调开关关闭。

②将电源开关置于 OFF 位置。

③将 GTS 连接到 DLC3。

④将电源开关置于 ON(IG)位置,打开 GTS。

⑤进入菜单 Powertrain/Engine and ECT/Utility/Check Mode,按下"执行"按钮,将 ECM 从正常模式切换至检查模式。

⑥检查并确认 MIL 的闪烁如图 10-9 所示。

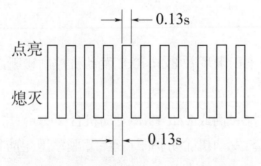

图 10-9　检查并确认 MIL 的闪烁

⑦将电源开关置于 ON(READY)位置。

⑧检查并确认 MIL 熄灭。

⑨模拟客户描述的故障条件。

⑩使用 GTS 检查 DTC 和定格数据。

(2)定格数据。

存储 DTC(故障代码)时,ECM 将车辆和驾驶条件信息记录为定格数据。进行故障排除时,读取定格数据有助于确定故障出现时车辆是运行还是停止,发动机是暖机还是未暖机,混合气是浓还是稀等等,从而利于更加准确、快速地判断故障发生的原因。

利用定格数据,可以模拟故障出现前后的车辆状况,有助于识别故障原因,并判断故障是否属于暂时故障。

ECM 以定格数据的形式每 0.5s 记录一次发动机状况。使用 GTS,可检查五组独立的定格数据:DTC 存储前的 3 组数据;DTC 存储时的 1 组数据;DTC 存储后的 1 组数据。

待定定格数据与定格数据:在第一程中首次检测到双程 DTC 时,ECM 存储待定定格数据;如果在第一程和第二程均检测到相同 DTC,则同时存储待定定格数据和定格数据;如果在第一程检测到 A 故障 DTC,第二程检测到 B 故障 DTC,则存储 B 故障待定定格数据(即:A 故障待定定格数据被覆盖)。

定格数据或待定定格数据的读取方法如下:

将 GTS 连接到 DLC3,将电源开关置于 ON(IG)位置,打开 GTS,进入菜单 Powertrain/Engine and ECT/Trouble Codes,按下"执行"按钮,选择某一 DTC 以显示其待定定格数据。

提示:发生下列任一情况时,将清除待定定格数据:a. 使用 GTS 清除 DTC;b. 断开辅助蓄电池负极(-)电缆;c. 恢复正常后,在发动机充分暖机的情况下执行 40 行程(即:仅将系统恢复至正常而不充分暖机,不能清除待定定格数据)。

可以读取的数据有车速(Vehicle Speed)、Engine Speed(发动机转速)、Calculate Load(计算负荷)、Vehicle Load(车辆负载)、MAF(进气流量)、Atmosphere Pressure(大气压力)、MAP(进气压力)、Coolant Temp(冷却水温度)等数十项。

(3)故障指示灯(MIL)。

将电源开关置于 ON(IG)位置时,MIL 点亮;将电源开关置于 ON(READY)位置时,MIL 熄灭。如果 MIL 持续点亮,则诊断系统检测到系统故障或异常。

提示:如果电源开关置于 ON(IG)位置时 MIL 不亮,则应该检查 MIL 电路(见第八章有关内容)。

(4）一切就绪（All Readiness）。

当诊断系统出现 DTC 时，DTC 所显示的故障可能真实存在，也可能属于历史性故障，即虚假故障，因此，该 DTC 应该被认为是"待确认的 DTC"，只有当该 DTC 被确认真实存在后再进行相应的诊断步骤，才能确保不被虚假故障信息误导而走弯路。另外，维修工作结束后，往往也需要再次确认是否又出现该 DTC 或其他 DTC，只有不再出现任何 DTC 的情况下才能交车。

使用 GTS 进行"一切就绪"操作，即可完成上述"待确认的 DTC"的"确认"工作，操作过程如下（操作之前，记录"待确认的 DTC"及相应的定格数据）：

将 GTS 连接到 DLC3，将电源开关置于 ON（IG）位置，打开 GTS，清除 DTC，将电源开关置于 OFF 位置并至少等待 30s，将电源开关置于 ON（IG）位置，打开 GTS，执行"待确认的 DTC"所对应的行驶模式，进入菜单 Powertrain/Engine and ECT/Utility/All Readiness，输入"待确认的 DTC"，按下"执行"按钮，检查 GTS 上的 DTC 判断结果：

如果显示"NORMAL"，则表示"DTC 判断完成，系统正常"；

如果显示"ABNORMAL"，则表示"DTC 判断完成，系统异常"；

如果显示"INCOMPLETE"，则表示"DTC 判断未完成，确认 DTC 启动条件后，执行行驶模式"；

如果显示"N/A"，则表示"无法执行 DTC 判断，不满足 DTC 前提条件的 DTC 数量达到 ECU 存储器极限"。

出现第一种情况，说明"待确认的 DTC"属于虚假信息，系统没有故障；出现第二种情况，说明系统确实存在故障（可能是"待确认的 DTC"所指示的故障，也可能是其他故障）；出现第三、第四种情况，则应该再次执行行驶模式中的有关步骤（见前面有关章节的内容）。

（5）DTC 检查/清除。

检查 DTC 操作程序：将 GTS 连接到 DLC3，将电源开关置于 ON（IG）位置，打开 GTS，进入菜单 Powertrain/Engine and ECT/Trouble Codes，按下"执行"按钮，检查 DTC 和定格数据，然后将其记录下来，查阅诊断故障码表，从而了解 DTC 的详情。

使用 GTS 清除 DTC：将 GTS 连接到 DLC3，将电源开关置于 ON（IG）位置，打开 GTS，进入菜单 Powertrain/Engine and ECT/Trouble Codes，清除 DTC（Powertrain＞Engine and ECT＞Clear DTCs，按下"执行"按钮）。

不使用 GTS 清除 DTC：进行下列任一操作：

①断开辅助蓄电池负极(-)端子电缆1min以上；

②从发动机室1号继电器盒和1号接线盒总成(位于发动机室内侧)上拆下EFI-B保险丝和ETCS保险丝1min以上。

(6)数据表与主动测试。

①数据表。

用GTS读取数据表，无需拆下任何零件，即可读取开关、传感器、执行器及其他项目的值或状态。这种非侵入式检查非常有用，可在零件或配线受到干扰之前发现间歇性状况或信号。故障排除时，读取数据表信息是节省诊断时间的一种有效方法。

在下表中，"正常状态"下列出的值为参考值。确定零件是否出现故障时，不要仅仅依赖这些参考值。

提示： 正常状态：如果没有特别规定"怠速运转"条件，挡位应选择空挡(N)或驻车挡(P)，空调开关应关闭且所有附件开关也应关闭。

用GTS读取数据表方法如下：

将GTS连接到DLC3，将电源开关置于ON(IG)位置，打开GTS，将发动机置于检查模式(维护模式)，按下"执行"按钮后，使发动机暖机，关闭空调开关，将电源开关置于OFF位置，将电源开关置于ON(IG)位置，打开GTS，进入菜单Powertrain/Engine and ECT/Data List，根据GTS上的显示，读取数据表(表10-4)。

②主动测试。

将GTS连接到DLC3，将电源开关置于ON(IG)位置，打开GTS，将发动机置于检查模式(保养模式)，按下"执行"按钮后，使发动机暖机，将电源开关置于OFF位置，将电源开关置于ON(IG)位置，打开GTS，进入菜单Powertrain/Engine and ECT/Active Test，根据GTS上的显示，进行主动测试(表10-5)。

(7)失效保护表。

如发现存储表10-6任一DTC，则ECM将进入失效保护模式，以便能够暂时驾驶车辆至修理厂或停止燃油喷射。

(8)系统注册。

系统注册内容包括两部分：读取VIN或车架号和写入VIN或车架号。

如果ECM中存储的VIN或车架号与实际不一致，可能会导致ECM工作时所用的数据或程序与实际车辆不符，从而导致发动机运转"不正常"，因此，更换ECM后，应该进行系统注册操作。

表 10-4 8ZR-FXE 发动机控制系统数据表(部分)

检测仪显示	测量项目	范围	正常状态	诊断备注
		各种车辆状况 1(All Data)		
Vehicle Speed	车速	最低:0km/h 最高:255km/h	实际车速	这是当前车速
Engine Speed	发动机转速	最低:0rpm 最高:16383rpm	急速运转:950~1050rpm	曲轴位置传感器出现故障时,发动机转速约0rpm或与实际转速差异很大
Calculate Load	ECM计算负载	最小:0% 最大:25700%	—	这是发动机进气效率。车辆负载=当前进气流量(g/rev.)/最大进气流量×100(%)
MAF	来自空气流量传感器的空气流量	最小:0gm/s 最大:655.35gm/s	急速运转:1.0~3.0gm/s 无负载 2500rpm:4.5~8.5gm/s	这是来自空气流量传感器的进气量

续上表

检测仪显示	测量项目	范围	正常状态	诊断备注
各种车辆状况1(All Data)				
Atmosphere Pressure	大气压力	最低:0kPa 最高:255kPa	等于大气压力(绝对压力)	该值根据进气量计算得出。标准大气压力:101kPa;海拔每升高100m,压力降低1kPa;该值随天气改变
MAP	进气歧管绝对压力	最低:0kPa 最高:255kPa	电源开关置于ON(IG)位置:80~110kPa;怠速运转:20~40kPa	将电源开关置于ON(IG)位置时,歧管绝对压力和大气压力几乎相同
Coolant Temp	冷却液温度	最低:-40℃ 最高:140℃	暖机后:75~100℃	发动机暖机后,冷却液温度为75~100℃;如果值为-40℃或140℃,则传感器电路断路或短路
Intake Air	进气温度	最低:-40℃ 最高:140℃	与空气流量传感器处的温度相等	如果值为-40℃或140℃,则传感器电路断路或短路

续上表

检测仪显示	测量项目	范围	正常状态	诊断备注
各种车辆状况1(All Data)				
Engine Run Time	发动机运行时间	最短:0s 最长:65535s	电源开关置于ON(READY)位置后的时间	这是自电源开关置于ON(READY)位置后经过的时间
Initial Engine Coolant Temp	冷却液初始温度	最低:-40℃ 最高:119.3℃	—	这是电源开关置于ON(IG)位置时存储的冷却液温度
Initial Intake Air Temp	初始进气温度	最低:-40℃ 最高:119.3℃	—	这是电源开关置于ON(IG)位置时存储的进气温度
Battery Voltage	辅助蓄电池电压	最低:0V 最高:65.535V	电源开关置于ON(IG)位置:11~16V	如果电压低于11V,则某些电气部件的特性可能会改变
节气门控制(Ptrl Throttle)				
Throttle Sensor Volt%	节气门1号位置传感器	最小:0% 最大:100%	完全松开加速踏板:0%~22%	使用5V=100%来换算节气门1号位置传感器输出
Throttl Sensor #2Volt%	节气门2号位置传感器	最小:0% 最大:100%	完全松开加速踏板:42%~62%	使用5V=100%来换算节气门2号位置传感器输出

续上表

检测仪显示	测量项目	范围	正常状态	诊断备注
节气门控制（Ptrl Throttle）				
System Guard	系统防护	ON 或 OFF	ON	目标和实际节气门开度不同时，系统防护关闭并停止电子节气门控制系统功能；OFF：电子节气门控制停止
Throttle Idle Position	节气门位置传感器是否检测到急速	ON 或 OFF	—	该参数通过ECM计算得出
Throttle Require Position	所需节气门位置	最低:0V 最高:4.98V	—	该值由ECM计算得出，显示目标节气门位置的电压
Throttle Sensor Position	节气门传感器位置	最小:0% 最大:100%	完全松开加速踏板:0%	用于发动机控制的节气门开度（不含急速开度）
Throttle Position No.1	节气门1号位置传感器输出电压	最低:0V 最高:4.98V	完全松开加速踏板:0.5~1.1V 失效保护工作:0.6~1.4V	该值为节气门1号位置传感器输出电压

续上表

节气门控制(Ptrl Throttle)

检测仪显示	测量项目	范围	正常状态	诊断备注
Throttle Position No.2	节气门2号位置传感器输出电压	最低:0V 最高:4.98V	完全松开加速踏板:1~3.1V 失效保护工作:2.1~3.1V	该值为节气门2号位置传感器输出电压
Throttle Position Command	节气门位置指令值	最低:0V 最高:4.98V	—	节气门位置指令与节气门请求位置的值相同
Throttle Sens Open Pos#1	节气门1号位置传感器	最低:0V 最高:4.98V	0.6~1.4V	无电流供应至电子节气门执行器时的节气门1号位置传感器输出电压
Throttle Sens Open Pos#2	节气门2号位置传感器	最低:0V 最高:4.98V	1.7~2.5V	无电流供应至电子节气门执行器时的节气门2号位置传感器输出电压
Throttle Motor Current	节气门执行器电流	最小:0A 最大:19.9A	急速运转:0~3.0A	该值较大但实际开度未达到目标开度时,存在"无法打开"故障; 正常情况下,该值在1A上下波动

续上表

检测仪显示	测量项目	范围	正常状态	诊断备注
节气门控制（Ptrl Throttle）				
Throttle Motor DUTY	节气门执行器	最小：0% 最大：100%	怠速运转：10%～22%	这是节气门执行器驱动电路的输出占空比
Throttle Motor Duty（Open）	节气门执行器占空比（打开）	最小：0% 最大：255%	怠速运转：0%～40%	该占空比是ECM指令信号； 打开节气门时，节气门电动机占空比（打开）为10%～50%
Throttle Motor Duty（Close）	节气门执行器占空比（关闭）	最小：0% 最大：255%	怠速运转：0%～40%	该占空比是ECM指令信号； 该信号用于关闭节气门
Throttle Fully Close Learn	节气门全关位置学习值	最低：0V 最高：4.98V	完全松开加速踏板：0.4～1.0V	ECM使用此学习值判断节气门的全关（和全开）位置； 将电源开关置于ON（IG）位置后立即进行学习
+BM Voltage	+BM电压	最低：0V 最高：79.998V	电源开关置于ON（IG）位置且系统正常：11～16V	电子节气门执行器电源

续上表

检测仪显示	测量项目	范围	正常状态	诊断备注
		节气门控制（Ptrl Throttle）		
Actuator Power Supply	执行器电源	ON 或 OFF	急速运转：ON	如果 +BM 电源断开，则该项变为 OFF
		燃油系统（Ptrl General）		
Injector(Port)	1号汽缸喷射时间	最短：0μs 最长：65535μs	—	这是1号汽缸的喷射时间（来自ECM的指令值）
Injection Volum (Cylinder1)	喷油量（1号汽缸）	最小：0ml 最大：2.047ml	急速运转：0.03～0.13ml	这是10次喷射的燃油喷射量
Fuel Pump/ Speed Status	燃油泵状态	ON 或 OFF	ON：发动机起动或运转	—
		空燃比控制1（All Data）		
Target Air-Fuel Ratio	目标空燃比	最少：0 最多：1.99	急速运转期间：0.8～1.2	这是ECM使用的目标空燃比；1.0为理论空燃比，大于1表示系统尝试使空燃比变稀；小于1表示系统尝试使空燃比变浓

续上表

检测仪显示	测量项目	范围	正常状态	诊断备注
		空燃比控制2(Ptrl AF O2 Sensor)		
AF Lambda B1S1	与B1 S1 相关的空燃比输出	最少:0 最多:1.99	<1=浓; 1=理论值; >1=稀	这是根据空燃比传感器输出计算的实际空燃比
AFS Voltage B1S1	空燃比传感器(B1 S1)输出电压	最低:0V 最高:7.99V	急速运转:2.6~3.8V	这是空燃比传感器的输出电压(由ECM根据空燃比传感器的输出电流计算得出)
AFS Current B1S1	空燃比传感器(B1 S1)输出电流	最小:-128mA 最大:127.99mA	急速运转:-0.5~0.5mA	进行燃油切断期间该值超出0.7~2.2mA范围时,空燃比传感器或其电路存在故障
A/F Heater Duty B1S1	空燃比传感器加热器占空比(B1)	最小:0% 最大:399.9%	0%~100%	该值为除0%外的任何值时,向加热器供应电流
O2S B1S2	加热型氧传感器(B1 S2)输出电压	最低:0V 最高:1.275V	以70km/h的速度行驶:0~0.9V	接近0V表示空燃比偏稀; 接近1V表示空燃比偏浓;

续上表

检测仪显示	测量项目	范围	正常状态	诊断备注
		空燃比控制2(Ptrl AF O2 Sensor)		
O2S B1S2	加热型氧传感器(B1 S2)输出电压	最低:0V 最高:1.275V	以70km/h的速度行驶:0～0.9V	空燃比反馈控制期间,该值在0～1V范围内反复变动
O2Heater B1S2	加热型氧传感器加热器(B1 S2)	Active 或 Not Act	—	—
O2 Heater Curr Val B1S2	加热型氧传感器电流(B1 S2)	最小:0A 最大:4.999A	—	该值为除0A外的任何值时,正向加热器供应电流
Short FT#1	短期燃油修正(B1)	最小:-100% 最大:99.2%	-20%～20%	此项目是短期喷油量补偿比
Long FT#1	长期燃油修正(B1)	最小:-100% 最大:99.2%	-20%～20%	此值用于判定与空燃比控制相关的系统是否存在故障,20%或更大:空燃比可能稀; -20%～20%:空燃比正常; -20%或更小:空燃比可能浓

续上表

检测仪显示	测量项目	范围	正常状态	诊断备注
Total FT#1	总燃油修正（B1）空燃比控制2（Ptrl AF O2 Sensor）	最少：-0.5 最多：0.496	急速运转：-0.28~0.2	Total FT#1 = Short FT#1 + Long FT#1
Fuel System Status#1	燃油系统状态（B1）	OL、CL、OLDrive、OLFault、CLFault 或 Unused	暖机后急速运转：CL	OL（开环）：尚不能满足闭环的条件；CL（闭环）：使用反馈进行燃油控制；OLDrive：由于驾驶条件（燃油加浓）造成的开环；OLFault：由于检测到的系统故障造成的开环；CLFault：闭环，但用于燃油控制的空燃比传感器发生故障；CL（闭环）：空燃比反馈控制期间，AF Lambda B1S1 约为1.0 且 AFS Voltage B1S1 约为3.3V

续上表

检测仪显示	测量项目	范围	正常状态	诊断备注
空燃比控制2(Ptrl AF O2 Sensor)				
A/F Learn Value Idle#1	怠速时的空燃比学习值(B1)	最小: -50% 最大: 49.6%	-20% ~ 20%	在发动机暖机的情况下急速运转时进行学习
A/F Learn Value Low #1	低负载时的空燃比学习值(B1)	最小: -50% 最大: 49.6%	-20% ~ 20%	在发动机暖机的情况下驾驶且在低负载范围内工作时进行学习
A/F Learn Value Mid1#1	中等1负载时的空燃比学习值(B1)	最小: -50% 最大: 49.6%	-20% ~ 20%	在发动机暖机的情况下驾驶且在接近低负载范围的中等负载范围内工作时进行学习
A/F Learn Value Mid2#1	中等2负载时的空燃比学习值(B1)	最小: -50% 最大: 49.6%	-20% ~ 20%	在发动机暖机的情况下驾驶且在接近高负载范围的中等负载范围内工作时进行学习
A/F Learn Value High#1	高负载时的空燃比学习值(B1)	最小: -50% 最大: 49.6%	-20% ~ 20%	在发动机暖机的情况下驾驶且在高负载范围内工作时进行学习

续上表

检测仪显示	测量项目	范围	正常状态	诊断备注
点火系统（Ignition）				
IGN Advance	1号汽缸点火正时提前	最小：-64deg 最大：63.5deg	急速运转： BTDC0~16deg	—
Knock Feedback Value	爆震反馈值	最小：-1024deg（CA） 最大：1023.9deg（CA）	—	如果即使爆震持续，该值也不变化，则可判定未检测到爆震，可能原因： 1. 爆震传感器灵敏度故障； 2. 爆震传感器未正确安装； 3. 线束存在故障
Knock Correct Learn Value	爆震校正学习值	最小：-1024deg（CA） 最大：1023.9deg（CA）	—	爆震校正学习值大：无爆震且点火正时提前； 爆震校正学习值小：有爆震且点火正时延迟

续上表

检测仪显示	测量项目	范围	正常状态	诊断备注
缺火（Ptrl Misfire）				
Cylinder#1/#2/#3/#4 Misfire Count	1/2/3/4 号汽缸缺火数	最少：0 最多：255	0	这是各单个汽缸的缺火数；每缺火一次，该计数器的读数增加一次，且每转动200rpm清除一次；检查该项目有助于判定故障气缸
All Cylinders Misfire Count	所有汽缸缺火数	最少：0 最多：255	0	这是所有汽缸的总缺火数；每缺火一次该计数器的读数增加一次，最大值为255，且每转动1000转清除一次

学习任务十　发动机电控系统故障诊断

续上表

检测仪显示	测量项目	范围	正常状态	诊断备注
缺火 (Ptrl Misfire)				
Misfire RPM	发动机首次缺火时的转速范围	最低:0rpm 最高:6375rpm	0rpm:0 次缺火	这是发生缺火时记录的平均发动机转速；该值比定格数据中存储的发动机转速值更接近缺火时的车辆实际情况。再现故障条件时，使用该值作为参考
Misfire Load	发动机首次缺火时的负载范围	最小:0g/rev 最大:3.98g/rev	0g/rev:0 次缺火	这是发生缺火时记录的平均发动机负载；该值比定格数据中存储的发动机负载值更接近缺火时的车辆实际情况。再现故障条件时，使用该值作为参考
催化剂 (Ptrl CAT Converter)				
Catalyst Temp B1S1	催化剂温度（B1 S1）	最低:-40℃ 最高:6513.5℃		这是 ECM 估算的前催化剂温度

267

续上表

检测仪显示	测量项目	范围	正常状态	诊断备注
Catalyst Temp B1S2	催化剂温度（B1 S2）	催化剂（Ptrl CAT Converter）最低：-40℃ 最高：6513.5℃		这是ECM估算的后催化剂温度
Engine Speed of Cyl#1/#2/#3/#4	1/2/3/4号汽缸发动机转速	压缩压力（Compression）最低：0rpm 最高：51199rpm	—	该值仅在使用主动测试时输出，检查汽缸压缩压力；这是在发动机曲轴转动时测量的各个汽缸的发动机转速。压缩压力损失时，该汽缸的发动机转速增大。提示：多个汽缸失时，多个汽缸压缩压力损失，发动机转速增大，因此无法判断哪个汽缸出现压缩压力损失。此时，必须进行压缩压力测量
Av Engine Speed of All Cyl	所有汽缸的平均发动机转速	最低：0rpm 最高：51199rpm	—	该值仅在使用主动测试时输出，检查汽缸压缩压力

学习任务十 发动机电控系统故障诊断

主动测试（部分）　　　　　　　　　　　　　　　　表10-5

检测仪显示	测量项目	控制范围	诊断备注
Control the Injection Volume	改变喷油量	在 -12.5% ~ 24.8% 之间	同时测试所有喷油器总成； 控制喷油量可检查空燃比传感器和加热型氧传感器的输出电压，并将其绘制成图表
Control the Injection Volume for A/F Sensor	改变喷油量	-12.5%/0%/12.5%	同时测试所有喷油器总成； 控制 A/F 传感器喷油量可检查空燃比传感器和加热型氧传感器的输出电压，并将其绘制成图表
Activate the VSV for Evap Control	激活清污 VSV 控制	ON/OFF	占空比为30%时，清污 VSV 打开
Control the Fuel Pump/Speed	激活燃油泵	ON/OFF	满足以下条件时可进行该测试： 1. 电源开关置于 ON (IG) 位置； 2. 发动机停止； 3. 选择驻车挡 (P)
Connect the TC and TE1	连接和断开 TC 和 TE1	ON/OFF	ON：TC 和 TE1 连接； OFF：TC 和 TE1 断开； 满足以下条件时可进行该测试： 1. 电源开关置于 ON (IG) 位置；

续上表

检测仪显示	测量项目	控制范围	诊断备注
Connect the TC and TE1	连接和断开 TC 和 TE1	ON/OFF	2. 发动机停止； 3. 选择驻车挡（P）
Control the Idle Fuel Cut Prohibit	禁止怠速燃油切断控制	ON/OFF	满足以下条件时可进行该测试： 1. 电源开关置于 ON（IG）位置； 2. 发动机停止； 3. 选择驻车挡（P）
Control the Electric Cooling Fan	控制电动冷却风扇电动机	ON/OFF	满足以下条件时可进行该测试： 1. 电源开关置于 ON（IG）位置； 2. 发动机停止； 3. 选择驻车挡（P）
Control the ETCS Open/Close Slow Speed	节气门执行器	Close/Open Open：节气门缓慢打开	满足以下条件时可进行该测试： 1. 电源开关置于 ON（IG）位置； 2. 发动机停止； 3. 完全踩下加速踏板； 4. 选择驻车挡（P）
Control the ETCS Open/Close Fast Speed	节气门执行器	Close/Open Open：节气门快速打开	同上
Control the Select Cylinder Fuel Cut	所选汽缸（1~4号汽缸）喷油器燃油切断	#1/#2/#3/#4 ON/OFF	满足下列条件时可进行该测试： 1. 车辆停止；

续上表

检测仪显示	测量项目	控制范围	诊断备注
Control the Select Cylinder Fuel Cut	所选汽缸（1~4号汽缸）喷油器燃油切断	#1/#2/#3/#4 ON/OFF	2. 发动机怠速运转； 3. 选择驻车挡（P）
Control the All Cylinders Fuel Cut	所有汽缸燃油切断	ON/OFF	满足下列条件时可进行该测试： 1. 车辆停止； 2. 发动机怠速运转； 3. 选择驻车挡（P）
Check the Cylinder Compression	检查汽缸压缩压力	ON/OFF	如果一个汽缸的转速高于其他汽缸，则可判断该汽缸的压缩压力低于其他汽缸
Activate the Electric Water Pump	发动机水泵总成转速控制	0r/min/3000 r/min	满足下列任一条件时可进行测试： 1. 发动机冷却液温度低于100℃； 2. 电源开关置于ON(IG)位置

失效保护表　　　　　　　　　　　　　　　　表10-6

DTC代码	零部件	失效保护操作	失效保护解除条件
P0031；P0032；P101D	空燃比传感器加热器	ECM关闭空燃比传感器加热器	电源开关OFF
P0037；P0038；P102D	加热型氧传感器加热器	ECM关闭加热型氧传感器加热器	电源开关OFF

续上表

DTC 代码	零部件	失效保护操作	失效保护解除条件
P0102；P0103	空气流量传感器分总成	ECM 根据发动机转速和节气门位置计算点火正时	检测到通过条件
P0120；P0121；P0122；P0123；P0220；P0222；P0223；P0604；P0606；P060A；P060B；P060E；P0657；P2102；P2103；P2111；P2112；P2118；P2119；P2135	电子节气门控制系统	1. ECM 切断节气门执行器电流，且节气门在回位弹簧的作用下返回到 5.5°节气门位置；2. ECM 停止发动机且仅可使用混合动力系统驾驶车辆（平稳而缓慢地踩下加速踏板时，车辆可缓慢行驶）	检测到通过条件，然后将电源开关置于 OFF 位置
P0327；P0328	爆震控制传感器	ECM 将点火正时设为最大延迟	电源开关 OFF
P0351；P0352；P0353；P0354	点火线圈总成	ECM 切断燃油喷射	检测到通过条件
P261B	发动机水泵总成	WPO 脚的输出占空比重复 0% 的占空比	电源开关 OFF

续上表

DTC 代码	零 部 件	失效保护操作	失效保护解除条件
P261C；P261D	发动机水泵总成	WPO 脚的输出占空比保持在 0%（冷却液温度达到 105℃ 时，发动机停止且仅使用混合动力系统驾驶车辆）	电源开关 OFF

①读取 VIN 或车架号。

此程序可读取存储在 ECM 中的 VIN 或车架号，以确认车身上提供的 VIN 或车架号与车辆 ECM 中存储的信息相同，操作步骤如下：

将 GTS 连接到 DLC3，将电源开关置于 ON（IG）位置，打开 GTS，进入菜单 Powertrain/Engine and ECT/Utility/VIN/VIN Read，按下"执行"按钮，根据 GTS 上的显示，读取 ECM 中存储的车架号或 VIN（然后与车身上的实际 VIN 或车架号进行对比，应该一致）。

②写入 VIN 或车架号。

此程序可将 VIN 或车架号写入 ECM。如果更换 ECM，或者 ECM VIN 或车架号与车辆 VIN 或车架号不匹配，则可按照此程序在 ECM 中注册或重写 VIN 或车架号，操作步骤如下：

确认车辆 VIN 或车架号，将 GTS 连接到 DLC3，将电源开关置于 ON（IG）位置，打开 GTS，进入菜单 Powertrain/Engine and ECT/Utility/VIN/VIN Write，按下"执行"按钮，根据 GTS 上的显示，将车辆车架号或 VIN 写入 ECM。

4 实训要求

①操作仔细、规范，避免造成设备损坏。
②注意做好安全防护措施，注意"三不落地"。
③故障诊断的思路要清晰。
④养成使用发动机舱防护罩、驾驶室卫生防护"三件套"等的职业习惯。

小结

车载诊断系统是指由 ECU 本身提供的车辆自我诊断的功能。

ECU在正常工作的同时，还会判断是否有异常情况的发生。当判定系统存在故障时，一方面会点亮仪表板上的故障指示灯(CHECK ENGINE)，另一方面，还会储存相应的故障代码(DTC)及定格数据。

OBDⅡ是第二代车载诊断系统的英文缩写，其诊断连接器有统一的标准，并规定一律安装在驾驶人侧仪表板下方。OBDⅡ故障代码由五位数组成。

OBDⅢ即第三代车载诊断系统，是OBDⅡ进一步的发展，增加了许多新的功能，特别是将原来的有线数据传输转变成了无线数据传输。

利用车载诊断系统进行故障诊断，有人工读取故障代码诊断法和故障诊断仪诊断法两种方法。人工读取故障代码的方法因汽车的生产厂家而异，目前尚未统一。汽车故障诊断仪的功能强大，因而给故障诊断带来极大的方便。

采用人工读取故障代码诊断法进行诊断时，可以先人工读取故障代码，通过查阅维修手册，确定故障代码的含义，然后再进行相应的检测。故障排除后，还需要清除故障代码。

采用故障诊断仪诊断法进行故障诊断时，连接汽车故障诊断仪，接通点火开关及故障诊断仪的电源开关，按照屏幕上显示的菜单，即可进行相应的诊断操作。

❓ 复习思考题

一、判断题

1. 由于ECU本身具有故障自诊断功能，因此，维修人员不再需要判断故障发生的具体位置。（　　）

2. 电控系统发生任何故障，ECU都会储存相应的故障代码。（　　）

3. 故障代码显示某传感器故障，更换该传感器就一定能够排除故障。（　　）

4. 所有车型故障代码读取方法都是相同的。（　　）

5. 由于ECU具有失效保护功能和备份功能，电控系统发生任何故障，发动机都可以继续运转。（　　）

6. 由于国际上的OBDⅡ诊断连接器采用了统一标准，其所有端子的用途也都做了统一规定。（　　）

7. 起动发动机后，发动机故障指示灯应熄灭。如果仍然点亮，说明发动机电控系统存在故障。（　　）

8. 汽车故障诊断仪的执行元件测试功能可以用来检查传感器的故障。（　　）

二、简答题

1. 如果故障代码显示冷却液温度传感器信号异常,更换冷却液温度传感器,故障是否一定能够排除?为什么?

2. 既然故障代码已经显示了故障项目,为什么还要读取定格数据及数据流?

3. 为什么说故障代码显示的故障项目未必就是真正的故障原因?请举例说明。

学习任务十一

电控发动机综合故障诊断

> **学习目标**
> 1. 了解电控发动机综合故障诊断的一般程序；
> 2. 掌握电控发动机不能起动、怠速不稳、动力不足等多种典型故障的诊断程序。

一、任务引入

电控发动机出现故障时，其原因可能为发动机电控系统不良，也可能为发动机机械系统不良，还可能为汽车防盗、汽车电气、汽车底盘（如变速器系统、制动系统等）、汽车空调等系统不良，因此，单纯从电控系统的角度去考虑问题，并不能排除发动机所有的故障，这就要求对发动机故障进行综合分析，并按照一定的流程进行诊断。

二、任务分析

发动机的正常运转，需要其机械系统、电控系统以及与发动机相关联的各个系统的良好配合，其中任何一个环节出现问题，都有可能使发动机表现出相应的故障现象，例如汽车防盗系统启动、起动机及其电路故障、汽车电源系统故障、燃油系统故障或缺油、发动机电控系统故障等，都可能造成发动机不能起动，因此，单纯从发动机电控系统进行故障分析，是不可能解决所有"发动机不能起动"问题的。

三、相关知识

1 发动机不能起动故障可能的原因

（1）燃料供油方面的问题。

例如：油箱缺油或燃油质量差；燃油泵及其控制电路故障；油路严重堵塞或严重泄露等。

（2）电源方面的问题。

例如：蓄电池缺电；电源电路故障等。

(3)发动机机械方面的问题。

例如:正时齿轮或正时皮带错位;进排气系统严重阻塞或严重泄漏;汽缸压力不足等。

(4)发动机电控系统方面的问题。

例如:相关传感器(曲轴位置与转速、空气流量、冷却液温度等)及其电路故障;ECU电源电路与搭铁电路故障;喷油器及其控制电路故障;点火系统故障;ECU本身故障等。

(5)其他系统方面的问题。

例如:汽车防盗系统启动;变速器没有置于N挡(空挡)或P挡(驻车挡)等。

2 发动机动力不足或加速不良可能的原因

(1)燃料供油方面的问题。

例如:燃油质量差;燃油供应不足(燃油泵及其控制电路故障;油路部分堵塞或存在泄露;燃油压力调节器故障)等。

(2)电源方面的问题。

例如:电压不足;电源系统接触不良或电阻过大等。

(3)发动机机械方面的问题。

例如:正时齿轮或正时皮带错位;进排气系统部分阻塞或存在泄漏;汽缸压力不足;点火正时不良等。

(4)发动机电控系统方面的问题。

例如:相关传感器(空气流量、进气压力、冷却液温度、节气门位置、爆震等)及其电路故障;喷油器及其控制电路故障;点火系统故障;ECU本身故障等。

(5)其他系统方面的问题。

例如自动变速器、电控制动系统等故障,使发动机ECU进入安全保护程序。

3 怠速不良可能的原因

(1)发动机机械方面的问题。

例如:进气系统、曲轴箱通风系统(PCV)、废气再循环系统(EGR)等存在泄漏;节气门卡滞;汽缸压力不足;点火正时不良等。

(2)发动机电控系统方面的问题。

例如:怠速控制阀故障;相关传感器(冷却液温度、节气门位置等)及其电路故障;喷油器及其控制电路故障;点火系统故障;ECU本身故障等。

(3)其他系统方面的问题。

例如:燃油蒸汽回收系统、制动真空助力器等存在泄露;汽车空调、动力转向、自动变速器、前照灯系统等向发动机 ECU 提供了错误信号等。

4 发动机油耗过大可能的原因

(1) 发动机机械方面的问题。

例如:进排气系统阻塞;汽缸压力不足;点火正时不良;配气正时不良等。

(2) 发动机电控系统方面的问题。

例如:相关传感器(空气流量、冷却液温度、节气门位置、爆震、氧等)及其电路故障;喷油器及其控制电路故障;点火系统故障;ECU 本身故障等。

(3) 其他系统方面的问题。

例如:燃油牌号过低(连续爆震引起发动机 ECU 启动应急运转模式,即推迟点火);轮胎气压过低;车轮定位不良(伴随轮胎异常磨损);制动器拖滞(包括制动器故障、制动控制阀故障等);转向助力系统不良(转向助力泵负担过重);汽车空调系统不良(空调压缩机负担过重、冷凝器堵塞等);汽车电源系统不良(发电机负担过重)等。

四、任务实施

1 实训目的

①能够进行发动机故障的综合分析。
②能够理清发动机故障诊断的基本思路。
③能够制定发动机故障诊断的基本流程。
④能够按照流程进行故障诊断操作。

2 设备准备

采用电控发动机的整车一辆;对应的维修手册一套;对应的故障诊断仪一台;万用表一只;通用工具一套;发动机舱防护罩一套;驾驶室卫生防护"三件套"一套。

3 实训步骤

丰田 8ZR-FXE 发动机控制系统故障诊断方法

(1) 故障诊断基本流程如图 11-1 所示。

(2) 检查是否存在间歇性故障。

ECM 在检查模式下时,使用 GTS 更容易检测到间歇性故障。在检查模式下,ECM 使用单程检测逻辑,与使用双程检测逻辑的正常模式(默认)相比,对故障有更高的灵敏度。检查步骤如下:

清除 DTC,使用 GTS 将 ECM 从正常模式切换至检查模式,进行模拟测试,检查并晃动线束、连接器和插脚,再次读取 DTC。

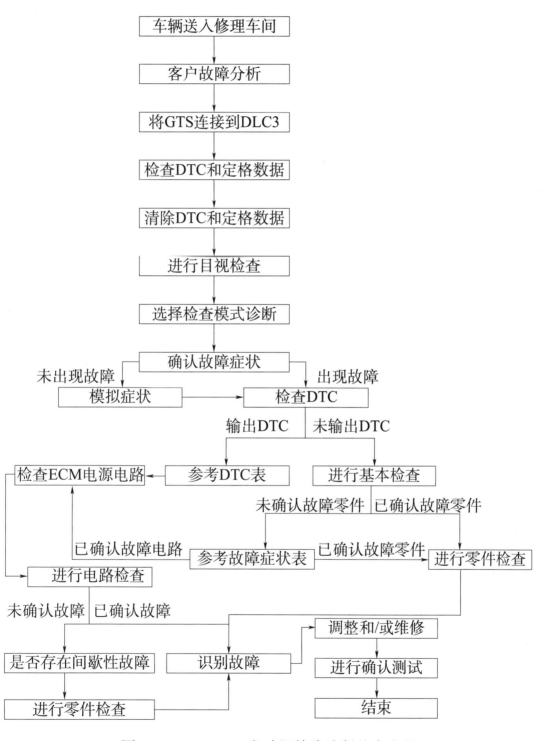

图 11-1　8ZR-FXE 发动机故障诊断基本流程

(3)基本检查。

通过 DTC 检查未能确认故障时,应对所有可能引起故障的电路进行故障排除。在大多数情况下,按以下流程进行基本检查可以快速有效地找出故障部位,因此,对发动机进行故障排除时,务必执行该检查。

基本检查流程如图 11-2 所示。

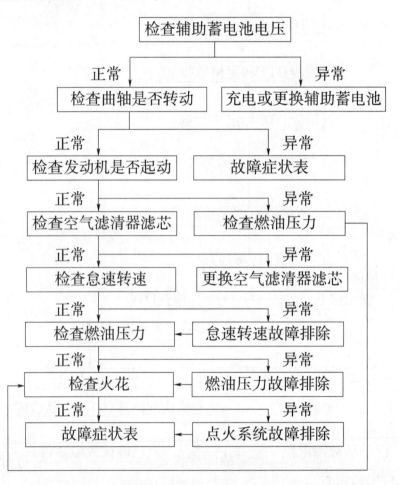

图 11-2　基本检查流程

(4)故障症状表(表 11-1)。

检查表 11-1 中可疑部位前,先检查与此系统相关的保险丝和继电器。

8ZR-FXE 发动机故障症状表　　　　　表 11-1

症　　状	可疑部位(按可能性顺序)
曲轴不能转动(不起动)	混合动力控制系统
	VC 输出电路

续上表

症　　状	可疑部位(按可能性顺序)
无初始燃烧(不起动)	ECM 电源电路
	VC 输出电路
	曲轴位置传感器
	气门正时 (正时链条是否松动或跳齿)
	点火系统
	燃油泵控制电路
	喷油器电路
曲轴转动正常但起动困难	燃油泵控制电路
	冷却液温度传感器
	点火系统
	压缩压力
	喷油器总成
	喷油器电路
	进气系统
	节气门体总成
	PCV 阀和软管
	ECM 电源电路
发生不完全间歇式燃烧(不起动)	燃油泵控制电路
	燃油泵
	燃油管路
	点火系统
	喷油器电路
	ECM 电源电路
	曲轴位置传感器
	气门正时 (正时链条是否松动或跳齿)

续上表

症　状	可疑部位(按可能性顺序)
发动机转速高	节气门体总成
	进气系统
	ECM 电源电路
	冷却液温度传感器
	PCV 系统
发动机转速低(怠速不良)	节气门体总成
	燃油泵控制电路
	燃油泵
	进气系统
	PCV 系统
怠速不稳 (参见第七章,推荐诊断 流程见图11-3)	压缩压力
	点火系统
	喷油器电路
	ECM 电源电路
	燃油泵控制电路
	燃油泵
	燃油管路
	节气门体总成
	进气系统
	PCV 系统
	空燃比传感器
	加热型氧传感器
	空气流量传感器
	歧管绝对压力传感器
	爆震控制传感器

续上表

症　　状	可疑部位(按可能性顺序)
抖动(怠速不良)	PCV 系统
	空燃比传感器
	空气流量传感器
喘抖和/或加速不良	燃油管路
	燃油泵
	气门正时(正时链条是否松动或跳齿)
喘抖和/或加速不良	空气流量传感器
	节气门体总成
	爆震控制传感器
	制动优先系统
喘振(操纵性能差)	燃油管路
	燃油泵控制电路
	燃油泵
	点火系统
	喷油器总成
发动机起动后不久熄火	空气流量传感器
	进气系统
	歧管绝对压力传感器
	燃油管路
	气门正时(正时链条是否松动或跳齿)

4 实训要求

①操作仔细、规范,避免造成设备损坏。
②注意做好安全防护措施,注意"三不落地"。
③故障诊断的思路要清晰。
④养成使用发动机舱防护罩、驾驶室卫生防护"三件套"等的职业习惯。

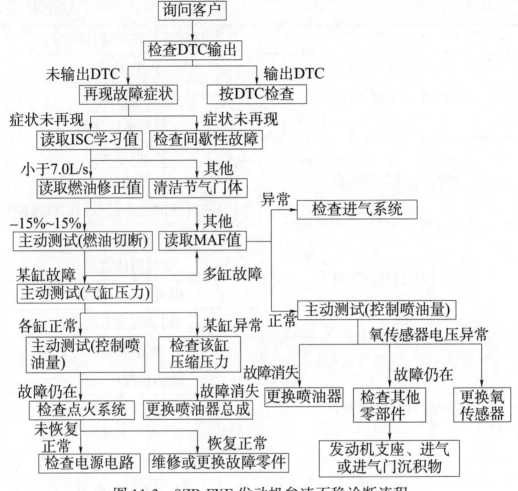

图 11-3　8ZR-FXE 发动机怠速不稳诊断流程

小结

由于发动机的运行与电源、变速器、空调、制动、转向等多个系统密切相关，其运行状态必然会受到它们的综合影响，因此，当发动机表现出故障现象时，其故障原因可能与发动机本身有关，也可能与其他系统有关。在进行故障诊断时，应该以发动机联系车辆整体系统为基础，进行综合考虑，才有可能找到真正的故障原因。

复习思考题

一、判断题

1. 发动机故障一定是发动机本身的问题造成的。　　　　　　　　　　（　　）

2. 自动变速器的任何故障都不会对发动机的运转造成影响。　　　（　）

3. 制动系统的任何故障都不会对发动机的运转造成影响。　　　（　）

4. 汽车空调的某些故障可能会使发动机油耗过高。　　　　　　（　）

5. 动力转向系统的任何故障都会对发动机的运转造成影响。　　（　）

6. 发电机只是由发动机驱动发电，其任何故障都不会影响发动机的正常运转。　　　　　　　　　　　　　　　　　　　　　　　　　　　　（　）

二、简答题

1. 为什么变速器没有置 N 挡（空挡）或 P 挡（驻车挡），会造成发动机无法起动？

2. 发动机 ECU 进入安全保护程序，会造成发动机动力不足或加速不良，为什么？

3. 燃油蒸汽回收系统、制动真空助力器等存在泄漏，会造成发动机怠速不良，为什么？

4. 轮胎气压过低、车轮定位不良等会造成发动机油耗过高，为什么？

5. 分析说明喷油系统、点火系统故障造成怠速不稳的原因。

6. 分析说明爆震传感器故障造成发动机油耗高、动力不足的原因。

7. 混合气过稀或过浓，会引起发动机冷起动或热起动困难，请分析原因。

参考文献

[1] 王遂双. 汽车电子控制系统的原理与检修(修订版)[M]. 北京:北京理工大学出版社,2000.

[2] 夏令伟. 汽车电控发动机构造与维修[M]. 北京:人民交通出版社,2002.

[3] 王囤. 现代汽车点火系统——电子点火与微机控制点火[M]. 西安:西安交通大学出版社,1997.

[4] 唐晓丹. 汽车发动机电控系统构造与检修[M]. 北京:人民交通出版社股份有限公司,2020.

[5] 彭小红,官海兵. 汽车发动机电控系统检修[M]. 北京:人民交通出版社股份有限公司,2016.